大学生公共基础课系列教材

大学生劳动教育与实践

欧阳雪娟　汤瑾　陈承欢　主编

电子工业出版社
Publishing House of Electronics Industry
北京·BEIJING

内 容 简 介

本教材秉持劳动教育的基本理念，贯彻有关劳动教育的文件精神，结合劳动教育理论与实践中的重点问题，在尊重学生成长成才规律的前提下，把握规律性、体现时代性、赋予创造性，以切实助力高校劳动教育育人实效的提升为目标，以理论与实践结合、技巧与实务并济、指导与激励共进为特色，致力于帮助学生触发对劳动的理解和思考，改变劳动的习惯和方式，增长劳动的智慧和本领，学会感恩与协作，增强社会责任感。

本教材遵循国家政策文件对劳动教育课程的要求，以劳动知识"必需、够用"为度，实践项目可操作性强，且配有丰富的电子活页，能满足高校劳动教育课程的通用教学需要、体现劳动教育特色。本教材既可以作为高校劳动教育教师开展教学活动的教学用书，又可以作为大学生学习劳动教育知识、促进自我成长的参考用书。

未经许可，不得以任何方式复制或抄袭本书之部分或全部内容。
版权所有，侵权必究。

图书在版编目（CIP）数据

大学生劳动教育与实践 / 欧阳雪娟，汤瑾，陈承欢主编. —北京：电子工业出版社，2024.3
ISBN 978-7-121-47962-5

Ⅰ. ①大…　Ⅱ. ①欧…　②汤…　③陈…　Ⅲ. ①大学生－劳动教育－高等学校－教材　Ⅳ. ①G40-015

中国国家版本馆 CIP 数据核字（2024）第 107423 号

责任编辑：魏建波　　文字编辑：杜　皎
印　　刷：三河市双峰印刷装订有限公司
装　　订：三河市双峰印刷装订有限公司
出版发行：电子工业出版社
　　　　　北京市海淀区万寿路 173 信箱　邮编 100036
开　　本：787×1 092　1/16　印张：17.5　字数：448 千字
版　　次：2024 年 3 月第 1 版
印　　次：2024 年 3 月第 1 次印刷
定　　价：54.00 元

凡所购买电子工业出版社图书有缺损问题，请向购买书店调换。若书店售缺，请与本社发行部联系，联系及邮购电话：（010）88254888，88258888。
质量投诉请发邮件至 zlts@phei.com.cn，盗版侵权举报请发邮件至 dbqq@phei.com.cn。
本书咨询联系方式：（010）88254609，hzh@phei.com.cn。

前　言

民生在勤，勤则不匮；人生在勤，不索何获？热爱劳动是中华民族的传统美德，劳动是人们幸福生活的源泉，成功是辛勤劳动的报酬。

当前，社会竞争日趋激烈，高学历不再是用人单位的首选，具有勤俭、奋斗、创新、奉献的劳动精神的人才，更受用人单位的青睐。

只有坚持将教育与生产劳动相结合，适应科技发展和产业变革，针对劳动新形态，改进劳动教育方式，方能培养出能够担当民族复兴大任的时代新人。

高校设立劳动教育必修课程，系统加强劳动教育，是民族发展的需要，是社会发展的需要；大学生主动参加日常生活劳动、生产劳动和服务性劳动，是自身发展的需要。

2018年9月，习近平总书记在全国教育大会上强调，要努力构建德智体美劳全面培养的教育体系，并强调了劳动育人的价值，为新时代高校的育人工作指明了方向。

2020年3月，《中共中央 国务院关于全面加强新时代大中小学劳动教育的意见》（以下简称《意见》）发布，对加强和改进大中小学生劳动教育及其课程建设做出顶层设计和全面部署，对新时代劳动教育提出了新的要求，强调促进学生全面发展，为全国各级各类学校落实劳动教育指明了方向。

2020年7月，教育部在《大中小学劳动教育指导纲要（试行）》（以下简称《指导纲要》）中进一步阐释了劳动教育的内涵与特征，依据《意见》，细化有关要求，重点解决劳动教育是什么、教什么、怎么教等问题，明确了职业院校与普通高等院校劳动教育课程建设的目标与内容。

为贯彻落实新时代党对劳动教育的新要求，构建高校德智体美劳全面培养的教育体系，让劳动教育在高校落地、落实，充分发挥劳动独特的育人价值，我们编著了劳动教育教材——《大学生劳动教育与实践》，旨在帮助当代大学生树立正确的劳动观念和价值观，同时有助于提高大学生的劳动技能和实践能力。

本教材的编写思路和特色创新如下。

1. 把握"导向准确、目标明确、路径正确"三个维度，学习、领会、执行有关劳动教育的各级文件精神

本教材严格按照《意见》和《指导纲要》等文件的要求组织编写。《意见》在"重大意义"部分中强调，劳动教育是中国特色社会主义教育制度的重要内容，直接决定社会主义建设者和接班人的劳动精神面貌、劳动价值取向和劳动技能水平；在"指导思想"部分中强调，把劳动教育纳入人才培养全过程，贯通大中小学各学段，贯穿家庭、学校、社会各方面，与德育、智育、体育、美育融合，紧密结合经济社会发展变化和学生生活实际，积极探索具有中国特色的劳动教育模式，创新体制机制，注重教育实效，实现知行合一，促进学生形成正确的世界观、人生观、价值观。大力推进劳动教育是全面贯彻党的教育方针的迫切需要，高校作为立德树人、教书育人、培养学生的主体，更应遵循新时代育人方向，紧扣新时代育人目标，体现新时代育人需求。

本教材以《意见》和《指导纲要》为指导，强调劳动教育的思想性和价值性，从对理念的理解到行动实践，层层递进、步步引导，帮助学生树立正确的劳动价值观，让其在劳

动中接受锻炼、磨炼意志，懂得空谈误国、实干兴邦的道理，同时形成良好的劳动习惯和劳动品质。

2. 聚焦"学校、教师、学生"三个层面，系统建构劳动教育体系，科学设计模块结构

（1）"学校"层面的设置为第1个模块：健全劳动教育体系，推进劳动教育实施。

劳动教育想要达到预期最佳效果，各高校就必须构建劳动教育体系，将劳动教育纳入学校培养体系之中，纳入人才培养全过程，推进劳动教育常态化，做好学校内劳动教育课程规划及安排，保证劳动教育课程及安排能够按时、保质、保量并符合校内专业特色。

在习近平新时代中国特色社会主义思想指导下，以学校整体劳动教育主题活动为载体，开展以塑造正确的劳动价值观、传递劳动知识、传授劳动技能、端正劳动态度和培养劳动习惯等为目的的劳动教育活动，最终目的是让学生拥有幸福生活的能力，核心目标是培养劳动价值观。

（2）"教师"层面的设置为第2个模块：优创劳动教育项目，打造劳动教育金课。

劳动教育实践项目由日常生活劳动、生产劳动、服务性劳动三个方面构成，相关岗位包括生活技能类、岗位体验类和专业生产类，从简单的体力劳动到生活技能劳动，再到专业生产脑力劳动，与日常生活劳动、社会实践、志愿者服务、大学生创新创业等有机结合，有利于学生由浅入深地参与劳动、接受劳动，让学生在三类劳动教育实践项目中对劳动的体验层层递进，逐步深化。

推动劳动教育金课建设，构建贯通第一课堂理论学习与第二课堂实践操作，覆盖社会实践、志愿公益、生活技能、专业应用、科技创新等多个主题的劳动教育课程。

（3）"学生"层面共设置7个模块：前3个模块侧重于培育劳动认知、促进学生形成劳动意识，后4个模块侧重于传习劳动技能，帮助学生掌握劳动本领。

前3个模块分别为"增强劳动意识，塑造劳动观念""弘扬劳动精神，激发劳动热情""体悟劳动魅力，感受劳动价值"，其主要目的是引导学生树立正确的劳动观念、培育积极的劳动精神、践行正确的劳动价值观。后4个模块分别为"培养劳动习惯，保障劳动安全""亲历劳动活动，锻造劳动品质""传习劳动技能，锤炼劳动素养""参加劳动实践，淬炼劳动能力"，其主要目的是引导学生养成良好的劳动习惯和劳动品质，掌握基本的劳动技能，培养必备的劳动能力。这7个模块从劳动知识、思维、情感、态度、技能、价值观等多维目标出发，培养学生的思维能力、实践能力、创新能力，从而充分提高树德、增智、强体、育美的综合育人价值。

3. 抓住培育劳动认知、掌握劳动本领、形成劳动意识三个重点，合理选取劳动教育内容，实现观念认同、态度改变、习惯养成三种改变，注重育人实效

本教材内容循序渐进，本着多层面、有梯度的原则，促使学生充分理解劳动教育的内涵，强化劳动意识、培养劳动习惯、树立劳动精神、提高劳动能力，使当代大学生形成正确的劳动认知、掌握扎实的劳动本领、形成自觉的劳动意识。

本教材内容覆盖面广，既关注学生的衣食住行，又关注学生的职业发展；既注重弘扬优秀传统文化，又注重解决社会热点问题；既充分挖掘高校的可利用资源，又充分整合家庭、社会各方面的力量；既注重新兴技术的支撑，又强调传统工艺的传承；既鼓励个人艰苦奋斗，又提倡团队协同创新。

4. 以知识学习、专题探讨、成果展示三种方式，让学生懂劳动之意、明劳动之理、悟劳动之美；借助榜样激励、情怀涵养、任务实战三种途径，让学生汲取榜样的力量、体悟劳动魅力、体验劳动艰辛

本教材紧密结合经济社会发展变化和学生生活实际，从高校学生的真实生活和发展需求出发，结合产业新业态、劳动新形态，通过知识学习、专题探讨、榜样激励、情怀涵养、任务实战、成果展示6个教学环节，巧妙地将专业知识与劳动技能融入日常生活劳动、生产劳动和服务性劳动中，学思践悟，知行合一，激发学生的劳动兴趣，强化学生的实践体验，培养学生的劳动习惯，让学生树立劳动精神、劳模精神和工匠精神，促进学生形成正确的劳动观、世界观、人生观、价值观。

本教材选取了36位劳动榜样，他们都是各行各业的杰出代表，都是模范人物、优秀劳动者。各行各业的劳动榜样表现出的无私奉献和大无畏精神，让学生感受到榜样的力量，形成不畏艰难、敢于担当的高尚品格，树立起通过劳动创造美好生活的信念。

本教材选取了40多个典型职业，包括农民、渔民、环卫工人、公交车司机、城市建设者、焊工、铁路工作者、外卖员、快递员、医护人员、警察等职业，这些职业的劳动者没有豪言壮语，只有辛勤劳动、默默奉献，在平凡的岗位上实现着人生的梦想，展现着劳动者的风范。通过展现众多劳动画面和动人瞬间，引导学生尊重劳动、崇尚劳动，培育学生具有爱岗敬业的劳动态度和精益求精的工匠精神，增强学生对劳动人民的感情和报效国家、奉献社会的劳动热情。

本教材设置了30多项劳动体验任务，在系统的文化知识学习之外，有目的、有计划地组织学生参加日常生活劳动、生产劳动和服务性劳动，让学生走进校园农场，种下春天的希望；让学生烹饪一餐美食，与亲友一同分享；让学生参加实习实训，领悟工匠精神……引导学生在热火朝天的劳动中播种希望，收获果实。学生通过动手实践、出力流汗，接受锻炼、磨炼意志，具有正确劳动价值观和良好劳动品质。学生的综合素质得到提升，能够全面发展、健康成长。

本教材恰当展示学校的劳动教育成果和学生的劳动实践成果。一方面，凸显高校加强劳动教育取得的成效；另一方面，通过劳动教育成果展示，在加强学生的劳动成就感和喜悦感的同时，形成劳动教育闭环，大大提升学生的自信心和劳动认知，强化劳动价值引领，深化劳动育人内涵。

5. 应用文本、图片、视频三种形态，图文混排、动静结合，形成新形态活页式教材

本教材充分利用信息化手段，构建适合线上线下融合教学的教学模式，利于学校按需实现劳动教育。本教材配套的电子活页共有221个文档，这些电子活页的文字内容深入浅出、图片和视频精美独特，力求全方位培养学生的综合素质，让学生在系统学习和快乐实践的过程中牢固树立劳动最美丽的观念，使学生在劳动实践过程中感受劳动的魅力，激发劳动兴趣，实现培养学生具有正确的劳动价值观的核心目标。

在编著本教材的过程中，编著者参阅、借鉴、引用了相关专家和学者的理论、文献资料、网络资源和研究成果，在此谨向相关作者表达诚挚的谢意。

本书由江西应用工程职业学院欧阳雪娟教授、汤瑾副教授、湖南铁道职业技术学院陈承欢教授担任主编，江西应用工程职业学院的金晶、钟建有、余沈烈、陈欣彤等老师及湖南铁道职业技术学院陈佑、沙小影、张丽芳等老师参与了与部分章节和案例的编写工作，江西铜业股份有限公司德兴铜泗洲选矿厂企业专家缪国斌参与教材编写的多次研讨、对教材结构设计、内容选取、案例编写进行了多次指导，并负责部分案例的编写工作。

由于编著者水平与经验有限，教材中难免有疏漏之处，敬请专家与读者批评指正，以帮助我们在修订中不断完善。

编著者

目　　录

模块 1　健全劳动教育体系，推进劳动教育实施

【知识学习】
1.1　什么是劳动教育 ·· 1
1.2　"三课融合""五进协同"构建劳动教育完整育人体系 ·························· 5
1.3　劳动教育的主要原则 ·· 6
1.4　新时代劳动教育课程体系建设应坚持"五化"原则 ······························ 7
1.5　提升大学生劳动素养的有效途径和方法 ··· 8
1.6　职业院校加强劳动教育的重要意义 ··· 9

【专题探讨】
【专题 1-1】深入领会《中共中央 国务院关于全面加强新时代大中小学劳动教育的意见》···· 10
【专题 1-2】贯彻执行教育部《大中小学劳动教育指导纲要（试行）》············ 12
【专题 1-3】全面构建新时代职业院校劳动教育体系 ·································· 15
【专题 1-4】构建新时代高校劳动教育实施体系 ·· 15

【榜样激励】
【榜样 1-1】袁隆平：一生仅有两个梦 ·· 16
【榜样 1-2】孟泰：废墟上崛起的"钢铁意志" ·· 17
【榜样 1-3】宁允展：毫厘之间见"匠心" ·· 18
【榜样 1-4】王俊堂：勇于攻坚的技术大拿 ··· 19

【情怀涵养】
【案例 1-1】奋进新时代，我们都是追梦人 ··· 20
【案例 1-2】汇聚劳动洪流，迸发时代伟力 ··· 21
【案例 1-3】致敬劳动者，礼赞新时代 ·· 21
【案例 1-4】奋斗的你们，成就奋进的中国 ··· 22
【案例 1-5】致敬辛勤工作的劳动者 ··· 22

【任务实战】
【任务 1-1】剖析各地党委、政府或教育行政部门典型的"全面加强新时代大中小学劳动教育的实施意见"，了解学校所在省市关于劳动教育的政策文件 ············ 23
【任务 1-2】剖析普通高等学校和职业院校优秀的"劳动教育实施方案"，了解与优化所在学校劳动教育的实施方案 ··· 29
【任务 1-3】剖析优秀的劳动教育课程建设方案或实施细则，对所在学校的劳动教育课程建设方案进行优化 ··· 41

【成果展示】
【成果 1-1】南京大学探索构建新时代劳动教育体系，努力培养全面发展时代新人············ 46
【成果 1-2】西南财经大学构建"5+4+4"劳动教育体系，全面加强新时代大学生劳动教育···· 47
【成果 1-3】山东职业学院着力构建创造性劳动育人体系 ···························· 47

模块 2　优创劳动教育项目，打造劳动教育金课

【知识学习】
- 2.1　做实做细"劳动清单"，强化劳动育人实效 …… 49
- 2.2　健全劳动教育评价制度 …… 54
- 2.3　搭建劳动教育信息平台 …… 57

【专题探讨】
- 【专题 2-1】新时代高校劳动教育实施路径 …… 58
- 【专题 2-2】高职院校劳动教育评价体系如何构建 …… 59
- 【专题 2-3】"五育"融合背景下新时代高校劳动教育评价的实践路径 …… 59

【榜样激励】
- 【榜样 2-1】艾爱国：亮的是"焊花"，守的是初心 …… 60
- 【榜样 2-2】王顺友：马班邮路的忠诚信使 …… 61
- 【榜样 2-3】朱林荣："焊卫"高铁安全、永远追求极致 …… 62
- 【榜样 2-4】林鸣：把走钢丝工程干漂亮 …… 64

【情怀涵养】
- 【案例 2-1】礼赞丰收，致敬农民 …… 65
- 【案例 2-2】你们的美与伟大，我们一直都懂 …… 65
- 【案例 2-3】播种希望，致敬劳动者——农民 …… 66
- 【案例 2-4】致敬劳动者——渔民 …… 67
- 【案例 2-5】致敬劳动者——丰收的喜悦 …… 67

【任务实战】
- 【任务 2-1】创设劳动教育实践项目 …… 68
- 【任务 2-2】优化与完善劳动教育课程标准 …… 74
- 【任务 2-3】劳动教育学时与学分认定 …… 75
- 【任务 2-4】优选劳动教育实践项目与设计劳动教育项目清单 …… 76

【成果展示】
- 【成果 2-1】西南财经大学积极创新劳动教育模式，培养财经领域时代新人 …… 80
- 【成果 2-2】河海大学"三融入"构筑劳动教育新模式 …… 80
- 【成果 2-3】鄂尔多斯应用技术学院创新劳动教育课堂形式，让劳动教育"动起来" …… 81

模块 3　增强劳动意识，塑造劳动观念

【知识学习】
- 3.1　马克思的劳动本质论和劳动构成因素论 …… 82
- 3.2　马克思主义的劳动价值论 …… 84
- 3.3　马克思主义劳动观 …… 84
- 3.4　习近平总书记强调树立正确劳动观念 …… 85
- 3.5　什么是劳动 …… 86

【专题探讨】
- 【专题 3-1】马克思如何看待劳动的价值 …… 87
- 【专题 3-2】引导学生树立正确的劳动观 …… 87

【专题 3-3】树立正确的劳动观·· 88

【榜样激励】
　　【榜样 3-1】邓稼先：名字鲜为人知、功绩举世瞩目的两弹元勋·································· 88
　　【榜样 3-2】李素丽：乘客的贴心人·· 89
　　【榜样 3-3】胡双钱："零差错"才能无可替代·· 90
　　【榜样 3-4】黄大年：时代楷模·· 91

【情怀涵养】
　　【案例 3-1】在平凡中坚持，致敬最美环卫工人·· 93
　　【案例 3-2】凡而不凡！致敬坚守在一线的环卫工人·· 93
　　【案例 3-3】靓丽环境，精心守护·· 94
　　【案例 3-4】致敬劳动者——城市美容师·· 94

【任务实战】
　　【任务 3-1】品尝劳动的艰辛·· 95
　　【任务 3-2】劳动不仅是辛勤付出，更是劳动意识的培养·· 96
　　【任务 3-3】探讨"劳动无贵贱之分"·· 96

【成果展示】
　　【成果 3-1】国内知名高校分类推进劳动教育的典型做法·· 97
　　【成果 3-2】中南大学沉浸式劳动教育：引领学子以劳动创造美好······························· 98

模块 4　弘扬劳动精神，激发劳动热情

【知识学习】
　　4.1　培育劳动精神··· 101
　　4.2　践行劳模精神··· 102
　　4.3　弘扬工匠精神··· 103
　　4.4　劳动精神、劳模精神、工匠精神的关系··· 104
　　4.5　习近平总书记大力弘扬劳模精神、劳动精神、工匠精神··································· 105

【专题探讨】
　　【专题 4-1】大力弘扬劳模精神、劳动精神、工匠精神··· 106
　　【专题 4-2】劳动成就梦想——劳动精神述评··· 106
　　【专题 4-3】在全社会弘扬劳动精神··· 107
　　【专题 4-4】大力弘扬劳动精神··· 107
　　【专题 4-5】勤奋工作，踏实劳动——劳动精神述评··· 108
　　【专题 4-6】弘扬劳动精神的意蕴··· 109
　　【专题 4-7】对劳动精神的时代呼唤··· 109
　　【专题 4-8】爱岗敬业、争创一流——劳模精神述评··· 110
　　【专题 4-9】在平凡的岗位上创造不平凡的业绩——劳模精神述评································ 111
　　【专题 4-10】精益求精，勇于创新——工匠精神述评·· 111
　　【专题 4-11】在全社会弘扬工匠精神·· 112
　　【专题 4-12】大力弘扬工匠精神，培养更多高技能人才和大国工匠······························ 112
　　【专题 4-13】如切如磋，如琢如磨——工匠精神述评·· 113

【专题4-14】各行各业都需要弘扬工匠精神……113

【榜样激励】
　【榜样4-1】王进喜：宁肯少活二十年……114
　【榜样4-2】栾玉帅：努力奔跑的每一步都值得……115
　【榜样4-3】李万君：让每一个焊件都成为艺术品……116
　【榜样4-4】李杰：治疗井下设备的矿山"华佗"……117

【情怀涵养】
　【案例4-1】大力弘扬劳动精神，勤于创造勇于奋斗……117
　【案例4-2】致敬这一双双劳动者的手……118
　【案例4-3】汗水映焊花，热浪铸匠心……118
　【案例4-4】震"焊""芯"灵，致敬劳动者——焊工……119
　【案例4-5】致敬劳动者——爱岗敬业……119
　【案例4-6】致敬劳动者——匠人、匠心……120
　【案例4-7】致敬劳动者——严谨专注，精益求精……121

【任务实战】
　【任务4-1】品读好文，撰写感想……122
　【任务4-2】弘扬劳动精神，创造美好未来……122
　【任务4-3】悟透工匠精神的内涵，培育与传承工匠精神……123
　【任务4-4】探讨"一屋不扫，何以扫天下"这一说法……124

【成果展示】
　【成果4-1】中南财经政法大学打造劳动教育品牌……124
　【成果4-2】西南财经大学劳动教育月：用劳动赋能西财青年……126

模块5　体悟劳动魅力，感受劳动价值

【知识学习】
　5.1　习近平总书记关于劳动价值的重要论述……128
　5.2　习近平总书记寄语劳动者……129
　5.3　习近平总书记关于构建和谐劳动关系的重要论述……129

【专题探讨】
　【专题5-1】勤劳是中华民族的传统美德……131
　【专题5-2】致敬新时代的普通劳动者……131

【榜样激励】
　【榜样5-1】马恒昌："喊破嗓子，不如做出样子！"……132
　【榜样5-2】许振超：干就干一流，争就争第一……132
　【榜样5-3】巨晓林：信仰之光照亮奋斗之路……133
　【榜样5-4】冯世毅：精于在钢板上飞针走线……134

【情怀涵养】
　【案例5-1】致敬劳动者，讴歌劳动者……135
　【案例5-2】致敬铁路人——在坚守中绽放流动中国之美……136
　【案例5-3】铁路劳动者的24小时……136

【案例 5-4】城市 24 小时——致敬最美劳动者 ………………………………………… 137
　　【案例 5-5】致敬每一个努力的你 ………………………………………………………… 137
　　【案例 5-6】致敬劳动者——铁路工作者 ………………………………………………… 138
　　【案例 5-7】致敬劳动者——奋斗在一线的员工 ………………………………………… 138
　　【案例 5-8】致敬劳动者——平凡岗位上不平凡的她们 ………………………………… 139
【任务实战】
　　【任务 5-1】开展"发现劳动之美"手机摄影摄像活动 ………………………………… 140
　　【任务 5-2】开展宿舍风貌展示活动 ……………………………………………………… 140
　　【任务 5-3】体验劳动者的艰辛，记录最美劳动者的 24 小时 ………………………… 141
　　【任务 5-4】感受劳动魅力，记录最美劳动者的劳动瞬间 ……………………………… 144
【成果展示】
　　【成果 5-1】河海大学物联网工程学院开展"赞劳动·致青春"劳动主题教育活动 …… 148
　　【成果 5-2】西南财经大学"弦歌润桃李，耕读育新人" ……………………………… 149

模块 6　培养劳动习惯，保障劳动安全
【知识学习】
　　6.1　熟知劳动安全常识 …………………………………………………………………… 151
　　6.2　遵守安全操作规程与安全生产规范 ………………………………………………… 153
　　6.3　警惕劳动安全隐患 …………………………………………………………………… 155
　　6.4　发生劳动灾害时的紧急救治 ………………………………………………………… 156
　　6.5　重视劳动权益保护 …………………………………………………………………… 161
　　6.6　妥善解决劳动争议 …………………………………………………………………… 164
【专题探讨】
　　【专题 6-1】违反安全操作规程造成安全事故的主要原因 ……………………………… 165
　　【专题 6-2】因好奇产生安全事故的主要原因 …………………………………………… 166
　　【专题 6-3】无保护接地或接零措施导致触电死亡事故的主要原因 …………………… 166
【榜样激励】
　　【榜样 6-1】梁军：人民币壹元纸币上的女拖拉机手 …………………………………… 167
　　【榜样 6-2】谭文波：二十五载，成就"土专家" ……………………………………… 168
　　【榜样 6-3】王中美：17 年，炼成"女焊将" ………………………………………… 169
　　【榜样 6-4】梁庆莲：不服输的割胶神刀手 ……………………………………………… 170
【情怀涵养】
　　【案例 6-1】致敬坚守岗位的城市建设者 ………………………………………………… 171
　　【案例 6-2】不惧"烤"验，致敬高温下作业的建筑工人 ……………………………… 171
　　【案例 6-3】烈日炎炎，为奋战在一线的城市建设者点赞 ……………………………… 172
　　【案例 6-4】致敬劳动者——城市建设者 ………………………………………………… 173
　　【案例 6-5】致敬劳动者——高空作业者 ………………………………………………… 174
【任务实战】
　　【任务 6-1】在生产现场中恰当使用安全色和安全标志 ………………………………… 174
　　【任务 6-2】劳动场所安全调研——身边的劳动场所安全吗 …………………………… 177

【任务6-3】绷带包扎训练 ……………………………………………………………… 178
【任务6-4】快速止血训练 ……………………………………………………………… 178
【任务6-5】心肺复苏训练 ……………………………………………………………… 179
【任务6-6】在宿舍推行6S管理 ………………………………………………………… 179
【任务6-7】在实训室（车间）推行7S管理 …………………………………………… 181
【任务6-8】实习实训时熟知并遵守安全操作规程 …………………………………… 182

【成果展示】
【成果6-1】渤海理工职业学院实训室6S管理效果显著 ……………………………… 184
【成果6-2】大学别样劳动教育："劳动实训+急救技能" ……………………………… 185

模块7 亲历劳动活动，锻造劳动品质

【知识学习】
7.1 什么是劳动品质 ……………………………………………………………………… 186
7.2 培养大学生的劳动品质 ……………………………………………………………… 186
7.3 常见的劳动教育活动 ………………………………………………………………… 187

【专题探讨】
【专题7-1】提升劳动素养，锤炼人格品质 …………………………………………… 188
【专题7-2】培养学生良好的劳动习惯和劳动品质 …………………………………… 189
【专题7-3】涵养劳动情怀，培育劳动品质 …………………………………………… 189
【专题7-4】劳动教育：重在"育"，不可止于"劳" …………………………………… 190

【榜样激励】
【榜样7-1】张秉贵："我们工作平凡，岗位光荣，责任重大！" ……………………… 191
【榜样7-2】高凤林：为火箭焊接"心脏" ……………………………………………… 192
【榜样7-3】马石光：做勤劳的"小蜜蜂"，守护美好生活 …………………………… 192
【榜样7-4】郭玉全：独门秘籍就是下苦功 …………………………………………… 193

【情怀涵养】
【案例7-1】致敬外卖小哥 ……………………………………………………………… 194
【案例7-2】致敬快递员，你们辛苦啦 ………………………………………………… 194
【案例7-3】致敬劳动者——外卖员、快递员 ………………………………………… 195
【案例7-4】致敬劳动者——服务人员 ………………………………………………… 196
【案例7-5】致敬劳动者——电力工作者 ……………………………………………… 197

【任务实战】
【任务7-1】组织开展劳动教育月或劳动教育周系列主题活动 ……………………… 197
【任务7-2】劳动教育活动调查访谈 …………………………………………………… 203
【任务7-3】组织开展"劳动教育"专题活动 …………………………………………… 204
【任务7-4】开展劳动教育活动，锻造劳动品质 ……………………………………… 206

【成果展示】
【成果7-1】江苏旅游职业学院在生产生活中培养学生的劳动品质 ………………… 209
【成果7-2】西南财经大学"耕读田园"劳动实践基地又迎丰收季 …………………… 210
【成果7-3】河海大学的劳动教育从脚下这片土地开始 ……………………………… 211

模块 8　传习劳动技能，锤炼劳动素养

【知识学习】
- 8.1　手工制作 ... 213
- 8.2　让垃圾分类成为新时尚 ... 214
- 8.3　了解食物功效与烹饪菜肴的技巧 ... 217

【专题探讨】
- 【专题 8-1】新时代呼唤大学劳动教育新作为 ... 218
- 【专题 8-2】劳动创造历史，劳动成就未来 ... 219
- 【专题 8-3】新时代劳动教育的内涵、特征与价值 ... 219
- 【专题 8-4】礼赞劳动，致敬技能 ... 220

【榜样激励】
- 【榜样 8-1】吴运铎：中国的保尔·柯察金 ... 221
- 【榜样 8-2】徐立平：火药整容师 ... 222
- 【榜样 8-3】刘中华：一"丝"不苟的"时光匠人" ... 223
- 【榜样 8-4】孙晓霞：立足本职，廿载"续火" ... 224

【情怀涵养】
- 【案例 8-1】以汗水诠释担当，致敬高温下的一线员工 ... 225
- 【案例 8-2】无惧"烤"验拼"炎"值，他们不服"暑" ... 226
- 【案例 8-3】致敬，高温下的坚守 ... 227
- 【案例 8-4】高温下，致敬他们的坚守 ... 227
- 【案例 8-5】致敬劳动者——高温工作者 ... 228

【任务实战】
- 【任务 8-1】垃圾正确分类 ... 228
- 【任务 8-2】传习劳动技能，锤炼劳动素养 ... 230

【成果展示】
- 【成果 8-1】上海第二工业大学开展"3C"劳动育人 ... 235
- 【成果 8-2】高校垃圾分类如何推进？北京林业大学提供了新经验 ... 236
- 【成果 8-3】高校里的垃圾箱长什么样？一起来看看"校园垃圾魔法师" ... 236

模块 9　参加劳动实践，淬炼劳动能力

【知识学习】
- 9.1　躬耕田野 ... 239
- 9.2　新时代高校大学生积极参与实习实训 ... 240

【专题探讨】
- 【专题 9-1】充分发挥劳动教育在职业院校中的育人作用 ... 241
- 【专题 9-2】新时代劳动教育的新立场、新要求、新内容、新标准 ... 241
- 【专题 9-3】加强劳动教育，培育时代新人 ... 242

【榜样激励】
- 【榜样 9-1】赵梦桃："梦桃精神"代代相传 ... 243
- 【榜样 9-2】徐川子：用青春守护万家灯火 ... 243

【榜样9-3】陈建林：用匠心守护"太阳"的人……………………………………244
【榜样9-4】苏健："弯"无一失，高铁飞驰…………………………………………246
【情怀涵养】
【案例9-1】风雪严寒中铁路人最美的坚守………………………………………247
【案例9-2】致敬！寒风中的户外劳动者…………………………………………247
【案例9-3】致敬劳动者——医护人员……………………………………………249
【案例9-4】致敬劳动者——警察与战士…………………………………………250
【任务实战】
【任务9-1】清洁与美化学习生活环境……………………………………………251
【任务9-2】参加"做家常菜"劳动实践……………………………………………256
【任务9-3】参加劳动实践，淬炼劳动能力………………………………………257
【成果展示】
【成果9-1】金华职业技术学院实施"劳动修身计划"，搭建"5+N"劳动教育平台…………261
【成果9-2】西南财经大学大学生劳动教育工作简报……………………………261

参考文献

模块 1

健全劳动教育体系，推进劳动教育实施

劳动教育并不是空口而谈，劳动教育要想达到预期最佳效果，各高校就必须构建劳动教育体系，推进劳动教育常态化，做好学校内劳动教育课程的规划与安排，保证课程与安排能够按时、保质、保量并符合校内专业特色。

劳动教育被纳入学校培养体系之中，纳入人才培养全过程是时代所需，目的就是培养社会主义合格建设者和可靠接班人。新时代大学生可通过各类劳动教育、劳动实践、劳动体会，培养自身价值观、人生观、世界观，从而提高自身综合素质。

全国各省市县、各大中小学高度重视、积极响应、迅速行动、主动作为，因地制宜地制定了切实可行的新时代劳动教育实施方案、实施细则、实施意见、实施措施、指导纲要等，很多学校还制定了可操作性强的劳动教育建设方案。本模块优选省、市、校多个优秀的新时代劳动教育实施方案、实施细则、实施意见、实施措施、指导纲要，进一步深入理解和明确新时代劳动教育的重大意义、指导思想、基本原则、总体要求、评价制度，以便各地、各校准确把握劳动教育的育人目标，明确劳动教育的具体内容要求，全面构建体现时代特征的劳动教育体系，广泛开展劳动教育实践活动，切实加强劳动教育课程体系建设、劳动教育实践资源建设、劳动教育师资队伍建设，建立完善的劳动教育评价制度，加强对劳动教育的支撑保障，健全安全防控机制，保证系统化、高质量地实施劳动教育。

【知识学习】

【箴言金句】

庄稼靠雨水长得葱绿，人们靠劳动获得幸福。
奋斗是劳动者的崇高品格，也是新时代的精神气质。
雁美在高空中，花美在绿丛中，话美在道理中，人美在劳动中。

1.1 什么是劳动教育

1. 新时代劳动教育的基本内涵及任务

劳动是创造物质财富和精神财富的过程，是人类特有的基本社会实践活动。劳动是生产物质资料的过程，是能够对外输出劳动量或劳动价值的人类活动，是人维持自我生存和自我

发展的唯一手段，是人类社会生存和发展的基础。马克思主义认为，劳动创造了人本身。教育与生产劳动相结合既是提高社会生产水平的方法，又是造就全面发展的人的途径和方法。在新时代，我们更要明确人世间的一切幸福都是要靠辛勤的劳动来创造的。

  劳动教育是以"劳动"为载体的教育形式，是指通过劳动实践和培养劳动技能，促进学生身心健康发展，增强学生的社会责任感、自尊心、自信心和劳动意识的一种教育方式。其核心是培养正确的劳动价值观。学校通过劳动教育，引导学生崇尚劳动、尊重劳动，懂得劳动最光荣、劳动最崇高、劳动最伟大、劳动最美丽的道理，弘扬劳动精神，提高学生的劳动素养和劳动能力。新时代劳动教育是以体力劳动和物质生产劳动作为基础，包括更多复杂社会劳动教育的一切实践活动。

  劳动教育是发挥劳动的育人功能，对学生进行热爱劳动、热爱劳动人民的教育活动；是中国特色社会主义教育制度的重要内容，是全面发展教育体系的重要组成部分，直接决定社会主义建设者和接班人的劳动精神面貌、劳动价值取向和劳动技能水平，具有树德、增智、强体、育美的综合育人价值，具有鲜明的思想性和显著的实践性。劳动教育不仅包括在学校进行的劳动实践教育，也包括在社会和家庭中的劳动教育。

  劳动教育的基本内涵是从实践出发，培养学生正确的劳动观念、劳动技能和劳动习惯，为学生未来的成功发展打下坚实的基础。

  劳动教育的任务包括以下五个方面。

  （1）培养正确的劳动观念。劳动是人类活动的本质，是人生的必然过程，要正确地看待劳动，把劳动视为一种荣誉、一种责任、一种幸福。

  （2）培养劳动技能。学校应该开设多种类型的劳动课程，让学生在学校内部或者社会实践环节掌握一定的劳动技能，如手工、农业、服务行业等。

  （3）培养劳动习惯。劳动习惯的养成与日常生活有关，需要从小事入手，让学生在日常生活中体验劳动的快乐和价值（例如，保持学习环境和生活环境的卫生，有序排队、积极参加课堂活动等），从而培养学生的独立生活能力和自尊心。

  （4）培养社会责任感。劳动是个人生活的必需品，也是社会的需要。学生要明白自己在社会中扮演的角色，通过劳动为社会做出贡献，成为有价值的人才。

  （5）帮助学生树立正确的价值观。通过体验劳动的过程，学生可以深刻感受到劳动的意义和价值，从而增强尊重劳动、尊重人的思想观念，具有深厚的民族和家国情感。这些都是一个人必须具备的素质。

2. 新时代劳动教育的本质

  劳动教育的本质是通过劳动实践，培养学生具有良好的劳动态度、劳动技能和劳动习惯，让学生在实践中学会生存、生活、劳动和发展，进而全面提高学生的综合素质。

  劳动教育的本质反映了现代教育的理念与趋势，它不再只是传授知识，而是要培养学生的创新能力、实践能力和社会责任感。从根本上说，劳动教育的本质在于培养学生适应社会发展的需要，使其具备综合素质，成为有用之才，为建设现代化的国家做出贡献。

  因此，劳动教育不只是一项普普通通的教育内容，而是维系和推动现代教育进步的一个重要组成部分，它的本质渐渐地被越来越多的人重视和认同。

3. 新时代劳动教育在人才培养中的地位

新时代劳动教育在人才培养中扮演着非常重要的角色。培养学生的自理能力、自我管理能力、合作能力和实际操作能力是劳动教育的重要目标。这些能力是现代社会需要的,而且在各种职业中都是必备的技能,如医生、工程师、农民、工人等。

因此,劳动教育不应被忽视,它在人才培养的过程中具有不可替代的地位。学校应该充分重视劳动教育,把它融入教学、管理工作中,推动学生全方位发展,逐步培养出具有创新意识、实践能力和社会责任感的优秀人才。

4. 新时代劳动教育的主要目标

劳动教育使学生能够理解和形成马克思主义劳动观,牢固树立劳动最光荣、劳动最崇高、劳动最伟大、劳动最美丽的观念;具有必备的劳动能力,掌握基本的劳动知识和技能,能够正确使用常见的劳动工具;养成勤俭、奋斗、创新、奉献的劳动精神,提升满足生存发展需要的基本劳动能力,形成良好的劳动习惯和劳动品质,体会劳动创造美好生活,体认劳动不分贵贱,热爱劳动,尊重普通劳动者。

劳动教育是学校教育的重要内容之一,对于学生成长和健康发展具有重要作用。劳动教育可以让学生接触到实际生产的环节,了解劳动的本质和意义,同时能够增强学生的体力和锻炼学生的耐力、毅力,培养学生具备进取心、合作精神和解决问题的能力。

劳动教育还可以培养学生的劳动习惯,让学生明白勤劳致富的道理,从而增强自己的独立生活能力,为社会做出贡献。此外,劳动教育还有利于缓解学生的学习压力,增强学生的心理健康,让学生有机会通过劳动获得快乐和满足感。

5. 劳动教育的价值

劳动对人的全面发展具有重要作用和价值,劳动教育是国民教育体系的重要内容,是学生成长的必要途径,具有树德、增智、强体、育美、创新的综合育人价值。

(1) 以劳树德。

劳动教育可以使学生树立正确的劳动观念和劳动态度,使其热爱劳动,尊重劳动人民和劳动成果,抵制好逸恶劳、贪图享受、不劳而获、奢侈浪费等不良习气的影响,在劳动中磨砺意志品质,形成勤俭节约、踏实肯干、意志坚定、团结协作的优良品质,使之成为有大爱、大德、大情怀的人。品德修养不是一蹴而就的事,需要在长期的社会实践中、在日常生活的点点滴滴中,踏踏实实地磨炼达成。劳动教育对于大学生践行社会主义核心价值观,传承中华优秀传统文化,实现中华民族伟大复兴的中国梦具有重要意义。

(2) 以劳增智。

劳动教育能够促进学生智力的发展,使学生掌握基本的生活生产劳动技能,具备初步的职业意识、创新创业意识和动手实践能力。劳动教育要在增长学生的知识和见识上下功夫,引导学生在做中学、在学中做,在社会劳动实践中增长见识、丰富学识,求真理、悟道理、明事理。在劳动中,学生要用心观察劳动对象的特点和劳动环境的变化,思考劳动手段的优化方法和劳动资料的革新手段,学习劳动技术的科学原理。学生要在劳动中用心观察,积极思考,以实际行动不断推动科学创新和技术改良,提高劳动产品的科技含量。

(3) 以劳强体。

大学阶段正是青年长身体、长知识的关键时期，劳动教育能够引导他们树立健康生活的观念。劳动可以使大学生强健体魄，形成健康身心和健全人格。学校要引导大学生在劳动中享受乐趣、增强体质、健全人格、锤炼意志。大学生在紧张的学习之余适当参加劳动实践，不仅能使大脑得到放松，提高效率，还能养成良好的生活习惯，提高生活质量。

(4) 以劳育美。

劳动创造了世界，也创造了美。劳动美是人们在生产劳动中形成和表现出的美，是社会美的最基本的具体内容，它使人的自由、自觉的创造活动及才能、智慧、品格、意志、情感等本质力量最直接、最集中地体现在生产劳动之中。大学生可通过家庭中的家务劳动、日常生活中的手工制作等劳动美化自己的生活，通过参加社会公益劳动美化周边的环境。因此，劳动教育利于加强和改进学校美育，形成以劳育美、以美育人、以文化人的育人模式，促使大学生树立"劳动最光荣、劳动最崇高、劳动最伟大、劳动最美丽"的劳动审美观，让大学生在劳动创造中形成发现美、体验美、鉴赏美、创造美的意识和能力。在劳动过程中，大学生通过发现美和鉴赏美来提高人文素养；通过以劳育美、以美育人来感受美的各种形式；通过对劳动美的感知、体验和追求来提高审美能力。在实践过程中，劳动教育潜移默化地使大学生明白，劳动不仅创造了美，而且劳动本身就是美。

(5) 以劳创新。

劳动教育能够培养学生的创新意识和创新能力。劳动教育之所以有创造性，源于劳动的多样特征、开放特征和互通特征。劳动的表现形式多样化源于劳动性质多样化，劳动成果也呈现出多样化。创新是时代发展的主题，大学生不仅要掌握书本上的理论知识和专业技能，而且要具备创新精神和能力。劳动教育可以进一步激发学生的潜力，激励学生创造性地开展劳动，提高了学生的创新意识和创新能力，巩固和丰富了学生的综合素质。

6. 劳动教育的主要内容

劳动教育主要包括劳动科学知识学习、日常生活劳动、服务性劳动和生产性劳动。强化马克思主义劳动观教育，注重围绕创新创业，结合专业开展生产劳动和服务性劳动，培育创造性劳动能力和诚实守信的合法劳动意识。不断推动专业培养、课程教育与实习实训、社会实践、毕业设计、创新创业有机融合，鼓励学生在劳动教育过程中积累职业经验，实现就业和创业。

(1) 教授劳动科学知识。

通过理论学习，使学生掌握通用劳动科学知识，深刻理解马克思主义劳动观和社会主义劳动关系，树立正确的择业观、就业观、创业观，具有到艰苦地区和行业工作的奋斗精神。

(2) 开展日常生活劳动。

日常生活劳动教育立足于个人生活事务处理，结合开展新时代校园爱国卫生运动，注重对学生生活能力和良好卫生习惯的培养，使学生树立自立自强意识，使学生形成和巩固良好的日常生活劳动习惯，自觉做好宿舍卫生保洁，独立处理个人生活事务，积极参加勤工助学活动，提高自立自强能力。

(3) 开展服务性劳动教育。

服务性劳动教育让学生利用知识、技能等为他人和社会提供服务，在服务性岗位上见习或实习，使学生树立服务意识，在公益劳动和志愿服务中强化社会责任感。学校应整合学生服务性劳动资源，使学生自觉参与教室、食堂等场所的卫生保洁、绿化美化和管理服务等工作，组织学生参加勤工助学活动。同时，学校学生社会实践平台和青年公益志愿服务平台组织学生开展服务性劳动，如参加"三下乡"社会实践和志愿服务等活动，强化学生的公共服务意识和面对灾害等危机主动作为的奉献精神。

（4）组织生产劳动。

生产劳动教育要让学生在工农业生产过程中直接经历物质财富的创造过程，体验从简单劳动、原始劳动向复杂劳动、创造性劳动的发展过程，学会使用工具，掌握相关技术，感受劳动创造价值，增强产品质量意识，体会平凡劳动中的伟大。学校应结合学科特点和专业特色，组织学生前往劳动教育基地参加实习实训、专业服务和创新创业活动，重视新知识、新技术、新工艺、新方法的运用，提高学生在生产实践中发现问题和创造性解决问题的能力，让学生在动手实践的过程中创造有价值的物化劳动成果。

劳动教育的重点是在系统的文化知识学习之外，让学生动手实践，出力流汗，在劳动实践中接受教育。劳动教育面向全体学生，从思想认识、情感态度、能力习惯三个方面提出要求，强调劳动不分贵贱，培养学生具备勤俭、奋斗、创新、奉献的劳动精神。

1.2 "三课融合""五进协同"构建劳动教育完整育人体系

各高校为了更好地开展劳动教育，解决只讲劳动而缺乏劳动实践、有劳动无教育、劳动教育形式单一等诸多实际问题，充分发挥劳动育人功能，取得较好的劳动教育成果，在调查研究和实践探索的基础上，摸索出了"三课融合""五进协同"的职业院校劳动教育工作法，旨在引导职业院校因地制宜，深入研究，认真实践，推进劳动教育落地生根、开花结果。

1. 传播劳动思想，传承劳动精神，传习劳动技能

推动劳动教育与专业课程的深度融合，创设多维度劳动教育场景，开展"劳动+文化""劳动+生态""劳动+志愿服务"等"劳动+"系列融合教育课程。

劳动教育需要入脑入心，自2018年全国教育大会把劳动教育再次放到与德智体美并重的位置以来，劳动教育备受关注。2020年，《中共中央 国务院关于全面加强新时代大中小学劳动教育的意见》发布，更为落实劳动教育提供了明确的指引。

劳动创造幸福，劳动教育对一个人成长的重要性毋庸讳言。如果只开设劳动教育必修课，就劳动讲劳动，那么劳动教育很难入脑入心。

劳动教育应该融入学生的专业学习中。劳动教育不只是传授动手能力、实践能力，更重要的是发挥育人功能。这需要学校因地制宜，找准学生的"兴趣点"和"兴奋点"，不仅能吸引学生的眼球，还能入脑入心，使劳动教育课堂发挥最好的教育效果。

（1）"三课融合"。

"三课融合"的"三课"是指"劳育必修课（独立课程形态）""课程劳育课（渗透课程形态）""劳育第二课堂"（拓展课程形态）三种课程形态。劳动教育理论要与实践融合，构建劳动教育课程体系；劳动教育要与专业和课程融合，构建全面的劳动教育体系；劳动教育要与第二课堂、社会实践融合，构建劳动教育自我管理体系、劳动实践育人体系和更广泛的育人空间。

(2)"五进协同"。

"五进协同",构建完整的劳动教育过程体系。"五进"是指:一进家庭,抓住衣、食、住等日常生活中的劳动实践机会,让学生养成爱劳动的好习惯;二进学校,充分利用在校机会和学校资源,科学设计课内外劳动项目,强化劳动教育与德智体美、专业教育的融合,采取灵活多样的形式,激发学生的内在需求和劳动动力;三进社会,充分利用社会各方面资源,组织学生参加力所能及的新型服务性劳动,学生与普通劳动者一起经历劳动过程;四进职场,以职业为导向,以就业岗位为引导,结合专业,开展职业性生产经营劳动,有针对性地锻炼学生的岗位劳动技能;五进"创业",围绕创新创业,结合学科和专业积极开展劳动实践,创造性地解决实际问题,提升就业创业能力。

"三课融合""五进协同",构建全员、全过程、全方位的劳动教育完整育人体系,培养德智体美劳全面发展的社会主义建设者和接班人。

2. "教学做展评"五位一体混合式教学,提质增效

"教学做展评"具体包括:"教",学校和实践基地的老师进行理论、实践融合的教育教学;"学",学生在学校和实践基地学习理论和技能,学做人,学做事;"做",学生在老师的指导下,在学校和实践基地实践锻炼,会做事;"展",展示学生理论学习和实践的精彩过程和结果;"评",内外评价教育教学的成效,监控劳动教育教学质量,反馈循环,持续提高。

五位一体是指通过系统实施思政劳动教育、课程劳动教育、专业劳动教育、实践劳动教育和文化劳动教育,形成德育与劳动教育协同的模式,统筹推进文化育人、实践育人、活动育人。

混合式教学是指借助移动互联网技术,通过线上平台共享教学资源,让学生完成在线学习,在线下完成实践项目,线上和线下相结合,实现劳动教育教学。

"教学做展评"五位一体混合式教学,符合职业教育教学规律,各环节互相紧密结合,符合质量管理要求,既为老师提供了教学模式和教学方法指导,又为劳动教育的规范开展提供了行之有效的保障,利于劳动教育教学提质增效。

1.3 劳动教育的主要原则

劳动教育应坚持育人导向,引导学生树立正确的劳动观;遵循教育规律,以体力劳动为主,注意手脑并用、安全适度,强化实践体验;体现时代特征,注重社会变化,深化产教融合,提高创造能力;强化综合实施,整合学校和社会力量,形成协同育人的格局;坚持因地制宜,结合学校和社会实际,灵活开展劳动教育。

劳动教育应遵循以下主要原则。

1. 实践性原则

实践性是劳动教育的基本特点,学生参加劳动实践是劳动教育的主要形式和基本方法。实践是劳动教育必不可少的环节,创新素质只有在解决实际问题的过程中才能得到发展。要结合实际,创设足够的时间和空间,千方百计为学生创设劳动实践的条件,让学生在实践中掌握知识和技能。学校、教师要切实做好指导和管理工作,提高劳动教育的教学效果。

2. 技术性原则

在劳动教育中，无论是生活劳动还是生产劳动，在确立学生的主体地位的同时，都要紧紧围绕提高学生劳动技术素质这一中心，注重培养学生的技术意识，发展学生的技术思维能力，提高学生的智力水平、创新精神和实践能力。

3. 基础性原则

劳动技术是培养学生劳动技能素质的一门基础性课程，应该使学生具备基本的技术处理能力，以适应未来的职业生活、家庭生活和社会生活。在劳动教育中，让学生通过对某些劳动技术项目的学习，掌握相关的劳动知识，提高他们使用工具的动手操作能力和思维能力，为将来的发展、成长打下坚实的基础。

4. 适应性原则

在实施劳动技术教育时，要根据学校实际情况，选择合适的具体内容和形式。课本知识教学要不断地融入新理论、新技术，使劳动教育教学能够适应科学技术和社会经济发展的需要。

5. 开放性原则

在劳动教育过程中，既要保证学生主体有足够的劳动实践活动的时间，使学生通过劳动实践活动来理解、认识、探索和创造，又要使学生在独立与合作进行的各项活动中得到交流和精神体验。劳动教育的综合性、实践性决定了其具有开放的性质。教学活动、学生实践操作活动的时间应有弹性，教学内容应不拘泥于教材，做到课内课外、校内校外相结合，这对于改变学校劳动教育内容过于单一、要求过于统一的状况有积极的意义。劳动成果的呈现方式应该是开放的，是学生在广阔的时空中实践和探索得来的。把劳动教育与各项实践活动有机地结合起来，逐步构建学校、社会、家庭相互协调、互为补充的劳动教育体系，能够为有特殊兴趣和爱好的学生，提供充分发挥自己天赋、才能和创造力的新思路。

6. 安全性原则

劳动教育必须确保学生的安全。劳动教育的主要教学方式是让学生动手操作，操作过程涉及的材料、工具、设备等都带有不安全因素。因此，要规定各个项目的操作程序和安全规程，并制定必要的安全检查制度与措施。劳动教育应切实对学生进行安全教育，要求学生树立劳动安全意识、自我保护意识和环境保护意识；学会正确使用工具和设备，自觉穿戴必需的劳动保护用品；养成严格遵守劳动纪律，自觉执行规章制度的良好习惯。

1.4 新时代劳动教育课程体系建设应坚持"五化"原则

新时代劳动教育课程体系建设应坚持以下原则。

1. 目标多元化

劳动教育不仅有直接目标——培养学生爱劳动的态度、发展学生会劳动的能力，还要对其他"四育"有积极的促进作用，即劳动教育还应追求"树德、增智、强体、育美"的教育目标。

2. 内容综合化

劳动教育课程的学习内容必然是综合的，是知识、能力、技术、情感的统一体，追求知行合一。因此，要避免把劳动教育课程变成知识课程、学科课程，也不能把劳动教育课程等同于劳动技能课程，不能用已有的通用技术课程、劳动技能课程代替劳动教育课程。

3. 载体活动化

劳动存在于实践和活动中，劳动教育课程的主导学习方式应是活动式、实践式的。所以，劳动教育课程要活动化，劳动教育活动要课程化，即要以序列化的活动和实践形成课程活动系列。

4. 主线实践化

劳动教育强调体验、实践，劳动教育课程的实施应突出在实践中体验，突出"做中学"。在操作中学习是劳动教育课程实施最重要的特点，劳动教育不能用"虚拟实践""思想实验"的方式进行，必须让学生进入现场进行实战，没有真实的实践和操作就不存在真正的劳动教育。

5. 评价多元化

劳动教育是与生活、生产紧密联系的课程，是多方参与、多种内容综合的学习过程。这要求劳动教育在实施中，评价主体要多元化，评价内容要多样化，评价方式要过程化，以此呼应课程内容的综合化与课程载体的活动化。

1.5 提升大学生劳动素养的有效途径和方法

劳动教育是大学生成长成才的重要教育形式，是学校教育的组成部分，更是新时代经济社会发展的客观需求。因此，以高校为主要依托，从理论层面和实践层面多种途径开展劳动教育，是培养学生劳动教育素养的重要途径。

1. 纳入人才培养方案，促进劳动教育实质化

将劳动教育作为人才培养目标的重要组成部分，并纳入专业人才培养方案中，使劳动教育真正具体化、实质化；结合学校办学特色和地方社会实际，设置相应的理论教学与实践教学环节，并设置相应的学时学分；规定合理的过程性考核评价方式，将学生在劳动过程中的表现纳入评奖评优考查中，同时设立劳动教育专门奖项。

2. 融入专业课程教学，充分发掘劳动教育元素

不仅可以在通识教育课程中设置劳动教育课程，而且可以在讲授专业课程过程中发挥劳动育人的作用。专业课程的实践教学环节本身就是劳动教育最好的载体，可以将马克思主义劳动教育观融入课程教学，通过发掘教材本身具有的劳动教育元素，在实施专业教学的同时，

潜移默化地培养学生的劳动观念、劳动意识和劳动习惯。劳动教育课程的教学还可以通过实习环节来实现。

3. 加强实习环节观察，构建逐层递进的劳动教育体系

劳动教育课程需要坚持全过程育人，贯穿大中小学各学段的各环节，统筹小学、中学、大学三个学段劳动教育课程的功能定位和育人目标，使劳动教育课程螺旋上升、有序过渡、逐层递进。

4. 对接创新创业教育，全面提升学生的劳动教育素养

高校要将创新精神和创业意识加入劳动教育过程中，这就需要在原有创新创业活动的基础上，加强创新创业理论知识讲授，组织开展创新创业实践活动，促进创新创业成果转化，还要将其作为劳动观念、劳动态度和劳动习惯素质培养的提升过程。因此，劳动教育要与职业生涯规划、技能竞赛、大学生创业相结合，全面提升学生的劳动教育素养。

5. 衔接学生第二课堂，形成劳动教育良好氛围

在第二课堂开展劳动教育，可以在全校形成热爱劳动、尊重劳动的良好氛围。学工处、团委等部门应该积极参与，让劳动教育有效衔接学生第二课堂。开展社区服务、勤工助学等第二课堂活动，将活动过程变为劳动实践过程，并将劳动科学教育内容贯穿其中，形成劳动教育的良好氛围。

1.6 职业院校加强劳动教育的重要意义

1. 劳动教育是职业院校落实立德树人根本任务的重要抓手

立德树人是教育的根本任务。"立德"立的是大德。劳动教育不只是对学生进行劳动技能的培养，更重要的是发挥价值引领作用，使学生在劳动中形成完善的人格、树立正确的价值观，所以劳动教育是"立德"的重要途径。"树人"树的是新人，是德智体美劳全面发展的时代新人。职业院校是培养高质量人才的重要阵地和渠道，学生技能的掌握、大国工匠的练就归根到底依靠具体的劳动实践。职业院校聚焦中华民族伟大复兴的历史伟业，加强劳动教育可以引导学生投身正确的劳动实践，指引学生在自己的专业领域练就过硬的本领，掌握精湛的职业技能，做全面发展的时代新人。

2. 劳动教育是职业院校实现"五育"并举的重要方面

2018年，习近平总书记在全国教育大会上提出培养德智体美劳全面发展的社会主义建设者和接班人，将劳动教育纳入了教育事业的总体发展格局。劳动教育有独特的育人价值：劳动教育可以树德，引导学生形成热爱劳动、尊重劳动的品行，锻造攻坚克难、积极向上的品质，树立爱岗敬业、诚信友善的价值观；劳动教育可以增智，劳动是智力与体力紧密结合的过程，也是帮助学生发现问题、提升解决问题能力、增长智慧的过程；劳动教育可以强体，系统、持续的劳动有助于学生强健体魄，养成团队合作精神，为个人身心健康、和谐发展打下基础；劳动教育可以育美，可以让学生体悟到劳动之美，从而激发学生的劳动热情。

【专题 1-1】深入领会《中共中央 国务院关于全面加强新时代大中小学劳动教育的意见》

【内容摘要】

2020 年 3 月，中共中央、国务院印发了《中共中央 国务院关于全面加强新时代大中小学劳动教育的意见》（以下简称《意见》），就加强大中小学劳动教育进行了系统设计和全面部署。《意见》出台主要有以下两个方面的背景。

一是贯彻落实新时代党对劳动教育的新要求。2018 年 9 月，习近平总书记在全国教育大会上明确提出将劳动教育纳入社会主义建设者和接班人的总体要求，必须构建大中小学劳动教育体系，全面落实党的教育方针。

二是劳动育人功能亟待加强。劳动教育被淡化、弱化，在一些青少年中出现不珍惜劳动成果、不想劳动、不会劳动的现象，与社会主义建设者和接班人的培养要求有较大差距。全党全社会必须高度重视，切实加强大中小学劳动教育。

下面是《中共中央 国务院关于全面加强新时代大中小学劳动教育的意见》的基本内容。

1. 充分认识新时代培养社会主义建设者和接班人对加强劳动教育的新要求

（1）重大意义。

劳动教育是中国特色社会主义教育制度的重要内容，直接决定社会主义建设者和接班人的劳动精神面貌、劳动价值取向和劳动技能水平。长期以来，各地区和学校坚持教育与生产劳动相结合，在实践育人方面取得了一定成效。同时也要看到，近年来一些青少年中出现了不珍惜劳动成果、不想劳动、不会劳动的现象，劳动的独特育人价值在一定程度上被忽视，劳动教育正被淡化、弱化。对此，全党全社会必须高度重视，采取有效措施切实加强劳动教育。

（2）指导思想。

以习近平新时代中国特色社会主义思想为指导，全面贯彻党的教育方针，落实全国教育大会精神，坚持立德树人，坚持培育和践行社会主义核心价值观，把劳动教育纳入人才培养全过程，贯通大中小学各学段，贯穿家庭、学校、社会各方面，与德育、智育、体育、美育融合，紧密结合经济社会发展变化和学生生活实际，积极探索具有中国特色的劳动教育模式，创新体制机制，注重教育实效，实现知行合一，促进学生形成正确的世界观、人生观、价值观。

（3）基本原则。

① 把握育人导向。

② 遵循教育规律。

③ 体现时代特征。

④ 强化综合实施。
⑤ 坚持因地制宜。

2. 全面构建体现时代特征的劳动教育体系

（1）把握劳动教育基本内涵。

劳动教育是国民教育体系的重要内容，是学生成长的必要途径，具有树德、增智、强体、育美的综合育人价值。实施劳动教育重点是在系统的文化知识学习之外，有目的、有计划地组织学生参加日常生活劳动、生产劳动和服务性劳动，让学生动手实践、出力流汗，接受锻炼、磨炼意志，培养学生正确劳动价值观和良好劳动品质。

（2）明确劳动教育总体目标。

通过劳动教育，使学生能够理解和形成马克思主义劳动观，牢固树立劳动最光荣、劳动最崇高、劳动最伟大、劳动最美丽的观念；体会劳动创造美好生活，体认劳动不分贵贱，热爱劳动，尊重普通劳动者，培养勤俭、奋斗、创新、奉献的劳动精神；具备满足生存发展需要的基本劳动能力，形成良好劳动习惯。

（3）设置劳动教育课程。

整体优化学校课程设置，将劳动教育纳入中小学国家课程方案和职业院校、普通高等学校人才培养方案，形成具有综合性、实践性、开放性、针对性的劳动教育课程体系。

根据各学段特点，在大中小学设立劳动教育必修课程，系统加强劳动教育。中小学劳动教育课每周不少于1课时，学校要对学生每天课外校外劳动时间做出规定。职业院校以实习实训课为主要载体开展劳动教育，其中劳动精神、劳模精神、工匠精神专题教育不少于16学时。普通高等学校要明确劳动教育主要依托课程，其中本科阶段不少于32学时。除劳动教育必修课程外，其他课程结合学科、专业特点，有机融入劳动教育内容。大中小学每学年设立劳动周，可在学年内或寒暑假自主安排，以集体劳动为主。高等学校也可安排劳动月，集中落实各学年劳动周要求。

根据需要编写劳动实践指导手册，明确教学目标、活动设计、工具使用、考核评价、安全保护等劳动教育要求。

（4）确定劳动教育内容要求。

根据教育目标，针对不同学段、类型学生特点，以日常生活劳动、生产劳动和服务性劳动为主要内容开展劳动教育。结合产业新业态、劳动新形态，注重选择新型服务性劳动的具体内容。

（5）健全劳动素养评价制度。

将劳动素养纳入学生综合素质评价体系，制定评价标准，建立激励机制，组织开展劳动技能和劳动成果展示、劳动竞赛等活动，全面客观记录课内外劳动过程和结果，加强实际劳动技能和价值体认情况的考核。建立公示、审核制度，确保记录真实可靠。把劳动素养评价结果作为衡量学生全面发展情况的重要内容，作为评优评先的重要参考和毕业依据，作为高一级学校录取的重要参考或依据。

3. 广泛开展劳动教育实践活动

（1）家庭要发挥在劳动教育中的基础作用。
（2）学校要发挥在劳动教育中的主导作用。

（3）社会要发挥在劳动教育中的支持作用。

4．着力提升劳动教育支撑保障能力

（1）多渠道拓展实践场所。
（2）多举措加强人才队伍建设。
（3）健全经费投入机制。
（4）多方面强化安全保障。

5．切实加强劳动教育的组织实施

（1）加强组织领导。
（2）强化督导检查。
（3）加强宣传引导。

【思考探讨】

劳动教育是新时期党对教育的新要求，是中国特色社会主义教育制度的重要内容，对于培养社会主义建设者和接班人具有重要的战略意义。

请扫描二维码1-1，浏览电子活页《中共中央 国务院关于全面加强新时代大中小学劳动教育的意见》原文的全部内容，然后认真思考与积极探讨以下问题。

（1）新时代加强劳动教育的总体思路是什么？
（2）《意见》对新时代劳动教育的基本内涵做了怎样的规定，为什么？
（3）新时代劳动教育主要育人目标是什么？
（4）《意见》为什么突出强调开展日常生活劳动、生产劳动、服务性劳动三类劳动教育？
（5）《意见》对社会各方面提出了哪些要求？

请扫描二维码1-2，浏览电子活页"学习《中共中央 国务院关于全面加强新时代大中小学劳动教育的意见》的问题探讨"的参考答案。

【专题1-2】贯彻执行教育部《大中小学劳动教育指导纲要（试行）》

【内容摘要】

下面是教育部《大中小学劳动教育指导纲要（试行）》的基本内容。

1．劳动教育性质和基本理念

（1）劳动教育性质。

劳动是创造物质财富和精神财富的过程，是人类特有的基本社会实践活动。劳动教育是发挥劳动的育人功能，对学生进行热爱劳动、热爱劳动人民的教育活动。当前实施劳动教育

的重点是在系统的文化知识学习之外，有目的、有计划地组织学生参加日常生活劳动、生产劳动和服务性劳动，让学生动手实践、出力流汗，接受锻炼、磨炼意志，培养学生正确劳动价值观和良好劳动品质。

劳动教育是新时代党对教育的新要求，是中国特色社会主义教育制度的重要内容，是全面发展教育体系的重要组成部分，是大中小学必须开展的教育活动。它具有鲜明的思想性，必须将马克思主义劳动观贯彻始终，强调劳动是一切财富、价值的源泉，劳动者是国家的主人，一切劳动和劳动者都应该得到鼓励和尊重；倡导通过诚实劳动创造美好生活、实现人生梦想，反对一切不劳而获、崇尚暴富、贪图享乐的错误思想。具有突出的社会性，必须加强学校教育与社会生活、生产实践的直接联系，发挥劳动在个人与社会之间的纽带作用，引导学生认识社会，增强社会责任感；同时注重让学生学会分工合作，体会社会主义社会平等、和谐的新型劳动关系。具有显著的实践性，必须面向真实的生活世界和职业世界，引导学生以动手实践为主要方式，在认识世界的基础上，获得有积极意义的价值体验，学会建设世界，塑造自己，实现树德、增智、强体、育美的目的。

（2）劳动教育基本理念。

① 强化劳动观念，弘扬劳动精神。

② 强调身心参与，注重手脑并用。

③ 继承优良传统，彰显时代特征。

④ 发挥主体作用，激发创新创造。

2. 劳动教育目标和内容

（1）总体目标。

准确把握社会主义建设者和接班人的劳动精神面貌、劳动价值取向和劳动技能水平的培养要求，全面提高学生劳动素养，使学生：

① 树立正确的劳动观念。

② 具有必备的劳动能力。

③ 培育积极的劳动精神。

④ 养成良好的劳动习惯和品质。

（2）主要内容。

主要包括日常生活劳动、生产劳动和服务性劳动中的知识、技能与价值观。日常生活劳动教育立足个人生活事务处理，结合开展新时代校园爱国卫生运动，注重生活能力和良好卫生习惯培养，树立自立自强意识。生产劳动教育要让学生在工农业生产过程中直接经历物质财富的创造过程，体验从简单劳动、原始劳动向复杂劳动、创造性劳动的发展过程，学会使用工具，掌握相关技术，感受劳动创造价值，增强产品质量意识，体会平凡劳动中的伟大。服务性劳动教育让学生利用知识、技能等为他人和社会提供服务，在服务性岗位上见习实习，树立服务意识，实践服务技能；在公益劳动、志愿服务中强化社会责任感。

（3）学段要求。
① 小学。
② 初中。
③ 普通高中。
④ 职业院校。
⑤ 普通高等学校。

3．劳动教育途径、关键环节和评价

（1）劳动教育途径。
将劳动教育纳入人才培养全过程，丰富、拓展劳动教育实施途径。
① 独立开设劳动教育必修课。
② 在学科专业中有机渗透劳动教育。
③ 在课外校外活动中安排劳动实践。
④ 在校园文化建设中强化劳动文化。
（2）劳动教育关键环节。
各地和学校要注重围绕劳动教育的目标和内容要求，从提高劳动教育的效果出发，把握劳动教育任务的特点，抓住关键环节，选择适宜的劳动教育方式。
① 讲解说明。
② 淬炼操作。
③ 项目实践。
④ 反思交流。
⑤ 榜样激励。
（3）劳动教育评价。
将劳动素养纳入学生综合素质评价体系。以劳动教育目标、内容要求为依据，将过程性评价和结果性评价结合起来，健全和完善学生劳动素养评价标准、程序和方法，鼓励、支持各地利用大数据、云平台、物联网等现代信息技术手段，开展劳动教育过程监测与记实评价，发挥评价的育人导向和反馈改进功能。
① 平时表现评价。
② 学段综合评价。
③ 开展学生劳动素养监测。

4．学校劳动教育的整体规划与实施

（1）整体规划劳动教育。
学校在劳动教育规划时要注意处理以下几个方面的关系。
① 理论学习和实践锻炼的关系。
② 劳动教育与其他教育活动的关系。
③ 劳动的传统形态与新形态的关系。
（2）劳动教育的组织实施。
① 实施机构和人员。
② 劳动安全风险防范与管理。

③ 建立协同实施机制。

【思考探讨】

请扫描二维码 1-3，浏览电子活页《大中小学劳动教育指导纲要（试行）》（以下简称《指导纲要》）原文的全部内容，然后认真思考与积极探讨以下问题：

（1）社会上对什么是劳动教育有不同理解，《指导纲要》是怎么规定的？

（2）劳动教育应该教什么？有哪些教育要求？《指导纲要》对此是如何规定的？

（3）提高劳动教育的质量水平必须解决怎么教的问题，《指导纲要》是如何对此加强指导的？

（4）评价是大家普遍关心的问题，《指导纲要》是如何细化有关要求的？

（5）职业院校本来就是向学生传授劳动技术的，为什么也要加强劳动教育？《指导纲要》对职业院校劳动教育有什么具体要求？

（6）《指导纲要》在普通高等学校劳动教育方面有什么规定？

请扫描二维码 1-4，浏览电子活页"学习教育部《大中小学劳动教育指导纲要（试行）》的问题探讨"的参考答案。

【专题 1-3】全面构建新时代职业院校劳动教育体系

【内容摘要】

对于作为一种教育类型的职业教育来说，《意见》为全面构建新时代职业院校劳动教育体系奠定了制度基础。

（1）充分认识新时代加强职业院校劳动教育的重要意义。

（2）全面落实新时代加强职业院校劳动教育的重要任务。

① 从整体上优化职业院校劳动教育课程设置，确定劳动教育内容要求。

② 广泛开展劳动教育实践活动。

③ 健全劳动素养评价制度。

（3）持续加强职业院校劳动教育支撑保障的有效路径。

① 切实加强劳动课程的教师培养工作。

② 以出台相关政策为契机加快推进体制机制改革。

【思考探讨】

请扫描二维码 1-5，认真阅读电子活页"全面构建新时代职业院校劳动教育体系"，以小组为单位，使用思维导图梳理作者的主要观点。

【专题 1-4】构建新时代高校劳动教育实施体系

【内容摘要】

高校应主动作为，把劳动教育作为立德树人的重要途径，构建高质量的劳动教育实施体系，促进学生全面发展。

（1）推进课程建设，强化劳动教育主阵地建设。
（2）丰富育人载体，建设家庭、学校、社会协同育人共同体。
（3）注重多元评价，形成劳动素养评价标准。

【思考探讨】

请扫描二维码 1-6，认真阅读电子活页"构建新时代高校劳动教育实施体系"，以小组为单位，使用思维导图梳理作者的主要观点。

【榜样激励】

【榜样 1-1】袁隆平：一生仅有两个梦

【事迹简介】

袁隆平，江西九江人，享誉海内外的著名农业科学家，中国杂交水稻事业的开创者和领导者，"共和国勋章"获得者，国家杂交水稻工程技术研究中心原主任，中国工程院院士，被誉为"杂交水稻之父"。袁隆平致力于对杂交水稻技术的研究、应用与推广，发明"三系法"籼型杂交水稻，成功研究出"两系法"杂交水稻，创建超级杂交稻技术体系，提出并实施"种三产四"丰产工程。袁隆平出版中文、英文专著 6 部，发表论文 60 余篇。

作为"杂交水稻之父"，袁隆平一直有两个梦，一个是禾下乘凉梦，另一个是杂交水稻覆盖全球梦。为了圆自己的梦，袁隆平几十年如一日，废寝忘食，苦心研究，攻关不止。为争取更多的研究时间，他像候鸟一样每年冬天从寒冷的长沙转移到温暖的海南岛，一年中超过三分之一的时间在农田里劳作、观察和研究。从播种到收获，袁隆平每天至少下田两次，晒得又黑又瘦，像一个地地道道的农民。

从杂交水稻到超级杂交水稻，袁隆平每前进一步，都是创新的结果，都是通过创造性思维得出来的。袁隆平 40 多年的杂交水稻科研生涯，实际上就是一个不断创新的漫长过程。如果硬要说杂交水稻的成功有什么秘诀的话，那就是袁隆平自己的观点，不囿于现存结论的创新思维。袁隆平在籼型三系法水稻杂种优势利用、两系法水稻杂种优势利用、超级杂交水稻等方面的战略构想和创新思维，直接推动和指导着水稻杂种优势利用事业，使中国的杂交水稻研究和利用，40 年来一直走在世界前列。

【思考探讨】

"世界杂交水稻之父"袁隆平是一位真正的耕耘者。当他还是一位乡村教师的时候,已经具有颠覆世界权威的胆识;当他名满天下的时候,却仍然专注于田畴,淡泊名利,播撒智慧,收获富足。他毕生的梦想,是让所有的人远离饥饿。

请扫描二维码1-7,认真阅读电子活页"'世界杂交水稻之父'袁隆平——一生仅有两个梦"的完整内容。

(1)以小组为单位,使用思维导图梳理袁隆平的先进事迹和主要贡献。
(2)袁隆平有什么值得我们学习的精神品质和技术技能特长?

【榜样1-2】孟泰:废墟上崛起的"钢铁意志"

【事迹简介】

孟泰是新中国第一代全国劳动模范。解放之初的东北,可谓百废待兴。1948年11月,孟泰重回鞍山钢铁厂。此时的鞍山钢铁厂饱经战乱,已经残破不全了。但是,他丝毫没有退缩,爱厂如家,艰苦创业。他冒着严寒,刨冻雪抠备件,迎着臭气,扒废铁堆找原材料。每天,他泥一把、油一身、汗一脸,拣回一根根铁线、一颗颗螺丝钉、一件件备品。在他的带动下,全厂工人都行动了起来,在短短的数月内,回收了上千种材料,拣回上万个零备件,建成了当时著名的"孟泰仓库",为恢复生产起了重要的作用。随后,他又攻克技术难关,先后解决了十几项技术难题,成功自制大型轧辊,填补了我国冶金历史上的空白,谱写了一曲自力更生的凯歌。

1964年,孟泰担任炼铁厂的副厂长。走上领导岗位后,他依然朴素如初,坚持不脱离群众,保持工人阶级的本色,被工人们称为"身不离劳动、心不离群众的干部"。其间,他搞了多项技术革新和发明,为国家节约了大量能源,被人们亲切地称为"'老英雄'孟泰"。

孟泰的钻研精神与苦干精神同样有名,著名的"孟泰工作法"就是他多年来在高炉工作实践中摸索出来的一套工作规律及操作技术。"一五"计划开始后,他以主人翁的姿态带领工友们对生产工艺和设备进行技术改造,自制高炉风口,巧制"桥型抓"。他设计制造的双层循环水冷却系统,使热风炉燃烧筒寿命提高100倍。

孟泰3次被评为全国劳动模范,8次受到毛泽东主席的接见。孟泰以新中国的主人姿态,爱厂如家，艰苦创业，在钢铁生产恢复和发展中做出了重大贡献，成为新中国钢铁工业不朽的传奇，2019 年被授予"最美奋斗者"称号。

【思考探讨】

请扫描二维码 1-8，认真观看视频"甘于奉献的劳模孟泰"。

（1）以小组为单位，使用思维导图梳理新中国第一代全国劳动模范孟泰的先进事迹和主要贡献。

（2）劳动模范孟泰有什么值得我们学习的精神品质？

【榜样 1-3】宁允展：毫厘之间见"匠心"

【事迹简介】

0.05 毫米，细如发丝，是全国劳动模范、中车青岛四方机车车辆股份有限公司车辆钳工特级技师宁允展精雕细琢的最大空间。宁允展的工作，是研磨高铁列车的定位臂。研磨高铁列车的定位臂是一项精细的工作：磨少了，高铁安全性无法保证；磨多了，高铁转向架可能报废。为此，宁允展大胆摒弃外方研磨工艺，研发出"风动砂轮纯手工研磨操作法"，将研磨效率提高了一倍多，突破了转向架批量生产的瓶颈。

"工匠嘛，就要凭实力干活，想办法把活干好。"这是宁允展常挂在嘴边的话。

宁允展是国内从事高铁列车转向架定位臂研磨第一人，精度小到 0.05 毫米，比头发丝还细。他创造了 10 年无次品纪录。他和团队研磨的产品，装上了 800 多列高速动车组，奔驰了 10 亿多千米，相当于绕地球 2.5 万多圈。

定位臂对大部分人来讲，很陌生。宁允展说，如果把高铁列车比作一位长跑运动员，那么转向架就是它的腿，而定位臂作为转向架上的构架与车轮之间的接触部位，相当于人的脚踝。

研磨定位臂有这么难吗？高速动车组运行时速在 200 千米以上时，定位臂的接触面要承受相当于二三十吨的冲击力，按要求，必须确保定位臂和轮对节点有 75% 以上的接触面间隙小于 0.05 毫米，否则可能影响行车安全。定位臂的接触面不足 10 平方厘米，手工研磨是保证接触面间隙精准唯一可行的方法。

可是，困难在于，经机器粗加工后，定位臂上留给人工研磨的厚度只有 0.05 毫米左右。磨少了，精度不达标；磨多了，动辄十几万元的转向架就会报废。定位臂成了困扰转向架制造的难题。

宁允展主动请缨，挑战这项难度极高的技术。"是党员，就该带头去攻克难题。"宁允展说。他接下任务，就跟着了魔似的，一个星期没有好好睡觉休息。也就是一个星期的时间，他掌握了外方熟练工人需要数月才能掌握的技术，成为中国高铁转向架定位臂研磨第一人，被同事称为"鼻祖"。

宁允展这么快取得突破，与他的基本功扎实不无关系。"工匠嘛，手上要有'绝活'，不练怎么行？"宁允展说。除了在公司勤学苦练，他还有一处公开的秘密基地——家里专设的"小车间"。在 30 多平方米的小院子里，摆满了家用机床、电焊机、打磨机等各式各样的工具。这些工具都是他在网上和五金市场自费买的，就是为了练手艺。

转向架检修加工部位容易损伤，且修复难度大、成本高，一直是行业内公认的难题。宁允展琢磨，将自己的研磨技术和焊接手法结合，看看能否发生"化学反应"——修复精度最高可达 0.01 毫米，能够有效还原加工部位，这就是他独立发明的"精加工表面缺陷焊修方法"。此后，宁允展又发明了动车组排风消音器、动车攻丝引头工装、动车定位臂螺纹引头定位工装……这些发明每年能为公司节约创效近 300 万元。

有时候，同事觉得他工作起来有些偏执，有些疯狂，但就是由于对技术的精益求精、一丝不苟，才成就了他在高铁研磨技术方面"一把手"的地位，才能保证疾驰的高铁列车的安全。

【思考探讨】

（1）以小组为单位，使用思维导图梳理宁允展的先进事迹。

（2）宁允展有什么值得我们学习的精神品质和技术技能特长？

【榜样 1-4】王俊堂：勇于攻坚的技术大拿

【事迹简介】

王俊堂是山东华源莱动内燃机有限公司装备项目组组长。1995 年，他以烟台市高级技工学校毕业生第一名的成绩被莱动技术中心实验室录取。他从普通钳工起步，经过 20 多年的深耕，实现了我国多项内燃机技术的突破。夜深人静时，偌大的车间里常有他一个人反复练习操作、钻研技术难题的身影。

技术就是助推企业腾飞发展的"主引擎"，工匠就是为了复杂项目攻关而存在的。从入厂开始，每当上级分配任务，他都主动请缨难度系数高、复杂程度高、质量要求高的"三高"项目。

2006 年 3 月，公司专门成立攻关组，要在车用发动机方面实现转型升级。王俊堂带领团队成员，不仅找到了最佳技术方案，而且整整缩短了 1 个月的工期，填补了该机型的市场空白，排放标准在国内领先。目前，该机型已生产 2.8 万台，创造价值 3.64 亿元。2017 年，王俊堂带领团队，短短 4 个月便研制出 4DS6 大蒜收获机。该机是国内首款大蒜自动收获机，工作效率是人工的 20 倍，每亩可节约收获费用 200 多元。

【思考探讨】

王俊堂有哪些值得我们学习的精神品质和技术技能特长？他对当代大学生有哪些激励作用？

【情怀涵养】

【案例1-1】奋进新时代，我们都是追梦人

追梦的路上从不孤独
在这个属于奋斗者的新时代
人人都是追梦者
人人都是筑梦人

而他们
是千千万万追梦者之一
他们来自不同地域
有着不同身份和职业经历
却都处在一个值得被感恩的最好时代

他们在普通又不普通的岗位上
追逐着自己平凡而又不凡的梦想
他们既是奋斗者，也是奉献者

在这个礼赞劳动者
讴歌新时代的特殊日子里
让我们一起来聆听他们的追梦故事
……

不一样的梦想
一样的情怀
坚持不懈的追梦人
奋进新时代
我们都是追梦人

【写与拍】

（1）请扫描二维码1-9，认真阅读电子活页"奋进新时代，我们都是追梦人"。

（2）以"奋进新时代，我们都是追梦人"为主题撰写心得体会，表达自己的真情实感，并开展主题演讲活动。

（3）将镜头对准劳动者的劳动场景，拍摄照片和视频，记录劳动者感人的瞬间。

【案例 1-2】汇聚劳动洪流，迸发时代伟力

建功火热时代，他们的血脉奔涌着创造美好生活的澎湃激情；奏响劳动之歌，他们的双手谱就推动时代发展的华美乐章——光荣属于劳动者，幸福属于劳动者！站在五月首端，全国人民共庆劳动佳节；放眼广袤穹宇，劳动礼赞最为嘹亮激荡。

……

不负韶华，只争朝夕。越是伟大的事业，越需要撸起袖子加油干、风雨无阻向前行。让我们在"五一"国际劳动节这个特殊的日子里，一起高唱新时代劳动者之歌，在全面建设社会主义现代化国家新征程上，迸发更强劲的前进伟力，铸就新的时代辉煌！

【写与拍】

（1）请扫描二维码 1-10，认真阅读电子活页"汇聚劳动洪流，迸发时代伟力"。

（2）以"不负韶华，只争朝夕，要撸起袖子加油干"为主题撰写心得体会，表达自己的真情实感，并开展主题演讲活动。

（3）将镜头对准劳动者的劳动场景，拍摄照片和视频，记录劳动者感人的瞬间。

【案例 1-3】致敬劳动者，礼赞新时代

五彩斑斓的世界靠劳动来创造，
一切美好生活靠奋斗来获得。

自新中国成立以来，
千千万万普通劳动者积极投身社会主义革命、建设、改革伟大实践。
他们辛勤劳动、诚实劳动、创造性劳动，
助力整个国家创造出改天换地、彪炳史册的发展奇迹。
工作无贵贱，行业无尊卑。
普通劳动者是社会财富的创造者，
是社会生活中缺不了、少不得、离不开的群体。

……

全社会都崇尚劳动、崇尚奋斗，
汇聚起来的逐梦力量就将奔腾不息，
社会前进的步伐就会更加铿锵有力。

【写与拍】

（1）请扫描二维码 1-11，认真阅读电子活页"致敬劳动者，礼赞新时代"。

（2）以"致敬劳动者，礼赞新时代"为主题撰写心得体会，表达自己的真情实感，并开展主题演讲活动。

（3）将镜头对准劳动者的劳动场景，拍摄照片和视频，记录劳动者感人的瞬间。

【案例1-4】奋斗的你们，成就奋进的中国

习近平总书记指出："广大人民群众坚持爱国奉献，无怨无悔，让我感到千千万万普通人最伟大，同时让我感到幸福都是奋斗出来的。""奋斗是艰辛的，艰难困苦、玉汝于成，没有艰辛就不是真正的奋斗，我们要勇于在艰苦奋斗中净化灵魂、磨砺意志、坚定信念。""奋斗是曲折的，'为有牺牲多壮志，敢教日月换新天'，要奋斗就会有牺牲，我们要始终发扬大无畏精神和无私奉献精神。""中国的伟大发展成就是中国人民用自己的双手创造的，是一代又一代中国人接力奋斗创造的。"

【写与拍】

（1）请扫描二维码 1-12，认真阅读电子活页"奋斗的你们，成就奋进的中国"。

（2）以"新时代的奋进者"为主题撰写心得体会，表达自己的真情实感，并开展主题演讲活动。

（3）将镜头对准劳动者的劳动场景，拍摄照片和视频，记录劳动者感人的瞬间。

【案例1-5】致敬辛勤工作的劳动者

所有的收获都靠辛勤的劳动创造，千千万万奋斗在各行各业的劳动者辛勤耕耘，拼搏奉献，在实现中华民族伟大复兴的征途上创造了一个又一个令世界瞩目的中国奇迹。

每位劳动者都了不起，在日复一日的劳动中维系着生活，守着晨光，守着灯影，踏实劳作，守护着美好，在平凡的岗位做出伟大的贡献。

劳动是光荣的，广大劳动人民是伟大的，正是无数华夏儿女的辛勤努力，造就了我们今天的美好幸福生活。

每逢节假日，当人们都在享受假期的欢乐时，还有一群人依然坚守岗位，他们有环卫工人，有交警、有医生、有建筑工人，等等。他们在平凡的岗位上造就不平凡的成就。

让我们向最美劳动者致敬！

健全劳动教育体系，推进劳动教育实施　模块 1

【说与讲】

劳动是一种美德，我们应该尊重每一位劳动者，因为他们是社会的主人翁。每个行业都需要劳动者的辛勤工作和无私奉献。劳动者在工作中体现了自己的职业精神和价值观，他们是我们生活中最值得尊重的人。平凡的岗位，不平凡的人生。不管是在风雨中执勤的交警同志、环卫工人，还是外卖小哥，他们都怀着一颗敬业的心，散发着自己的光和热，有着生命不息、奋斗不止的服务精神。

请扫描二维码 1-13 和二维码 1-14，认真浏览电子活页"致敬辛勤工作的劳动者"和电子活页"致敬劳动者——新时代劳动者"。一幅幅"醉美"的照片定格每一个动人的瞬间，说一说观看这些照片后的感想，讲一讲身边劳动者的动人故事。

【任务实战】

【任务 1-1】剖析各地党委、政府或教育行政部门典型的"全面加强新时代大中小学劳动教育的实施意见"，了解学校所在省市关于劳动教育的政策文件

【任务 1-1-1】剖析《中共上海市委、上海市人民政府关于全面加强新时代大中小学劳动教育的实施意见》

【内容摘要】

下面是《中共上海市委、上海市人民政府关于全面加强新时代大中小学劳动教育的实施

意见》的具体内容摘要。

1. 明确总体要求

2. 整体设计劳动教育内容

(1) 把准劳动教育育人目标。
① 树立正确的劳动观念。
② 涵育丰富的劳动情感。
③ 培养扎实的劳动能力。
④ 培育高尚的劳动精神。
(2) 明确劳动教育内容要求。

3. 系统化高质量实施劳动教育

(1) 规范劳动教育课程。
(2) 创新校内劳动实践。
(3) 繁荣校园劳动文化。
(4) 重视日常家庭劳动教育。
(5) 开展多样化社会劳动实践。
(6) 深化劳动素养评价。

4. 切实加强劳动教育支撑保障

(1) 丰富劳动实践场所。
(2) 建设高素质师资队伍。
(3) 完善经费投入保障机制。
(4) 健全安全防控机制。

5. 努力构建劳动教育工作格局

(1) 加强组织领导。
(2) 加强协同配合。
(3) 加强督导评估。
(4) 加强氛围营造。

【参考借鉴】

请扫描二维码 1-15，浏览电子活页《中共上海市委、上海市人民政府关于全面加强新时代大中小学劳动教育的实施意见》的具体内容，梳理与借鉴中共上海市委、上海市人民政府有关全面加强新时代劳动教育的有效措施和典型做法。

【任务 1-1-2】剖析中共天津市委办公厅、天津市人民政府办公厅《关于全面加强新时代大中小学劳动教育的若干措施》

【内容摘要】

下面是中共天津市委办公厅、天津市人民政府办公厅《关于全面加强新时代大中小学劳动教育的若干措施》的具体内容摘要。

1．构建大中小学一体化劳动教育体系

（1）统筹推动大中小学劳动教育一体化建设。
（2）加强中小学劳动教育。
（3）改进职业院校劳动教育。
（4）强化普通高等学校劳动教育。

2．加强劳动教育课程体系建设

（1）优化劳动教育课程设置。
（2）落实劳动教育课时设置。

3．加强劳动教育实践资源建设

（1）加强劳动教育实践基地建设。
（2）拓展校内劳动教育实践场所。
（3）建立劳动教育实践资源共享机制。

4．构建校内外劳动教育协调实施机制

（1）发挥学校在劳动教育中的主导作用。
（2）发挥家庭在劳动教育中的基础作用。
（3）发挥社会在劳动教育中的支持作用。

5．加强劳动教育师资队伍建设

（1）建强劳动教育师资队伍。
（2）加强劳动教育教师培养培训。
（3）建立劳动教育教师考核制度。

6．建立完善劳动教育评价制度

（1）健全劳动素养监测评价制度。
（2）开展劳动教育质量评估。

7．完善劳动教育保障机制

（1）加强组织领导。
（2）加大支持力度。

（3）强化安全保障。
（4）加强宣传引导。

【参考借鉴】

请扫描二维码 1-16，浏览电子活页"中共天津市委办公厅、天津市人民政府办公厅印发《关于全面加强新时代大中小学劳动教育的若干措施》"的具体内容，梳理与借鉴中共天津市委办公厅、天津市人民政府办公厅有关全面加强新时代劳动教育的有效措施和典型做法。

【任务 1-1-3】剖析中共贵州省委、贵州省人民政府《关于全面加强新时代大中小学劳动教育的实施方案》

【内容摘要】

下面是中共贵州省委、贵州省人民政府《关于全面加强新时代大中小学劳动教育的实施方案》的具体内容摘要。

1. 主要目标

（1）总体目标。
（2）具体目标。

2. 实施途径

（1）在课程教学中融入劳动教育。
（2）在校内活动中嵌入劳动教育。
（3）在家庭生活中强化劳动教育。
（4）在社会实践中拓展劳动教育。

3. 基本要求

（1）统筹课程设置。
（2）统筹课时安排。
（3）统筹专业融合。
（4）统筹成果呈现。

4. 保障措施

（1）加强统筹领导。
（2）加强经费投入。
（3）加强师资建设。
（4）加强资源开发。
（5）加强安全保障。
（6）加强督导检查。

【参考借鉴】

请扫描二维码 1-17，浏览电子活页"中共贵州省委办公厅、贵州省人民政府办公厅《关于全面加强新时代大中小学劳动教育的实施方案》"的具体内容，梳理与借鉴中共贵州省委、贵州省人民政府有关全面加强新时代劳动教育的有效措施和典型做法。

【任务 1-1-4】剖析成都市龙泉驿区教育局《关于全面加强新时代中小学劳动教育的实施方案》

【内容摘要】

下面是成都市龙泉驿区教育局《关于全面加强新时代中小学劳动教育的实施方案》的具体内容摘要。

1. 指导思想

2. 工作目标

（1）培养学生的劳动情感和思想品质。
（2）提高学生的劳动能力和综合素质。
（3）建立学校的劳动教育机制和体系。

3. 工作原则

（1）把握育人导向，坚持思想引领。
（2）遵循教育规律，坚持教育为本。
（3）强化综合实施，注重出力流汗。
（4）体现时代特征，深化产教融合。

4. 主要途径

（1）以课堂教学为主阵地，将劳动教育融入教育教学全过程。
课堂是传播劳动知识和技能，培养学生正确的劳动观点、劳动习惯和劳动情感，形成劳动能力的主渠道，是实现有效劳动教育教学的主战场。
① 五育融合，构建课程体系。
② 保证课时，分类分段实施。
③ 开发课程，凸显时代特色。
（2）以实践体验为主攻方向，将劳动教育落实到学生学习生活全过程。
① 丰富活动，培养劳动观念。
② 集中体验，培育劳动精神。
③ 拓展基地，奠基劳动能力。
（3）构建学校、家庭、社会三位一体的劳动教育主渠道，合力实施劳动育人。
围绕"自己的事自己做、学校的事争着做、家里的事主动做、社会的事帮着做""定岗位、定任务、定目标"，在学校、家庭、社会合力开展。实现校内公益劳动日常化、小区劳动经常化、家庭劳动清单化、社会劳动多样化。

① 家庭劳动清单化。

② 校园劳动多样化。

③ 社会劳动志愿化。

（4）建立学生劳动评价导向制度，发挥评价激励机制的作用。

各学校要建立评价内容包括参加劳动次数、劳动态度、劳动强度、实际操作、劳动成果等的学生劳动教育评价体系，将学生参与劳动的具体情况和相关事实材料记入学生综合素质档案，把劳动素养评价结果作为衡量学生全面发展情况的重要内容。学生参加家务劳动和掌握生活技能的情况要按年度记入学生综合素质档案，并作为升学、评优的重要参考。

5. 工作要求

（1）高度重视，提高认识。

（2）多措并举，强化师资。

（3）加强宣传，营造氛围。

（4）加强督导，注重评价。

【参考借鉴】

请扫描二维码 1-18，浏览电子活页"成都市龙泉驿区教育局《关于全面加强新时代中小学劳动教育的实施方案》"的具体内容，梳理与借鉴成都市龙泉驿区教育局有关全面加强新时代劳动教育的有效措施和典型做法。

【任务 1-1-5】了解学校所在省市关于新时代全面加强劳动教育的政策文件

【训练提升】

（1）调研与了解学校所在省市出台的有关新时代全面加强劳动教育的政策文件，将相关政策文件的文件名称、发文机构、特色内容填入表 1-1 中。

表 1-1 学校所在省市出台的劳动教育政策文件的文件名称、发文机构、特色内容

文件类型	文件名称	发文机构	特色内容
实施方案			
实施措施			
指导纲要			
课程建设指南			
课程标准			
项目清单			
劳动教育评价方案			
其他方面			

（2）剖析省市出台的有关新时代全面加强劳动教育的实施方案或实施措施，归纳与总结

学校所在省市有关全面加强新时代劳动教育的有效措施和典型做法。

【任务 1-2】剖析普通高等学校和职业院校优秀的"劳动教育实施方案",了解与优化所在学校劳动教育的实施方案

【任务 1-2-1】剖析《南京大学关于深入推进新时代劳动教育工作的意见》

【内容摘要】

下面是《南京大学关于深入推进新时代劳动教育工作的意见》的具体内容摘要。

1. 树立推进新时代劳动教育的培养目标

在南京大学新时代高水平创新人才培养体系中,积极探索构建南京大学特色的劳动教育体系,建设相应的劳动教育课程模块、实践模块和文化品牌,让学生动手实践、出力流汗,接受锻炼、磨炼意志,促进学生树立正确劳动价值观、培养优良劳动品质、提升综合劳动能力、实现全面成长发展,逐步培育形成南京大学学生"懂劳动、会劳动、善劳动、爱劳动"的群体特征。

2. 明确推进新时代劳动教育的建设原则和建设路径

(1)建设原则。
① 推进融合育人。
② 面向全体学生。
③ 建设优质资源。
④ 坚持知行合一。
(2)建设路径。
遵循大学生劳动教育规律和特点,开辟劳动教育第一课堂、第二课堂,坚持知行合一,建构劳动教育课程、实践、文化互动育人的格局。

在"课程劳育"层面,建设劳动教育课程,让学生通过对劳动基本理论的学习,深刻认识人类劳动实践的创造本质,深入理解劳动实践对于立德树人的重大意义,深切感悟劳动实践对于人的全面发展所具有的重要推动作用,教育引导学生树立正确的劳动意识,形成正确的劳动价值观。

在"实践劳育"层面,深入挖掘校内外劳动教育实践教学资源,优化整合实习实训、创新创业、社会实践、志愿服务、勤工助学等劳动教育实践教学环节,形成有效的劳动教育实践体系,培育学生出色的劳动能力。

在"文化劳育"层面,创设"小蓝鲸劳动周""小蓝鲸义工团""小蓝鲸专业服务队"等劳动教育文化特色品牌,形成浓厚的劳动教育文化氛围,教育引导学生淬炼优秀的劳动素养。

3. 构建南京大学"三模块互动融合"劳动教育体系

积极构建南京大学"劳育课程—实践活动—文化品牌"三模块互动融合的劳动教育体系,即建设南京大学特色的劳动教育课程模块、实践活动模块,打造劳动教育文化品牌,系统提升学生的劳动素养和创新能力,在劳动中达到立德树人的目的。

（1）劳动教育课程模块。
（2）劳动教育实践模块。
① 基础实践。
② 学科实践。
③ 综合实践。
（3）劳动教育文化品牌模块。
① "小蓝鲸劳动周"。
② "小蓝鲸义工团"。
③ "小蓝鲸专业服务队"。

4．建立新时代劳动教育评价体系

（1）评价内容。
① 劳动教育课程的评价内容。
劳动教育课程的评价内容包括两个方面：
一是劳动基本理论的掌握程度。
二是马克思主义劳动观的理解程度。
② 劳动教育实践的评价内容。
劳动教育实践的评价内容包括三个方面：
一是劳动技能的掌握程度。
二是创造性、高阶性劳动的掌握程度。
三是劳动意识与劳动精神的体悟程度。
（2）评价方法。
劳动教育课程采用"观、写、议、量"综合评价法，主要考核随堂测试、主题讨论、心得体会、学习时间四个方面。劳动教育实践采用"学思行合一"的过程性评价方法，主要考核学时累积、劳动表现、劳动感悟三个方面。
（3）评价主体。
劳动教育课程评价主体为"大学生劳动教育"课程教学团队。劳动教育实践评价主体为劳动教育实践设岗单位。通过过程性、累计式等综合性多元考核方式对学生劳动教育实践做出总评认定。

【参考借鉴】

请扫描二维码1-19，浏览电子活页《南京大学关于深入推进新时代劳动教育工作的意见》的具体内容，梳理南京大学劳动教育课程设置和劳动教育课程平台建立的情况，借鉴其在劳动教育实施、劳动教育评价方面的典型做法。

【任务1-2-2】剖析《中国劳动关系学院劳动教育实施方案》

【内容摘要】

下面是《中国劳动关系学院劳动教育实施方案》的具体内容摘要。

1. 劳动教育目标

（1）总体目标。

以培养学生深厚的劳动情怀为价值引领，全面提升学生的劳动素养。

① 树立崇尚劳动的观念。
② 培养热爱劳动的情怀。
③ 确立尊重劳动的态度。
④ 提升劳动创造的能力。
⑤ 塑造良好的劳动品质。

（2）阶段目标。

紧扣劳动情怀深厚的核心目标，通过劳动教育必修课程和思政劳动教育、专业劳动教育、实践劳动教育、学术劳动教育等融合课程，结合各年级学习任务和重点，分年级设定劳动教育阶段目标。

① 大学一年级。
② 大学二年级和大学三年级。
③ 大学四年级。
④ 研究生阶段。

2. 劳动教育内容

准确把握社会主义建设者和接班人的劳动精神面貌、劳动价值取向和劳动技能水平培养要求，结合高校人才培养目标和规律，系统规划"爱劳动""会劳动""懂劳动"三大主题的劳动教育内容，遵循规律、逐步深入、相互融合，在每个阶段各有侧重地协同推进。

（1）以"爱劳动"为主题，优化"通过劳动的教育"，着力培养学生热爱劳动的情感和尊重劳动的态度。

（2）以"会劳动"为主题，强化"为了劳动的教育"，着力培养学生劳动创造的意识与能力和良好的劳动习惯与品质。

（3）以"懂劳动"为主题，深化"关于劳动的教育"，着力培养学生崇尚劳动的观念。

3. 劳动教育实施

围绕劳动教育目标和内容，整体优化劳动教育课程设置，将劳动教育纳入各专业人才培养方案，构建劳动教育课程、思政劳动教育、专业劳动教育、实践劳动教育、学术劳动教育"五维联动"的劳动教育实施体系。

（1）劳动教育课程。
（2）思政劳动教育。
（3）专业劳动教育。
（4）实践劳动教育。
（5）学术劳动教育。

4. 劳动教育评价

（1）以德智体美劳五育融合的"五好"学生评选为引领，将劳动教育评价纳入学生综合素质评价体系中，强化过程性评价。

（2）构建学生劳动素养发展监测机制。

（3）加强学校劳动教育工作督导评价。

【参考借鉴】

请扫描二维码 1-20，浏览电子活页《中国劳动关系学院劳动教育实施方案》的具体内容，梳理中国劳动关系学院劳动教育课程设置和劳动教育课程平台建立的情况，借鉴其劳动教育实施、劳动教育评价方面的典型做法。

【任务 1-2-3】剖析《中国人民大学劳动教育实施办法》

【内容摘要】

下面是《中国人民大学劳动教育实施办法》的具体内容摘要。

1. 劳动教育的具体内容

（1）教授劳动科学知识。
（2）开展日常生活劳动。
（3）开展服务性劳动教育。
（4）组织生产劳动。

2. 劳动教育的途径

3. 劳动教育课程平台

4. 劳动教育月

学校每学年设立劳动教育月，采用专题讲座、主题演讲、劳动技能竞赛、劳动成果展示、劳动项目实践等形式进行，集中安排劳动教育活动和实践。

5. 劳动教育的环节

（1）理论学习。
（2）实践教学。
（3）劳动实践。
（4）总结交流。
（5）榜样激励。

6. 劳动教育的评价

开展劳动教育课程评价，综合考评学生在理论学习、劳动过程和劳动结果方面的表现，认定学生课程成绩。运用互联网、云平台、大数据技术，依托学校劳动教育课程平台，根据学生选修劳动课程和所获成绩情况，综合考评学生在理论学习、日常生活劳动、服务性劳动和生产劳动中的表现，作为学生学分认证和劳动综合素质的依据，并成为学校本科教学质量评估的组成部分。

【参考借鉴】

请扫描二维码 1-21，浏览电子活页《中国人民大学劳动教育实施办法》的具体内容，梳理中国人民大学劳动教育课程设置和劳动教育课程平台建立的情况，借鉴其在劳动教育实施、劳动教育评价方面的典型做法。

【任务 1-2-4】剖析《北京交通大学劳育工作专项行动实施方案》

【内容摘要】

下面是《北京交通大学劳育工作专项行动实施方案》的具体内容摘要。

1. 工作目标

2. 工作原则

（1）坚持价值塑造。
（2）坚持育人导向。
（3）坚持传承创新。
（4）坚持协同推进。

3. 优化设置劳动教育课程体系

（1）将劳动教育有机融入人才培养方案。
（2）加强劳动教育通识课程建设。
（3）在专业教育中融入劳动教育。

4. 搭建劳动教育实践平台

（1）完善创新创业的劳动实践平台。
（2）搭建社会实践的劳动实践平台。
（3）创设志愿服务的劳动实践平台。
（4）设置勤工助学的劳动实践平台。
（5）巩固生活技能的劳动实践平台。
（6）支持自主活动的劳动实践平台。

5. 开展劳动教育评价

（1）将劳动素养纳入学生综合素质评价体系。
（2）将劳动素养评价结果作为衡量学生全面发展情况的重要内容。

【参考借鉴】

请扫描二维码 1-22，浏览电子活页《北京交通大学劳育工作专项行动实施方案》的具体内容，梳理北京交通大学劳动教育课程设置和劳动教育课程平台建立的情况，借鉴其劳动教育实施、劳动教育评价方面的典型做法。

【任务 1-2-5】剖析《西安交通大学学生劳动教育实施方案》

【内容摘要】

下面是《西安交通大学学生劳动教育实施方案》的具体内容摘要。

1. 目标原则

（1）坚持立德树人全面发展。
（2）坚持学习主业以劳自强。
（3）坚持以点带面培育氛围。
（4）坚持先锋模范带动引领。
（5）坚持长效机制巩固成果。

2. 内容形式

（1）以劳树德。
① 尊敬老师，推行教室、实验室值日制度。
② 尊重自己，创建文明宿舍、文明教研室。
③ 尊重老人，组建学生服务队。
（2）以劳强志。
① 在实践教学中增强本领，弘扬工匠精神。
② 在社会实践中深化认识，培育家国情怀。
③ 在勤工助学和"三助一辅"中增加才干，彰显自立自强。
（3）以劳强体。
① 实行校园卫生包干制，珍惜劳动成果。
② 参与校务工作，体验劳动乐趣，培养主人翁意识。
③ 引导学生参加校园劳动、服务劳动和生产劳动，培育劳动技能和劳动精神。
（4）以劳育美。
① 传承中华优秀传统文化，提高审美能力。
② 挖掘整理"思源景事"，感悟校园美，收获心灵美。
（5）以劳创新。
① 鼓励创造性劳动，助力创新创业。
② 创新公益劳动形式，引领社会风尚。

【参考借鉴】

请扫描二维码 1-23，浏览电子活页《西安交通大学学生劳动教育实施方案》的具体内容，梳理西安交通大学劳动教育课程设置和劳动教育课程平台建立的情况，借鉴其在劳动教育实施、劳动教育评价方面的典型做法。

【任务 1-2-6】剖析《西南财经大学新时代大学生劳动教育工作指引》

【内容摘要】

下面是《西南财经大学新时代大学生劳动教育工作指引》的具体内容摘要。

1．构建"一二三四"劳动教育价值观培育模式

构建突出一个核心，端正两个态度，践行三个要求，懂得四个道理的"一二三四"劳动教育价值观培育模式。

2．建好金课群

（1）将劳动教育新要求纳入人才培养方案。
（2）建好劳动教育理论金课。
（3）打造劳动教育实践金课。
（4）促进劳动教育、专业教育、创新创业教育深度融合。
（5）加强教育教学专题研究。

3．开设劳动技能训练营

（1）日常生活劳动技能训练营。
开展与学生日常生活密切相关的"烹饪技法、急救护理、消防安全、环保卫生"等方面的体验培训。
（2）生产劳动技术训练营。
整合校内外资源，组织开展日常农业、工业、服务业劳动知识与技能类教育培训，支持鼓励学生开展自主学习活动。
（3）新财经教育训练营。
开展行业新知识、新技术、新方法应用培训，引导学生创造性地解决实际问题。

4．打造"四大矩阵"实践体系

打造"SWUFE 校园生活家"生活劳动矩阵、"社会大课堂"生产劳动矩阵、"专业练兵场"创新实践矩阵、"西财蓝"志愿服务劳动矩阵，形成全覆盖、多层次、立体化的劳动教育实践体系。

【参考借鉴】

请扫描二维码 1-24，浏览电子活页《西南财经大学新时代大学生劳动教育工作指引》的具体内容，梳理西南财经大学劳动教育课程设置和劳动教育课程平台建立的情况，借鉴其在劳动教育实施、劳动教育评价方面的典型做法。

【任务 1-2-7】剖析《河海大学关于新时代劳动教育的实施意见》

【内容摘要】

下面是《河海大学关于新时代劳动教育的实施意见》的具体内容摘要。

1. 总体目标

2. 基本原则

（1）坚持立德树人与学生成长规律相融合。
（2）坚持家庭、学校、社会三位一体协同育人。
（3）坚持激发创新动力与彰显时代特征相结合。

3. 充分认识劳动教育新要求

（1）营造浓厚的劳动教育氛围。
（2）深刻领会劳动精神内涵。
（3）引导学生树立正确的劳动价值观。

4. 构建新时代劳动教育体系

（1）将劳动教育融入人才培养方案。
（2）在劳动教育中渗透专业教育。
（3）强化劳动实践育人功能。
（4）重点培养创造性劳动意识。
（5）加强劳动榜样激励作用。

5. 广泛开展劳动教育实践活动

（1）增强日常生活劳动实践。
（2）深化生产劳动实践。
（3）鼓励公益劳动实践。

6. 健全劳动素养评价制度

【参考借鉴】

请扫描二维码 1-25，浏览电子活页《河海大学关于新时代劳动教育的实施意见》的具体内容，梳理河海大学劳动教育课程设置和劳动教育课程平台建立的情况，借鉴其在劳动教育实施、劳动教育评价方面的典型做法。

【任务 1-2-8】剖析《长安大学学生劳动教育实施方案》

【内容摘要】

下面是《长安大学学生劳动教育实施方案》的具体内容摘要。

1. 工作目标

（1）树立正确的劳动观念。
（2）培养发展的劳动能力。
（3）培育积极的劳动精神。
（4）养成良好的劳动品质。

2. 工作内容

（1）构建劳动教育课程体系。
① 在培养方案中设置劳动教育课程。
② 将劳动教育融入思政课程和课程思政。
③ 将劳动教育融入实验教学、实习实训、毕业设计等实践教学类课程。
④ 将劳动教育融入学生综合素质教育课程。
⑤ 将劳动教育融入学生骨干培训课程。
（2）开展劳动教育实践活动。
① 开展"创新创业+劳动教育"实践。
② 开展"实践教学+劳动教育"实践。
③ 开展"勤工助学+劳动教育"实践。
④ 开展"志愿服务+劳动教育"实践。
⑤ 开展"社会实践+劳动教育"实践。
⑥ 开展"文体活动+劳动教育"实践。
⑦ 开展"生活技能+劳动教育"实践。
⑧ 开展"榜样引领+劳动教育"实践。
（3）营造浓厚的劳动教育氛围。
① 教育学生树立正确劳动价值观。
② 打造劳动教育品牌项目。
③ 涵养劳动精神文化之美。

【参考借鉴】

请扫描二维码1-26，浏览电子活页《长安大学学生劳动教育实施方案》的具体内容，梳理长安大学劳动教育课程设置和劳动教育课程平台建立的情况，借鉴其在劳动教育实施、劳动教育评价方面的典型做法。

【任务1-2-9】剖析《重庆工程学院大学生劳动教育实施方案》

【内容摘要】

下面是《重庆工程学院大学生劳动教育实施方案》的具体内容摘要。

1．加强劳动教育课程建设

2．广泛开展劳动实践

劳动教育是联通家庭、学校和社会的重要环节，学校在其中发挥着主导作用。结合学生需求和学校实际，积极构建"家庭—学校—社会"一体化的劳动教育网络，开拓校内校外相结合的实践育人平台，开展以日常生活劳动、生产性劳动、服务性劳动、创造性劳动、劳动培训为主的实践活动。

（1）日常生活劳动。
① 校内生活劳动。
② 家庭生活劳动。
（2）生产性劳动。
① 专业生产劳动。
② 农业生产劳动。
③ 商业生产劳动。
（3）服务性劳动。
（4）创造性劳动。
（5）劳动培训。

3．加强校园劳动文化建设

将劳动习惯、劳动品质的养成教育融入校园文化建设之中。将每年5月设立为劳动月，同时利用好植树节、学雷锋纪念日、农民丰收节、环境保护日、寒暑假等，开展丰富多彩的劳动主题教育活动。

（1）组织开展"劳动模范、大国工匠进校园"活动。
（2）开展以"弘扬劳动精神、培养劳动情怀"为主题的劳动教育活动。
（3）鼓励和支持学生创作以歌颂普通劳动者为主题的优秀作品，大力宣传辛勤劳动、诚实劳动、创造性劳动的典型人物和事迹。
（4）面向毕业年级组织开展"留给母校一间整洁如初的宿舍""感恩母校，还宿舍一片洁净"等主题活动。
（5）组织开展"劳动之星"评选和劳动成果展示活动。

4．加强劳动教育师资队伍建设

（1）组织教师通过挂职、进修等方式参与专业领域相关的基层社会实践，提升劳动技能，壮大"双师型"教师队伍。
（2）聘请劳动模范、大国工匠等优秀社会人士担任兼职教师，构建社会型劳动教育师资队伍。
（3）加大教师开展劳动教育研究、教育教学改革立项倾向性扶持，鼓励更多教师致力于劳动教育教学与研究。

5．做好课程考核与成绩认定

（1）"劳动教育"课程考核与成绩认定。

（2）"劳动教育实践"课程考核与成绩认定。

【参考借鉴】

请扫描二维码 1-27，浏览电子活页《重庆工程学院大学生劳动教育实施方案》的具体内容，梳理重庆工程学院劳动教育课程设置和劳动教育课程平台建立的情况，借鉴其在劳动教育实施、劳动教育评价方面的典型做法。

【任务 1-2-10】剖析《北京邮电大学新时代大学生劳动教育实施方案》

【内容摘要】

下面是《北京邮电大学新时代大学生劳动教育实施方案》的具体内容摘要。

1. 基本原则

（1）发挥育人功能。
（2）强化价值塑造。
（3）深化劳动体验。
（4）推进协同施策。

2. 课程体系

（1）开设劳动教育必修课。
（2）开设劳动教育选修课。
（3）将劳动教育融入思想政治理论课。
（4）将劳动教育融入专业课教学。

3. 劳动教育必修课教学环节

（1）理论素质教育。
（2）劳动教育实践活动。
在课外校外活动中建立劳动教育实践活动清单，组织学生开展日常生活劳动、生产劳动、服务性劳动。
① 日常生活劳动。
② 生产劳动。
③ 服务性劳动。

【参考借鉴】

请扫描二维码 1-28，浏览电子活页《北京邮电大学新时代大学生劳动教育实施方案》的具体内容，梳理北京邮电大学劳动教育课程设置和劳动教育课程平台建立的情况，借鉴其在劳动教育实施、劳动教育评价方面的典型做法。

【任务 1-2-11】剖析《重庆交通职业学院劳动教育实施方案》

【内容摘要】

下面是《重庆交通职业学院劳动教育实施方案》的具体内容摘要。

1. 指导思想

2. 基本原则

（1）坚持价值引领。
（2）坚持有机融入。
（3）体现时代特征。
（4）注重系统设计。

3. 总体目标

4. 实施措施

（1）课程设置。
（2）教学安排。

理论课程主要内容：围绕劳动精神、劳模精神、工匠精神、劳动组织、劳动安全和劳动法规等内容，开展理论教育，教育学生正确理解马克思主义劳动观，引导学生热爱劳动、尊重劳动、珍惜劳动成果，自觉遵守劳动安全法规。

劳动实践主要以校内外劳动场所为基地，开展中国特色社会主义劳动价值观实践教育，以二级学院为单位开展实践教学活动。

劳动实践主要内容：
① 区域化劳动实践。
② 网格化劳动实践。
③ 社会化劳动实践。
④ 个性化劳动实践。

（3）课程考核。

【参考借鉴】

请扫描二维码 1-29，浏览电子活页《重庆交通职业学院劳动教育实施方案》的具体内容，梳理重庆交通职业学院劳动教育课程设置和劳动教育课程平台建立的情况，借鉴其在劳动教育实施、劳动教育评价方面的典型做法。

【任务 1-2-12】了解所在学校劳动教育实施方案

【训练提升】

认真学习与领会所在学校有关劳动教育的具体实施方案，将实施方案的核心内容填入表 1-2 中。

表 1-2　所在学校劳动教育实施方案的核心内容

项 目 名 称	现有实施方案中的具体内容	实际执行情况
劳动教育课程设置		
劳动教育课时设置		
校内劳动教育实践场所建设		
劳动教育实践基地建设		
劳动教育安全防控机制建设		
劳动教育师资队伍建设		
主要劳动实践活动安排		
劳动教育实践资源建设		
劳动教育评价制度建设		
劳动教育信息化平台建设		
其他方面		

【任务 1-2-13】对所在学校有关劳动教育实施方案进一步优化提出建议

【训练提升】

参考借鉴其他学校劳动教育实施方案，针对劳动教育体系构建、劳动教育课程体系建设、劳动教育实践基地建设、劳动教育实践场所建设、劳动教育实践资源建设、劳动教育实践平台搭建、劳动教育支撑保障等方面提供可行的优化建议，将相关内容填入表 1-3 中。

表 1-3　所在学校有关劳动教育实施方案的优化建议

优 化 项 目	优化建议内容
劳动教育体系构建	
劳动教育课程体系建设	
劳动教育实践基地建设	
劳动教育实践场所建设	
劳动教育实践资源建设	
劳动教育实践平台搭建	
劳动教育支撑保障	

【任务 1-3】剖析优秀的劳动教育课程建设方案或实施细则，对所在学校的劳动教育课程建设方案进行优化

【任务 1-3-1】剖析《天津市职业院校劳动教育课程建设指南》

【内容摘要】

下面是《天津市职业院校劳动教育课程建设指南》的具体内容摘要。

1. 劳动教育内容及要求

重点结合专业特点，提高学生职业劳动技能水平，增强职业荣誉感和责任感，培育积极向上的劳动精神和认真负责的劳动态度。

（1）持续开展日常生活劳动，自我管理生活，提高劳动自立自强的意识和能力。

（2）定期开展校内校外公益服务活动，做好校园环境秩序维护，运用专业技能为社会、为他人提供相关公益服务，培育社会公德，强化爱国爱民的情怀。

（3）依托实习实训，参与真实的生产劳动和服务性劳动，增强职业认同感，培育不断探索、精益求精、追求卓越的工匠精神和爱岗敬业的劳动态度。

2. 劳动教育途径

（1）开设劳动教育必修课。
① 职业院校要将劳动教育纳入专业人才培养方案。
② 职业院校劳动必修课程以实习实训课为主要载体。
（2）将劳动教育融入各学科课程。
① 劳动教育元素全面融入公共基础课。
② 劳动价值观融入专业课。
（3）开展劳动教育实践活动。
① 持续开展日常生活劳动。
② 开展校内外实习实训。
③ 定期开展校内外公益服务活动。
每学年设立劳动周。劳动周可在学年内或寒暑假自主安排，以集体劳动为主，每学年1周。
④ 在校园文化建设中强化劳动文化。

【参考借鉴】

请扫描二维码1-30，浏览电子活页《天津市职业院校劳动教育课程建设指南》的具体内容，梳理与借鉴天津市职业院校在劳动教育方面的具体做法。

【任务1-3-2】剖析《大连理工大学劳动课程建设总体方案》

【内容摘要】

下面是《大连理工大学劳动课程建设总体方案》的具体内容摘要。

1. 劳动课程总体设置

将劳动课程纳入人才培养方案，将其设置为必修课程，2学分，48学时。

2. 劳动课程内容设计

劳动课程共计2学分，分为5个培养模块：宿舍卫生劳动、食堂后勤劳动、社区服务劳动、校园劳动、科研劳动。其中宿舍卫生劳动为基础日常生活劳动，其他4项为生产劳动和服务性劳动。宿舍卫生劳动为必选基础模块，1.5 学分。其他 4 个模块为可选模块，0.5 学分，可重复参与但不重复获得学分。学生在本科期间获得 2 学分方能取得毕业资格。

劳动课程具体内容设计如下：

（1）基础日常生活劳动模块（必选）：宿舍卫生劳动（1.5 学分）。

（2）生产性劳动和服务性劳动模块（选择其一）。

① 食堂后勤劳动（0.5 学分）。

② 社区服务劳动（0.5 学分）。

③ 校园劳动（0.5 学分）。

④ 科研劳动（0.5 学分）。

3. 劳动课程要求

4. 其他课程融入劳动教育

【参考借鉴】

请扫描二维码 1-31，浏览电子活页《大连理工大学劳动课总体方案》的具体内容，梳理与借鉴大连理工大学劳动课程总体设置、内容设计及具体要求等方面的具体做法。

【任务 1-3-3】剖析《河海大学劳动教育课程建设方案》

【内容摘要】

下面是《河海大学劳动教育课程建设方案》的具体内容摘要。

1. 总体原则

2. 建设目标

以全体本科生为教育对象，普及劳动科学理论、基本知识，讲清劳动道理，旨在通过劳动教育弘扬劳动精神，促使学生形成良好的劳动习惯和积极的劳动态度，树立正确的劳动观和价值观，培养学生的社会责任感，使其成为德智体美劳全面发展的社会主义事业建设者和接班人。

（1）知识目标。

① 理解劳动在人类进化和人类社会产生过程中的推动作用。

② 理解实习实训和实验中劳动实践的价值和意义，树立劳动最光荣、劳动最崇高、劳动最伟大、劳动最美丽的思想观念。

③ 理解劳动模范精神的时代内涵和实践指向。

④ 掌握创新劳动的概念，感受创新劳动对推动人类社会进步的重要作用。

⑤ 了解行业劳动管理或安全操作规程及注意事项。

（2）能力与素质目标。

① 树立正确的马克思主义劳动价值观，形成爱岗敬业的劳动态度和精益求精、追求卓越的工匠精神，增强职业认同感和劳动自豪感。

② 掌握劳动知识和技能，具备完成劳动实践所需的设计、操作和团队合作能力，养成认真负责、安全规范的劳动习惯。

③ 理解劳动模范故事，传承劳动模范精神，通过学习和感悟劳动模范身上的"闪光点"，培养自己的劳动品质和职业素养。

④ 充分认识创新劳动的个体价值，在劳动中提升创新意识与创新能力，善于在自我发展中充分进行创新劳动，创造出彩人生。

⑤ 熟悉和掌握劳动教育安全技术与纪律要求。

3. 教学内容

劳动教育课程内容分为理论和实践两部分。理论部分包含在专业劳动教育课程内；实践部分包括专业劳动实践、日常劳动实践和服务性劳动实践（1小时计1学时）。理论和实践学分、学时结合各专业实际情况制定，各学院要明确每学期劳动教育内容。

（1）理论部分。

（2）实践部分。

4. 学分认定标准

学生在校期间必须修满"劳动教育"课程2学分，方可毕业。劳动教育课程学分构成如表1-4所示。

表1-4 劳动教育课程学分构成

类 型	教 育 内 容	满 足 条 件	认 定 学 分	备 注
专业劳动课程	专业劳动理论	成绩合格（20学时）	1	根据各专业实际安排学时，建议以4学时为宜
	生产性劳动实践			建议生产性劳动实践不少于劳动课程总学时80%（16学时）
公益劳动	日常劳动实践	不少于20学时	1	纳入素质拓展学分，通过大学生成长服务网络平台（PU平台）进行考核
	服务性劳动实践			

5. 考核方式

（1）专业劳动课程。

按专业劳动课程考核方案进行，建议最终成绩包括过程性考核（劳动实践表现）、结果性考核（劳动实践小结）等部分，评分方式为百分制。专业劳动课程劳动考核内容和评价细则根据各专业特点制定，可参考表1-5示例。

表1-5 专业劳动课程考核评价参考示例

成绩组成	考核内容	分值	评价细则
劳动实践表现	劳动实践过程参与程度、劳动实践内容、劳动实践成果和质量等	70	重点考核：在劳动实践中对基础理论掌握的程度；在实践操作中对基本技能的运用情况；独立工作能力水平；对操作规范的遵守情况
劳动实践小结	对劳动实践过程的描述与总结	30	重点考核：学生对劳动实践作用与重要性的认识；对整个劳动过程和成果进行分析、归纳、总结、整理的能力；能够阐述清楚具体的工作量、技术难点、老师教授的要点等

（2）公益劳动部分。

公益劳动包括日常劳动实践、服务性劳动实践等。通过大学生成长服务网络平台（PU平台）对学生参加的劳动实践活动进行全程记录管理，学生在公益劳动教育模块提交认定申请并上传相关证明材料。

【参考借鉴】

请扫描二维码 1-32，浏览电子活页《河海大学劳动教育课程建设方案》的具体内容，梳理与借鉴河海大学劳动课程的建设原则、建设目标、教学内容、学分认定标准和考核方式。

【任务 1-3-4】剖析《湖南大学"劳动教育与素养"课程实施细则》

【内容摘要】

下面是《湖南大学"劳动教育与素养"课程实施细则》的具体内容摘要。

1. 课程基本信息

2. 课程教学内容

"劳动教育与素养"课程围绕学校着力培养"基础扎实、视野开阔、德才兼备，具有良好人文素养、科学精神和创新能力的新时代经世致用领军人才"目标，结合各学科专业特点设定教学内容，主要包括以下内容。

（1）劳动认知教育。
（2）劳动实践教育。
① 生产性劳动实践。
② 创新性劳动实践。
③ 服务性劳动实践。
④ 日常生活劳动实践。

3. 课程教学组织

4. 课程成绩评定

【参考借鉴】

（1）请扫描二维码 1-33，浏览电子活页《湖南大学"劳动教育与素养"课程实施细则》的具体内容，梳理与借鉴湖南大学"劳动教育与素养"课程在教学内容设置、教学组织与成绩评定等方面的具体做法。

（2）请扫描二维码 1-34，浏览电子活页《湖南大学金融与统计学院"劳动教育与素养"课程实践教学细则》的具体内容，梳理与借鉴湖南大学金融与统计学院"劳动教育与素养"课程在教学安排、指导教师职责、课程考核和成绩评定及安全保障等方面的具体内容。

【任务 1-3-5】对所在学校劳动教育课程的建设方案或实施细则进一步优化提出建议

【训练提升】

参考借鉴其他学校劳动教育课程的建设方案或实施细则，针对劳动教育课程的基本信息、教学目标、教学内容、教学组织、成绩评定、实施要求等方面提供可行的优化建议，将相关内容填入表 1-6 中。

表 1-6 所在学校有关劳动教育实施方案的优化建议

项 目 名 称	现有建设方案或实施细则中的具体内容	优 化 建 议
课程基本信息		
课程教学目标		
课程教学内容		
课程教学组织		
课程成绩评定		
课程实施要求		
其他方面		

【成果展示】

学习与借鉴国内高校构建新时代劳动教育体系方面的优秀成果，了解或探析所在学校劳动教育体系建设方面的成果，通过多种途径总结与推广所在学校的相关成果。

【成果 1-1】南京大学探索构建新时代劳动教育体系，努力培养全面发展时代新人

【成果概要】

南京大学坚持以习近平新时代中国特色社会主义思想为指导，全面贯彻党的教育方针，聚焦落实立德树人根本任务，将劳动教育融入高水平创新人才培养体系，积极打造德智体美劳"五育并举"格局，教育和引导新时代大学生以劳动托起中国梦、靠双手开创更美好的明天。

（1）健全体制机制，引导学生"重劳动"。
（2）加强课程建设，教育学生"懂劳动"。
（3）打造文化品牌，激励学生"爱劳动"。

【成果应用】

（1）请扫描二维码 1-35，认真阅读并熟知电子活页"南京大学探索构建新时代劳动教育体系，努力培养全面发展时代新人"的具体内容。
（2）探析南京大学构建的新时代劳动教育体系有哪些创新点。

（3）总结南京大学在劳动教育方面的主要成果，其劳动教育的实施有哪些经验值得其他院校借鉴和推广。

【成果1-2】西南财经大学构建"5+4+4"劳动教育体系，全面加强新时代大学生劳动教育

【成果概要】

西南财经大学全面贯彻落实"五育并举"教育方针，积极探索构建"5+4+4"劳动教育体系，紧扣以劳动价值观为核心，劳动情感态度、劳动品德、劳动习惯、劳动知识与技能有机统一的"五大劳动教育目标"，统合劳动价值观思想引领、劳动教育课程建设、劳动知识与技能培育和劳动实践锻炼"四大劳动教育实施体系"，加强组织领导、配强师资队伍、健全考核机制和强化条件保障"四大劳动教育保障体系"，努力培养德智体美劳全面发展的社会主义建设者和接班人。

（1）强化劳动价值观思想引领，营造浓郁的劳动文化氛围。
（2）科学规划劳动教育课程，打造劳动教育"金课群"。
（3）创新"劳动实践管理模式"，搭建劳动实践锻炼平台。
（4）健全劳动教育保障机制，打造大学生"劳动教育共同体"。

【成果应用】

（1）请扫描二维码1-36，认真阅读并熟知电子活页"西南财经大学构建'5+4+4'劳动教育体系，全面加强新时代大学生劳动教育"的具体内容。
（2）探析西南财经大学构建的新时代劳动教育体系有哪些创新点。
（3）总结西南财经大学在劳动教育方面的主要成果，其劳动教育的实施有哪些经验值得其他院校借鉴和推广。

【成果1-3】山东职业学院着力构建创造性劳动育人体系

【成果概要】

为培养更多"大国工匠""能工巧匠"，促进学生德智体美劳全面发展，山东职业学院围绕落实立德树人根本任务，结合职业教育特点和社会发展变化，率先行动、整体布局、稳步推进，创新实施四融合、四阶梯、四清单、四支撑的"四四制"劳动教育模式，开创劳动育人新局面。

（1）创新"劳"与"德技艺创"兼修的四融合劳动教育理念。
（2）明确"会善乐爱"的四阶梯劳动教育目标。
（3）设计"菜单+清单+订单+存单"的四清单劳动教育内容。
（4）建立"引管评保"的四支撑劳动教育机制。

【成果应用】

（1）请扫描二维码 1-37，认真阅读并熟知电子活页"山东职业学院着力构建创造性劳动育人体系"的具体内容。

（2）探析山东职业学院构建的新时代劳动教育体系有哪些创新点。

（3）总结山东职业学院在劳动教育方面的主要成果，其劳动教育的实施有哪些经验值得其他院校借鉴和推广。

模块 2　优创劳动教育项目，打造劳动教育金课

《中共中央 国务院关于全面加强新时代大中小学劳动教育的意见》（以下简称《意见》）依据马克思主义劳动观，将劳动分为生产劳动和非生产劳动，相应地将劳动教育分为生产劳动教育和非生产劳动教育。考虑到劳动教育内容的针对性和可行性，《意见》又将非生产劳动教育分为日常生活劳动教育和服务性劳动教育，前者注重让学生在个人生活自理中强化劳动自立意识，体验持家之道，这也是学生健康发展、适应社会生活的重要基础；后者具有较强的时代特点，注重利用知识、技能、工具、设备等为他人和社会提供服务，特别是在公益劳动、志愿服务中强化社会责任，培养良好的社会公德。例如，强调高等学校"注重培育公共服务意识，使学生具有面对重大疫情、灾害等危机主动作为的奉献精神"。三类劳动教育内容不同，各学段可以有所侧重，但从总体上看，三者都很重要，不能偏废。

劳动教育项目设置从简单的体力劳动到生活技能劳动，再到专业生产脑力劳动，相关岗位包括生活技能类、岗位体验类和专业生产类，有利于学生由浅入深地参与劳动、接受劳动，让学生在三类劳动教育项目中对劳动的体验层层递进，逐步深化。在日常教育中，可以将劳动教育与学生的个人生活、校园生活和社会生活有机结合起来，将劳动习惯、劳动品质的养成教育融入校园文化建设之中，不断创新育人形式。

积极推动劳动教育金课建设，构建贯通第一课堂理论学习与第二课堂实践操作，覆盖社会实践、志愿公益、生活技能、专业应用、科技创新等多个主题的劳动教育课程，鼓励学生"动动脑""迈迈腿""出出汗"，让劳动教育贯穿到各个方面。同时，通过举办劳动月（周），不断提高学生的劳动意识，这种劳动教育模式既有助于学生在劳动创造价值的过程中树立正确的劳动观念，也有助于学生在艰苦奋斗精神的养成中深刻领悟劳动内涵。

【知识学习】

【箴言金句】

劳动能将戈壁滩变成绿洲，懒惰能将绿洲变成废墟。
只有劳动才能使人变得幸福，使人的心灵变得和谐。

2.1　做实做细"劳动清单"，强化劳动育人实效

《大中小学劳动教育指导纲要（试行）》指出："学校是劳动教育的实施主体，应根据国

家相关规定，结合当地和本校实际情况，对劳动教育进行整体设计、系统规划，形成劳动教育总体实施方案。"

1. 打造五大育人平台，聚集优质育人资源

打造文化熏陶、课程渗透、项目驱动、志愿服务、岗位实践五大平台，让劳动教育内化于心、外化于行。

（1）打造文化熏陶平台，营造浓厚的校园劳动文化氛围，激发学生劳动光荣的意识。

（2）打造课程渗透平台，有效利用公共基础课程、专业理论课程、实训操作课程的资源，在课程教学中渗透劳动价值观、劳动观念和劳动态度等内容，引导学生热爱劳动、树立正确的劳动观念。

（3）打造项目驱动平台，根据劳动教育的不同培养目标和要求，设计不同类型的劳动项目，让学生了解劳动知识，掌握高水平、专业化的劳动技能，提升综合劳动素养。

（4）打造志愿服务平台，鼓励学生在志愿服务中，运用专业所学付出劳动，体验劳动创造价值的魅力。

（5）打造岗位实践平台，让学生参与真实的生产劳动和服务性劳动，增强其职业认同感和劳动自豪感，培育其不断探索、精益求精、追求卓越的工匠精神和爱岗敬业的劳动态度。

2. 实施六大主题行动，实现劳动教育全覆盖

制定劳动教育学分制度，实施生活技能培育行动、劳动文化建设行动、社会实践体验行动、公益志愿服务行动、创新技能拓展行动、合力发展助力行动六大行动，将劳动教育理念贯穿于学校教育教学全过程，构建整合性的劳动教育体系。

（1）在假期推出"居家劳动一小时"活动，在校内每月开展"温馨宿舍""温馨教室"创建活动，实施生活技能培育行动。

（2）通过设立"劳模大讲堂"、培育"劳模育人班"、聘请"劳模校外辅导员"、开设"劳动宣传教育周"、推出"身边的劳动者"专题宣传等，实施劳动文化建设行动。

（3）鼓励学生参与社会实践活动，组织撰写社会实践报告和体验分享交流会，实施社会实践体验行动。

（4）开设"帮扶类""会议类""赛事类"三大志愿服务项目，丰富学校劳动实践课程内容，实施公益志愿服务行动。

（5）分类多层次设计"双创学习月""生涯规划月""职业体验营"等生涯规划类项目，依托创业指导站，实施创新技能拓展行动。

（6）组织学生参与"优秀毕业生返校""校友大讲堂"等筹备活动，发挥校友企业劳动育人功能，采取合力发展助力行动。

3. 分层分类制定劳动清单

（1）学校劳动清单。
① 合理设置劳动项目。
结合学校实际情况、劳动场所、教育活动等特点，遵循教育规律，根据学生的年龄特点，按年级分学期制定学校劳动清单。

② 科学安排劳动教育活动。

各班根据学校劳动清单内容，通过开展校内基础劳动，每周至少保证 2～3 小时的校内劳动时间，系统推进劳动教育。

（2）家庭劳动清单。

① 合理设置家庭劳动项目。

学校根据学生的年龄特点，分年级制定家庭劳动清单，包括整理、日常技能、理财、工具使用 4 个板块，通过螺旋上升式的课程设置，循序渐进地教会学生做家务，培育良好家风。

② 引导家长科学使用清单。

教师根据家庭劳动清单内容，采用劳动任务单、劳动实践活动等方式引导家长做好家庭劳动教育工作，确保学生在家长的带领或指导下开展适度的家庭劳动，培养学生作为家庭成员的职责意识。

（3）服务性劳动清单。

学校根据学生的年龄特点，分年级制定服务性劳动清单，包括职业岗位体验、大型活动志愿者、社区志愿服务等多种服务性劳动项目。

① 开展班级服务劳动。

学校指导各班根据实际情况，制定班级服务劳动清单或方案，并依据劳动清单开展"一米卫生行动""人人争当值日班长"等活动，培养学生的服务劳动意识，落实班级服务劳动。

② 开展校园服务劳动。

学校通过开设职业岗位体验课程，设置校园志愿服务岗位，组织班队会、运动会、科技节等大型活动，让学生积极参加校园志愿服务活动，培养学生的团队合作精神和主动服务意识。

③ 开展校外服务劳动。

学校与街道、社区、友邻单位联动，进行资源共享，组织学生走进社区开展志愿服务、义卖、校区清扫、社区公益宣传、垃圾分类进社区等活动，培养学生践行敬业奉献的优良传统。

4．抓好实施路径，细化劳动清单

以下是一些开展劳动教育的实施途径与方法。

（1）建立劳动体验室或农场，让学生到实地进行动手实践，如种植、养殖、制作等。

（2）选择适当的时间，安排校园内或附近社区的垃圾清理、环保、志愿者等公益活动，让学生参与其中。

（3）鼓励学生自己制订计划并亲自实施，如校园环境整治、社区义务劳动等。

（4）让学生参观企事业单位，了解各种职业，认识劳动的重要性和必要性。

（5）在课堂中加入一些劳动教育元素，如实践案例分享、小组讨论、游戏竞赛等。

学校将劳动清单内容纳入必修课，授课内容、授课主题本着适合在学校操作的原则，在劳动教育清单中进行选择。不同年级的授课主题对应不同年级的清单，并在兼顾日常生活劳动教育、生产劳动教育和服务性劳动教育三类劳动内容的基础上灵活调配，保证培养方向的协调同步和劳动技能的掌握固化。

劳动清单的价值不仅在于让学生掌握劳动技能，而且在于让学生在亲历劳动的过程中，感受到劳动的艰辛，收获劳动的快乐，学会观察思考，并能运用所学知识去解决实际问题。随着劳动清单的落实，劳动教育将在职业院校落地生根。

5. 分年级设计劳动任务清单

（1）一年级。

一年级侧重生活劳动，以劳动基本理论学习、校内日常生活劳动教育、校内劳动实践等为主。校内劳动主要包括教室设备清洁、宿舍卫生清扫、劳动工具整理、厕所卫生清洁、校园卫生清洁、食堂帮厨、物品修理、器材收纳、生活创客等项目，以日常生活劳动为主，提高学生自立自强的意识和能力。基础课程以日常生产生活中需要掌握的技术技能为主要内容。

针对一年级新生，围绕"生活即劳动"的理念，创设"环境卫生类""生活技能类""节日习俗类"三类劳动教育情境。项目实施所需物料由学校统一采购，按班发放，每周1课时。每学期开设"4+4"课时劳模精神和工匠精神专题劳动教育。建立学生成长手册，关注学生成长足迹，重塑学生的自我认知和劳动价值认同。

（2）二年级。

二年级以"岗位劳动锻炼"为主，在服务性劳动的基础上，结合专业进行生产劳动，开展社区服务、技能大赛、顶岗实训等活动；以依托实习实训进行劳动教育为主，培育学生敬业专注、吃苦耐劳、精益求精的品质。以老手艺与新技术对比为出发点，使学生既能了解老手艺，又能领略新技术，重点强调技术进步带给人的新体验，提升学生的劳动幸福感。

二年级从专业学习走向积极实践，重点培养学生的工匠精神。高素质的技术技能型人才在专业技能精进的同时，也要具备专注、精益、创新的劳动品质。二年级凸显专业性与进阶性，挖掘劳动教育与专业教育的融合点，设计"诚实守信、严谨细致、吃苦耐劳、团结合作、追求卓越、勇于创新、劳动组织、劳动安全、劳动法规"等主题模块，将其嵌入专业学习中。汲取地域文化，依托校内外实训基地，创设系列劳动体验情境，引导学生产生积极的劳动实践体验。

（3）三年级、四年级。

三年级、四年级侧重在生产劳动中创新、创业、择业，在毕业设计和顶岗实习中，提升学生生存发展需要的劳动能力。以服务性劳动教育为主，培养学生运用职业技能服务他人、回报社会的精神。

特色劳动项目以通用能力培养为主要内容，强调对学生可持续发展能力的培养，如创新创业课、财商课、职业生涯规划课等。让学生主动服务他人，从拥有匠心走向技能创新。在此基础上，面向社会开展职业体验、社区服务，提升学生的志愿者情感和认同感。

6. 把握五个要点，落实劳动清单

（1）建立标准，改变习惯，潜移默化育人成才。

通过校内"自清自洁"活动，使劳动教育有实实在在的抓手，学校形成公共场所卫生管理标准、宿舍卫生管理标准等一系列卫生管理标准，学生本人、班主任、楼栋长、物管协会共同参与、相互配合，形成良性运行机制。焕然一新的宿舍面貌、良好的个人卫生行为和整洁有序的校园环境，让师生如沐春风，对制度文化、行为文化、精神文化等有了更深入的、全面的认识和理解。

（2）创新形式，设置场景，通过实践体验感悟道理。

职业教育与普通教育不同之处就是劳动实践，学校"生产劳动实践体验"创新劳动教育

工作机制，由原来单纯的学校教育转变为学校和企业共同参与对学生的劳动教育，建立校企双元育人协作机制，推动劳动教育创新深入开展；把劳动教育与德育有机融合，利用真实的劳动场景，改变单纯枯燥的说教式教育和虚拟场景的教育，使劳动教育和德育有了具体的发力点，让学生在亲身体验中感悟技能宝贵、劳动光荣、创造伟大，内化于心、外化于行，自觉践行工匠精神。

（3）抓住时机，紧扣细节，促进劳动习惯自觉形成。

学校紧紧抓住学生节假日、寒暑假放假回家时机，开展家庭劳动教育，倡导学生树立劳动意识，帮助父母做一些力所能及的家务活，并进行每日劳动打卡，形成热爱劳动的良好氛围，促使学生养成良好的劳动习惯，进一步端正劳动态度，对劳动产生浓厚的兴趣，让学生形成自觉劳动、善于劳动，通过劳动创造美好未来的意识，为其终身发展和人生幸福奠定基础。

① 实现养成教育目标。

通过"自清自洁及家庭劳动"活动，学生养成爱干净、讲卫生的良好生活习惯，提高生活自理能力。通过"自清自洁及家庭劳动"活动，让学生掌握基本的生活自理技能，提高处理自己生活事务的能力。

② 促进工匠精神培育。

"自清自洁"的本质是"我的事情我负责"，其与实训教学中渗透的"我的工作我负责"的理念是一致的。"自清自洁"活动的开展让学生的思想和行为由生活向学习和工作迁移，促进学生质量观念、主体意识形成，以及职业精神、工匠精神发展。

③ 美化校园环境卫生。

通过"自清自洁"活动，宿舍卫生更好，教室更明亮整洁，消除随手乱扔垃圾的现象，学生养成良好的劳动卫生习惯和集体荣誉感，认识到只有每个人都付出努力才能收获成功和喜悦。

④ 提升综合职业素养。

通过"生产劳动实践体验"，学生按时打卡上班、接受严格的工作过程考核，每天完成重复单调的工作。学生对学校倡导的"能吃苦、守规矩、不计较、有耐心"核心素养有了更深刻的认识，同时逐渐认识到"劳动光荣、劳动创造财富""幸福不会从天降、幸福来自奋斗"。

⑤ 拓宽教育实践途径。

"生产劳动实践体验"让学生领悟到忍耐和耐心的重要，也让学生在对一项技能、一项技术从生疏到熟练的过程中体会到劳动的快乐，同时帮助学生加深对生活的认识和理解，认识到"赚钱不容易，父母在打拼""生活多磨难，磨难育英才"。

（4）对标职业、岗位练兵，提升素质服务社会。

对标职业、岗位练兵，实现产业、职业、专业与就业、创业联动发展，以实习实训课为主要载体开展劳动教育，加强对新知识、新技术、新工艺、新方法的使用。提高学生解决实际问题的能力，使其积累职业经验，在实践中深刻体会劳动创造世界、创造美好生活；提高学生践行工匠精神的自觉意识，使其养成劳动习惯，练就工匠技艺，增强职业认同感和劳动自豪感；提升学生创意物化的能力，培育学生具有不断探索、精益求精、追求卓越的工匠精神和爱岗敬业的劳动态度，树立劳动最光荣、劳动最伟大的理念，培养学生具有勤俭、奋斗、创新、奉献的劳动精神。

（5）打造队伍，强化培训，立德树人，为人师表。

将劳动教育纳入教师培训内容，开展全员培训，强化教师的劳动意识、劳动观念，提升教师实施劳动教育的自觉性，建立专职与兼职结合的劳动教育教师队伍。对承担劳动教育课程的教师进行专项培训，提高其劳动教育专业化水平。鼓励教师开展劳动教育科学研究，组织经常性的劳动教育课程教研活动，促进劳动教育理论与实践相结合，不断丰富教学内容，优化教学方式，增强教学效果。有条件的地区和院校可组织开展劳动教育教学竞赛，提高教师的能力和水平。

2.2 健全劳动教育评价制度

劳动教育评价是确保劳动教育有效推进的关键性因素，与大中小学学生毕业和升学休戚相关。为此，各学校务必做细做实劳动教育评价工作。一要建立劳动教育信息化评价系统，运用大数据、云平台、物联网等现代信息技术手段，全面、客观地记录学生课内外劳动过程和结果。二要建立健全劳动教育评价过程中的公示制度、诚信制度、申诉复议制度和责任追究制度，确立针对劳动教育评价结果使用的评优评先办法、毕业要求和招生录取办法等。通过这些制度的落实，确保把劳动教育纳入学生综合素质评价体系。三要将学生平时的劳动表现评价和学段综合评价相结合、将劳动能力评价和劳动态度评价相结合、将过程性评价和结果性评价相结合，重点加强对学生参加学校劳动、家庭劳动和社会劳动的评价。学校可探索劳动教育学分制，实现劳动教育评价量化、精细化。此外，各级政府还应将劳动教育纳入教育督导体系，并将劳动教育评价制度落实情况作为督导的重点内容。家长也要督促子女完成劳动家庭作业，教育子女"自己的事情自己做、家里的事情帮着做"。

新时代劳动教育评价要面向全体，以激励性评价为主，关注劳动过程，鼓励家长、教师和学生等多元主体参与，培养学生的劳动兴趣，使其获得深层次的劳动体验，端正劳动态度，形成正确的劳动价值观，让劳动课真正成为锻造青少年健全人格的重要一环。

1. 劳动教育评价目的

客观反映学校劳动教育状况、学生劳动素养发展水平，深入分析影响劳动教育的相关因素，为改进学校劳动教育教学提供参考；引导学生树立正确劳动价值观、形成良好劳动习惯，提高创造性劳动能力；把劳动教育评价指标纳入学生综合素质评价体系，纠正以升学率和分数作为评价学校和学生唯一标准的做法，促进教育质量综合评价向纵深发展，教育质量水平不断提升。

2. 劳动教育评价理念

（1）立德树人，全面发展。

把握育人导向，坚持立德树人根本任务，把劳动教育纳入人才培养全过程，知行合一，强化劳动育人功能，着力提升学生综合素质，促进学生全面发展、健康成长。

（2）强化过程，多元评价。

关注学生成长过程，全面客观记录学生课内外劳动过程和结果，注重过程性评价与总结性评价相结合；评价内容多维度，评价方式、参与主体多元。

（3）科学规范，智慧评价。

遵循教育评价的基本要求，严格规范评价方法程序，充分运用信息技术推进"互联网+劳动教育评价"融合创新，促进大数据应用、智能化管理、常态化实施，确保评价结果客观精准。

(4) 强化应用，以评促学。

将劳动教育指标纳入学生综合素质评价、教育质量综合评价体系，注重对评价结果的科学应用，充分发挥评价的引导、诊断、改进与激励等作用，将学校劳动教育结果纳入绩效考核，促进劳动教育目标有效达成。

3. 劳动教育评价与总结的实施

在劳动教育评价的具体内容维度上，学校应注重对清单中每项劳动内容的追踪评价。以每周、每月、每个阶段为周期，观察学生在该项劳动内容上的发展，借此可以绘制出学生的劳动素养发展曲线，为后续的劳动清单优化提供参考。

此外，劳动教育评价的设计注重以学生为中心，做到简单易懂，环环相扣，延迟满足。周评价的累计结果呈现在月评价的评价表中，以此类推，进行累积；劳动教育评价面向全体学生，最大限度地提高所有学生的参与积极性；劳动教育评价还注重评价主体的多元化，引导家长、学生等参与评价过程，提升评价的公信力。

（1）劳动教育登记。

请扫描二维码2-1，浏览并熟知电子活页"西南财经大学本科生劳动教育登记表"完整内容，参考"西南财经大学本科生劳动教育登记表"设计适用所在学校的"学生劳动教育登记表"，该登记表既适用于纸质形式，也适用于电子形式。

（2）劳动实践教育考核。

请扫描二维码2-2和二维码2-3，浏览并熟知电子活页"湖南大学学生劳动实践教育考核表"和电子活页"湖南大学金融与统计学院学生劳动实践教育考核表"完整内容，参考湖南大学的"学生劳动实践教育考核表"，设计适用所在学校的"学生劳动实践教育考核表"，该考核表既适用于纸质形式，也适用于电子形式。

（3）劳动实践教育鉴定。

请扫描二维码2-4，浏览并熟知电子活页"湖南大学工商管理学院学生其他劳动实践教育鉴定表"完整内容，参考"湖南大学工商管理学院学生其他劳动实践教育鉴定表"设计适用所在学校的"其他劳动实践教育鉴定表"，该登记表既适用于纸质形式，也适用于电子形式。

（4）学生实习鉴定。

请扫描二维码2-5，浏览并熟知电子活页"湖南大学学生实习鉴定表"完整内容，参考"湖南大学学生实习鉴定表"设计适用所在学校的"学生实习鉴定表"，该登记表既适用于纸质形式，也适用于电子形式。

（5）劳动教育实践项目劳动时长认定公示。

劳动教育实践项目劳动时长认定公示的模板如下：

各位同学：

　　×××等×名学生于××××年××月××日×时至×时参与×××劳动教育实践项目，顺利通过考核。该项目的劳动内容是……。

　　现将项目劳动时长认定情况公示，如表2-1所示。

表 2-1　项目劳动时长认定情况公示

序　号	院　系	姓　名	学　号	劳动时长

　　如对以上公示情况有异议，请××××年××月××日××时前发送邮件至××@××.××.××。

　　联系人：×××，联系电话：××××。

　　特此公示。

××院系/部门/单位
××××年××月××日

（6）勤工助学劳动教育实践项目劳动时长认定。

勤工助学劳动教育实践项目劳动时长认定表如表2-2所示。

表 2-2　勤工助学劳动教育实践项目劳动时长认定表

（　　年　　学年第　　学期）

序号	院系	姓名	学号	劳动内容	劳动时长	指导教师

（7）志愿服务及其他劳动教育实践项目劳动时长认定。

志愿服务及其他劳动教育实践项目劳动时长认定表如表2-3所示。

表 2-3　志愿服务及其他劳动教育实践项目劳动时长认定表

（　　年　　学年第　　学期）

序号	院系	姓名	学号	劳动内容	劳动时长	指导教师

（8）劳动教育总结。

请扫描二维码2-6，浏览并熟知电子活页"重庆工程学院学生劳动教育总结"的基本结构和完整内容，参考"重庆工程学院学生劳动教育总结"设计适用所在学校的"学生劳动教育总结"，该总结既适用于纸质形式，也适用于电子形式。

2.3 搭建劳动教育信息平台

为了深化新时代大学生劳动教育，全面掌握劳动教育实施情况，提高决策科学化水平，打通劳动教育管理工作的"最后一公里"，积极推进"数字+劳动教育"管理模式建设，设计开发劳动教育管理与实施平台，有效实现劳动教育管理的"数字化监测、信息化研判、可视化展示、现代化管理"。

1. 平台的用户类型

平台的用户类型主要包括：系统管理员、项目管理员、项目审核员、培训授课教师、现场劳动指导教师、成绩评定员、劳动成果展示审核员、劳动动态发布审核员、参加劳动的学生、劳动活动组织者、对劳动实施管理的学生干部等。

2. 平台首页的基本功能

平台首页主要用于展示劳动方案、劳动项目、劳动动态、劳动成果、劳动知识等内容，平台首页的顶部导航菜单主要包括劳动方案、劳动项目、劳动计划、劳动成果、劳动动态、劳动知识、劳动指导、劳动之星、成绩评定等栏目。

劳动项目一般分为三级：第一级为劳动项目，第二级为下拉列表，主要包括安全教育、健康教育、清洁卫生、垃圾分类、志愿服务、花卉培育、园林修剪、中餐制作、发型美化、急救复苏、家政服务、保卫值勤、内务整理、赛会服务、讲解服务、家教服务、技术服务等，鼠标指针指向第二级菜单名称会自动显示第三级具体的劳动子项目。项目管理下拉菜单包括项目新增、项目修改、项目调整、项目删除。

3. 平台的主要功能

（1）发布劳动项目。

劳动项目发布的基本步骤包括劳动项目基本信息填报、项目审核与发布。劳动项目基本信息包括劳动项目编号、劳动项目类型、劳动项目名称、劳动项目简介、劳动项目工具、劳动项目技能/技术要求、劳动项目安全性提示、劳动项目地点、劳动时间（每周次及分布：星期几、时间段）、劳动成果形式、劳动学分计量标准（X学分/计量单位）、其他事项。

（2）确定与录入劳动成绩认定标准。

每学期计算额定学分的劳动额定工作量标准确定与录入。

（3）确认一次劳动的工作量。

第1步：选择劳动项目、制订劳动计划，劳动项目中包括劳动时间、劳动成果形式、劳动计量标准。

第2步：参加劳动者本人按要求完成规定的劳动任务，且上传劳动成果或劳动过程材料。

在规定时段、规定地点、指定区域，按规定要求完成规定劳动任务，将劳动成果（作品、产品的最终外观效果）拍成照片或视频，上传证明劳动成果的照片或视频，简单撰写收获与感悟（不得少于300字），如果时段有变化，就需要填写实际时段，精确到分钟。另外，还要填报劳动指导教师、劳动指导教师联系电话、劳动活动组织者和一起劳动的其他同学的姓名。

第3步：劳动组织者或证明人填写劳动时段属实、劳动效果较好之类的评语。

第 4 步：劳动组织者或现场指导教师填写劳动纪律、劳动态度、任务完成情况、劳动效果评价等具体内容。

第 5 步：劳动工作量核查人员对劳动情况进行检查或抽查，也可以打电话给劳动现场指导教师，进行确认。

（4）计算劳动成绩。

第 1 步：成绩评定申请。

每学期额定劳动工作量完成后申请评定成绩。

第 2 步：成绩评定审核。

审核通过，系统自动认定所在学期该学生的劳动成绩。

（5）劳动成果与劳动动态发布。

第 1 步：上传关于劳动成果的简介、图片或视频。

第 2 步：审核内容与质量，若审核通过则予以发布。

（6）制订劳动计划。

采用类似网上购物方式完成，在首页单击"劳动计划"菜单项，打开全部劳动项目列表，该列表中包含"选择"按钮，单击"选择"按钮，进入每个劳动项目设置页面，包括项目名称、劳动地点、技能/技术/经验要求、劳动时段（星期、时间段）、劳动学分计量标准（X 学分/计量单位），劳动地点、劳动时段可以选择多个，系统控制不能重复选择，设置完成后，单击"添加到计划"按钮。进入"劳动计划"页面，可以查看所选各个项目、劳动地点、劳动时段、每个小项目成绩计算标准和累计学分是否达到本学期成绩评定标准。

（7）劳动方案内容添加与修改。

编辑并上传关于劳动方案的 PDF 文档。

（8）劳动知识、劳动指导内容添加与修改。

在上传劳动知识、劳动指导内容时，需要指定类型、具体内容。

（9）劳动之星内容添加与修改。

上传劳动之星个人基本信息、主要事迹，若包含图片、视频，则需要提供上传途径。

【专题探讨】

【专题 2-1】新时代高校劳动教育实施路径

【内容摘要】

在新时代如何因时而进、因势而新地针对高校劳动教育的教育价值、教育定位、教育内容、教育策略等现实问题进行探索，将直接关系到高等教育立德树人教育目标的实现。

1. 新时代高校劳动教育的新内涵

（1）坚持大学生自我完善和全面发展的根本宗旨。

（2）强化在实际行动和亲身体验中认知和认同社会主义核心价值观。

（3）强调丰富大学生创造性劳动能力培养的教育内容。

2. 新时代高校劳动教育存在的突出问题

（1）高校劳动教育对象存在"三化"问题。
（2）高校劳动教育实施存在"无位"问题。

3. 新时代高校劳动教育实施路径

（1）研究大学生劳动教育主体，实现劳动教育的出发点与归宿相统一。
（2）提升劳动教育价值理念，实现价值引导与本体自觉相统一。
（3）构建劳动教育实践体系，实现独立设置与有机融入相统一。
（4）拓展劳动教育多种形式，实现"活起来"与"实起来"相统一。

【思考探讨】

请扫描二维码 2-7，认真阅读电子活页"新时代高校劳动教育实施路径探析"，以小组为单位，使用思维导图梳理作者的主要观点。

【专题 2-2】高职院校劳动教育评价体系如何构建

【内容摘要】

（1）劳动教育评价的重要性——为何评？
（2）劳动教育评价体系的构建——评什么？
（3）劳动教育评价方法的运用——怎么评？

劳动教育评价应遵循以下原则。
一是全面客观。
二是真实可靠。
三是适当激励。
四是综合运用。

【思考探讨】

请扫描二维码 2-8，认真阅读电子活页"高职院校劳动教育评价体系如何构建"，以小组为单位，使用思维导图梳理作者的主要观点。

【专题 2-3】"五育"融合背景下新时代高校劳动教育评价的实践路径

【内容摘要】

新时代大学生劳动教育的新要求主要体现在打造劳动教育结构新模式、构建劳动教育内容新体系、形成劳动教育协同育人新格局、建立劳动教育考核评价新机制等方面。

在劳动价值发展的视野下，新时代劳动教育评价的核心应转向对人的德行成长的关注，重新定义相关主体权利关系，不局限于使学生形成服务社会、服务学校的发展意识，而应更多地通过合理区分学生内源性与外源性发展及表现情况，实现评价模式上的"学评互嵌"理念。

劳动教育评价应注重过程，加强过程性评价，以评价作为劳动教育学习方式转变的核心驱动，通过强化过程评价内容的多样化与评价结果的全面化，引导人才培养模式革新、优化劳动教育，从而作为相伴劳动教育过程的动态共创周期行为，全面提高人才培养质量，充分发挥评价的动态反馈功能，以及时反思、有效促进学生劳动核心素养的发展。

总之，要坚守为党育人、为国育才的初心和使命，以培养学生的劳动素养为核心目标，通过劳动教育评价引领劳动教育课程实施和实践开展，以评价引领劳动教育繁荣发展，引导学生树立正确劳动价值观，养成良好劳动习惯，努力培养担当民族复兴大任的时代新人。

【思考探讨】

请扫描二维码 2-9，认真阅读电子活页"探索'五育'融合背景下新时代高校劳动教育评价的实践路径"，以小组为单位，使用思维导图梳理作者的主要观点。

【榜样激励】

【榜样 2-1】艾爱国：亮的是"焊花"，守的是初心

【事迹简介】

2021 年 6 月 29 日上午，庆祝中国共产党成立 100 周年"七一勋章"颁授仪式在人民大会堂隆重举行。中共中央总书记、国家主席、中央军委主席习近平为湖南华菱湘钢工人艾爱国颁授了"七一勋章"。

什么可以称为"平凡而伟大"？71 岁的艾爱国给出了答案。

"七一勋章"颁奖词是这样说的，艾爱国是工匠精神的杰出代表，在焊工岗位奉献 50 多年，精益求精，追求卓越，勇于自主创新，攻克了数百项技术难关，成为一身绝技的焊接行业"领军人"。

了解他的人，听说过他事迹的人，都不由得被他的平凡而伟大深深折服。

"焊花"闪亮，铸就匠心，映照初心。从19岁入厂开始，艾爱国就一直从事焊接工作，直至今日依旧奋战在高温火花中。他秉持"做事情要做到极致、做工人要做到最好"的信念，在焊工岗位上奉献50多年。他坚持不懈，埋头苦干，自称"钢铁裁缝"，对每一种钢的性能都了如指掌，干到老学到老，年过七旬仍战斗在生产科研第一线；他无私培养，倾心传艺，手把手培养的600多个徒弟都已在祖国各地发光发热，其中不少人获得了"全国五一劳动奖章"、湖南省劳动模范等荣誉；他淡泊名利，不慕虚名，放弃了当领导的机会，婉拒了"赚大钱"的邀约，把毕生积累的十多万字技术笔记、数百项焊接工艺献给国家。

既有好技术，也愿讲奉献，艾爱国用几十年练就"钢铁"本领，以"拼命三郎"的劲头引领着我国焊接事业不断发展。"大国工匠！国家就需要你这样的人。"

（来源：新华网客户端，作者董璐）

【思考探讨】

请扫描二维码2-10，认真观看视频"艾爱国：平凡而伟大的大国工匠"。
（1）以小组为单位，使用思维导图梳理艾爱国的先进事迹。
（2）艾爱国有哪些值得我们学习的精神品质和技术技能特长？

【榜样2-2】王顺友：马班邮路的忠诚信使

【事迹简介】

他朴实得像一块石头，一个人和一匹马书写了世界邮政史上的传奇。

他跋山涉水，用一个人的长征传邮万里，用20年的跋涉飞雪传心。

路的尽头还有路，山的那边还是山。近邻尚有百里远，世上最亲邮递员。

一个人、一匹马，四川木里藏族自治县马班邮路投递员王顺友在大山里一走就是几十年……在不通公路的深山里，王顺友是老百姓的信使，是党和人民的纽带。

王顺友生于1965年。20岁那年，他从父亲手中接过缰绳，成为一名马班邮路投递员。王顺友负责从木里县城到俄波乡邮路的投递工作，往返360千米，走一趟要14天，一个月要走两班。一年里，王顺友有 330 天奔波在邮路上。

每次，王顺友先要翻越海拔 5000 米、一年中有 6 个月冰雪覆盖的察尔瓦山，又要走进海拔 1000 米、气温高达 40 摄氏度的雅砻江河谷，中途还要穿越大大小小的原始森林和山峰沟壑。

在邮路上，王顺友饿了吃几口糌粑面，渴了喝几口山泉水，困了就睡在荒山岩洞里。他从没抱怨，反而越来越感受到邮路的意义——它向山沟里的群众传递信息，把党的声音和政策带到千家万户。

王顺友还热心为农民群众传递科技信息、致富信息，购买优良种子。为给群众捎去生产生活用品，他甘愿绕路、贴钱、吃苦，和沿途各族群众结下了深厚感情。

看到邮路上的乡亲们的日子一天天好起来，王顺友真的很高兴，又想唱上几句山歌了："为人民服务不算苦，再苦再累都幸福！"

【思考探讨】

（1）以小组为单位，使用思维导图梳理王顺友的先进事迹。

（2）王顺友有哪些值得我们学习的精神品质？

【榜样 2-3】朱林荣："焊卫"高铁安全、永远追求极致

【事迹简介】

高铁时代，在动车组列车飞驰的背后，凝聚了无数人的辛勤与智慧。朱林荣就是一名高铁安全的"焊卫者"，他用 30 多年时光铸造高质量的长钢轨，为列车的平稳运行保驾护航。

每一道工序都要达到满分

如今，旅客乘坐高铁动车，已经很难听到"哐啷哐啷"的车体与钢轨的撞击和摩擦声，取而代之的是"嗖，嗖，嗖——"列车飞驰的声音，这正是长钢轨发挥了作用，减少了钢轨接头间的撞击，让列车行驶得更加平稳。

"500 米长的钢轨，是由 5 根百米钢轨经过 12 道关键工序的加工，最终焊接而成的。""长钢轨的焊接工艺复杂，科技含量高，钢轨接头顶部行车面的平直度要控制在每米 0.1～0.3 毫米，接头导向面平直度要控制在每米 0.1～0.2 毫米，相当于 5 根头发丝那么粗细。"

焊接一根 500 米长的钢轨，首先需要"焊轨师"对钢轨母材进行几何尺寸、表面伤损检测，然后经过除锈除湿、配轨、焊接、焊后粗磨、热处理、精调直、精铣、接头探伤、接头平直度检测等 12 道关键工序，最后检验合格才能出厂。

"对于焊轨而言，流水线上的每一道工序都至关重要，前一道工序出现疏漏会直接影响下一道工序的开展。"朱林荣说，"每一道工序都要达到满分！"

简单一小步成就创新一大步

1993 年，为了引进钢轨焊机，朱林荣去瑞士学习，感受到那里的现代化。同样是焊轨，那里一个车间只有四五个工人，这让他很震惊。

从那时起，朱林荣就下定决心，要创新工艺，优化设备，解放技术工人的双手。

多年来，朱林荣主持或参与的科研项目多次获原铁道部、上海铁路局、上海市科技成果奖，他提出的合理化建议多次获得上海铁路局合理化建议奖。在长钢轨焊接流程中，处处都有朱林荣的研究成果，钢轨焊前除湿装置就是其中之一。

朱林荣介绍，在焊接过程中，钢轨需要保持干燥，雨雪天气对焊接工作会产生很大的影响。遇到这种情况，有的厂干脆停产等雨停，等钢轨自然风干，有的厂则由人工将钢轨擦干。前者耽误工期，后者耗费人力，怎么解决问题呢？

使用钢轨焊前除湿装置就是朱林荣想出的解决方法，该装置集除冰、除湿、除浮锈为一体，通过机械擦拭和风干，解决了特殊天气难以开展工作的问题。

流水线上的很多工序都实现了半自动化，将简单耗时的工作交给机器处理。朱林荣打趣说："科技的发展可以让人类合理'偷懒'。"

朱林荣最引以为豪的就是他发明的"三个罩子"。一个是在空气压缩机上安装的风罩和消音器，解决了工作环境温度过高带来的机器趴窝问题和声音过大带来的扰民问题。第二个是在钢轨除锈环节的除尘装置，除尘效果达到 80%，优化了工人的工作环境。第三个是在焊机上的"除烟罩"，有效降低了焊轨时产生的锰蒸气给工人带来的不适感。

"这些改进看似简单，但切实地解决了实际问题，而我们就是要用这些简单的办法来解决工作中点点滴滴的问题。"朱林荣说。

没有最好，只有更好

设备的改进可以提高生产效率，优化工作环境，但也对工人素质提出了更高的要求。

朱林荣认为，被先进设备解放了双手的技术工人不能"只会按按钮"，更要了解机器的运行原理和维修知识，不断提升自己，才能越做越好，保证钢轨品质。

"没有最好，只有更好。"朱林荣眼中的工匠精神也体现在他的人生轨迹中。在工作上，他从实习生、电工到安全员、技术员，再到助理工程师、工程师、高级工程师，一直在实现着更高的目标。在学习上，在 1982 年从技校毕业后就参加工作的他不忘提升专业理论水平，在 1988 年毕业于上海轻工业专科学校夜大学电气自动化专业，在 2001 年毕业于上海第二工业大学工业电气自动化专业。

自 1998 年起，朱林荣参与了我国首台提速区段无缝线路钢轨脉动闪光焊机的研制，开创了我国移动式钢轨闪光焊机国产化的先河。2002 年，他参与了国产首列焊轨列车的研制并在京九线对其成功运用，后来又参与移动焊轨基地的设计、安装、调试和应用，为上海城市轨道交通线焊接长钢轨提供了条件。

朱林荣总是说:"想法和实际实施之间会存在很多问题和困难,但只要有决心,就一定能克服这些困难。"

【思考探讨】

(1) 以小组为单位,使用思维导图梳理朱林荣的先进事迹和主要贡献。
(2) 朱林荣有哪些值得我们学习的精神品质和技术技能特长?

【榜样 2-4】林鸣:把走钢丝工程干漂亮

【事迹简介】

港珠澳大桥是桥、岛、隧一体化的世界级交通集群工程,6.7 千米长的海底隧道是这项超级工程的关键节点,但此类岛隧工程对于中国大部分工程师而言是一个未知领域。作为中国交通建设集团有限公司总工程师的林鸣临危受命,担当岛隧工程项目总经理、总工程师,率领数千人组成的建设大军奔赴伶仃洋。

港珠澳大桥海底隧道综合难度世界第一,但施工核心技术一直掌握在几家外国公司手里。"就是要用中国人自己的勇气,去攻克世界级难题。"林鸣下定决心,但团队掌握的全部建设经验资料,只有 1 张 3 年前在网上公开发表的沉管隧道产品宣传单页。林鸣和他的团队历经无数次天马行空的头脑风暴与脚踏实地的研究,过程充满艰难与曲折。

在施工中,每次沉管安装,团队要从桂山岛预制工厂把重达 8 万吨的"大家伙"运到施工地点精准沉放,并与前面的沉管精准对接。这是一个"走钢丝工程",林鸣说,他们在走世界上最长、行走难度最大的"钢丝",项目施工前后需要经过几百道工序,每一道工序都要做到零质量隐患。沉降幅度是海底沉管隧道稳定性的重要考量指标,世界同类工程沉降一般为 15~25 厘米,而港珠澳大桥海底沉管隧道整体沉降不超过 5 厘米,在中国深海创造了一项世界纪录。

【思考探讨】

林鸣有哪些值得我们学习的精神品质和技术技能特长?

【情怀涵养】

这是记忆里的一片金黄,
这是金秋里的别样风景,
这是用汗水拾取的一穗穗希望。
这里是金色的海洋,也是乡村振兴的大好天地。
礼赞丰收,致敬农民!
我们用拼搏描绘色彩斑斓的乡村振兴画卷。
今年,明年,岁岁年年,我们一起在稻花香里说丰年。
每一粒饭,都是农民伯伯们辛勤劳动、挥洒汗水,用勤劳的双手创造出来的。
劳动创造了幸福的生活!

【案例 2-1】礼赞丰收，致敬农民

在希望的田野上，青山绿水包裹着丰富的宝藏，春种秋收耕耘着永恒的向往。农民就像艺术家、雕塑家、画家，他们的农业作品充满了价值。向自然索取宝贵财富，为人类开出幸福源泉，农民，他们是中国的脊梁、民族的骄傲！

又是一年丰收时。一望无际的田野上，金色的麦穗弯下了腰，挺拔的玉米秆在风中摇摆，红着脸的高粱在微笑。农机在飞驰，农民们奔走在田头畈尾，收割、采摘，争取颗粒归仓。农家小院、田间地头、文化礼堂，到处都是欢声笑语，到处都是喜庆的图景。

秋分日，中国农民丰收节如约而至。庆祝丰收，就是要致敬农民，感谢农民的辛勤付出。尊农、爱农、护农，是对农民丰收节劳动之美的最大敬仰。只有从内心深处致敬农民、感谢农民，我们才能体味出农民丰收节的真正内涵。

五谷丰登，寄托了农民的朴实愿望，春种秋收背后是稼穑艰难。秋天，是一个收获的季节，更是一个感恩的季节。当我们在赞叹耕耘之美，享受仓廪充实时，更当时刻牢记"来处不易""物力维艰"，心怀感恩之心，加快农业农村现代化，让广大农民生活芝麻开花节节高，让农民成为有吸引力的职业。

（来源：《黄石日报》，内容有删减）

【写与拍】

（1）请扫描二维码 2-11，认真阅读电子活页"麦穗黄了的时候"。

（2）请扫描二维码 2-12，认真观看视频"稻花香里"。

（3）以"礼赞丰收，致敬农民"为主题撰写心得体会，表达自己的真情实感，并开展主题演讲活动。

（4）将镜头对准劳动者的劳动场景，拍摄照片和视频，记录劳动者感人的瞬间。

【案例 2-2】你们的美与伟大，我们一直都懂

你们是大地最忠诚的守护者，是最孝敬大地的孩子。

你们的爱是最真诚、最贴心的，温润了岁月，带走了沧桑。你们吃苦耐劳，心地善良，任劳任怨，宽容待人，无私奉献。你们的衣着正如你们一般，真诚、淳朴，是最大的风度，是最高雅的时装。

……

最伟大的是淳朴，最美丽的是善良，最温柔的是真诚，你们都有。

最美的风景是眼前的一片绿色，最美的人儿是绿色中穿梭的身影，是你们。

最美的笑容是丰收的喜悦，是付出的回报，是自然的微笑。

最美的生活，是接近自然，是最自然的你们。

最美的，最美的一直都是你们，从未变过。

【写与拍】

(1) 请扫描二维码 2-13，认真阅读电子活页"你们的美与伟大，我们一直都懂"。

(2) 以"礼赞农民伟大"为主题撰写心得体会，表达自己的真情实感，并开展主题演讲活动。

(3) 将镜头对准劳动者的劳动场景，拍摄照片和视频，记录劳动者感人的瞬间。

【案例 2-3】播种希望，致敬劳动者——农民

他们是农民，为我们守护着这片土地。我们学过《悯农》中的"春种一粒粟，秋收万颗子。"但是，有多少人知道，在这"一粒粟"和"万颗子"之间浇下的不仅是水，施下的不仅是肥，还有他们的心血？他们面朝黄土背朝天，在田地里工作一辈子，终其一生，却不曾有过工作日与休息日。在他们眼里，二十四节气便是他们刻在骨子里的忙碌与清闲，正如白居易所说的那样，"田家少闲月，五月人倍忙"。日日月月年年，他们日出而作，日落而归。

【说与讲】

"一年之计在于春"，春耕是农民的希望。随着气温逐渐升高，雨水开始增多，农民伯伯不负春光，抢抓农时，春耕插秧，种下希望。田地里，有用耕田机"嗡嗡嗡"耕田的，有挽着裤脚拿耙子一耙一耙耕田的，人们感受着风中泥土的气息，呼吸着新鲜清甜的空气，感觉生活的节奏慢了下来，很是惬意。

用镜头记录农民伯伯在农田中艰苦劳作的场景，展现农民伯伯的勤劳精神和农业的美好。

请扫描二维码 2-14，认真浏览电子活页"致敬劳动者——农民"。一幅幅"醉美"的照片定格每一个动人的瞬间，说一说观看这些照片后的感想，讲一讲身边农民的动人故事。

【案例 2-4】致敬劳动者——渔民

他们从波涛汹涌的大海
拉出了一批一批的海鲜
大海深处
就是渔民梦最初的开端

【说与讲】

　　劳动是他们的生计，也是他们生活中的乐事。劳动是平凡却又伟大的事情，在镜头定格的瞬间，最美劳动者展现出独特的意义。

　　请扫描二维码2-15，认真浏览电子活页"致敬劳动者——渔民"。一幅幅"醉美"的照片定格每一个动人的瞬间，说一说观看这些照片后的感想，讲一讲身边渔民的动人故事。

【案例 2-5】致敬劳动者——丰收的喜悦

没有劳动，人类就无法生存，社会就不能发展。劳动是财富的源泉，也是幸福的源泉。劳动创造了中华民族，造就了中华民族的辉煌历史，也必将创造出中华民族的光明未来。

丰收时的喜悦是甜甜的，丰收时的喜悦是令人欣慰的，用自己的汗水换来的果实也是最美的。

【说与讲】

丰收的季节到了，高粱举着红灯在舞，玉米咧开嘴巴在笑。麦穗低垂着头，好像在对忙碌的人们说："收获了，快把我收回去吧，那是农民伯伯辛苦一年的回报。"

请扫描二维码2-16，认真浏览电子活页"致敬劳动者——丰收的喜悦"。一幅幅"醉美"的照片定格每一个动人的瞬间，说一说观看这些照片后的感想，讲一讲喜获丰收的动人故事。

【任务实战】

【任务2-1】创设劳动教育实践项目

【任务2-1-1】了解《天津市职业院校劳动教育内容及实施建议》

天津市职业院校劳动教育教育途径和课程形式如表2-4所示。

表2-4 天津市职业院校劳动教育教育途径和课程形式

教育途径	课程形式
劳动教育必修课程	劳动专题教育
劳动教育必修课程	实习实训课程
将劳动教育融入各学科课程	公共基础课程
	专业课程
劳动社会实践课程	日常生活劳动
	社会服务劳动
集体劳动课程	劳动周
校园文化建设	社团、讲座、宣传栏、新媒体等

【参考借鉴】

（1）请扫描二维码2-17，浏览电子活页《天津市职业院校劳动教育内容及实施建议》的详细内容，了解天津市职业院校教学目标、具体内容、主要活动、实施建议、评价建议、课时建议等方面的具体内容。

（2）归纳与总结天津市职业院校劳动教育途径、课程形式，以及具体实施方面的典型做法，供本校（院）创设劳动教育实践项目时借鉴。

【任务 2-1-2】了解成都市职业院校劳动教育项目清单

成都市职业院校劳动教育项目清单如表 2-5 所示。

表 2-5　成都市职业院校劳动教育项目清单

类　　别	任　务　群	劳　动　项　目
日常生活劳动	清洁与卫生	（1）洗涤个人物品 （2）设计自我形象 （3）清洁环境卫生
	整理与收纳	（1）系统收纳物品 （2）美化生活环境
	烹饪与营养	（1）注重膳食营养 （2）策划聚会餐食 （3）烹饪节日家宴
	生活事务管理	（1）处理个人事务 （2）承担家庭事务
生产劳动	专业劳动	（1）见习、实训、实习 （2）参与技术比武
	新技术应用与创造	（1）对新技术的应用 （2）对新工艺的物化
服务性劳动	专业服务	专业技能服务
	现代服务业劳动	体验社会服务
	公益劳动与志愿服务	（1）校园公益活动 （2）城市志愿服务

【参考借鉴】

（1）请扫描二维码 2-18，浏览电子活页《成都市大中小学劳动教育项目清单》的具体内容，了解成都市小学阶段、初中阶段、普通高中、职业院校、普通高等学校的劳动教育项目清单具体内容。

（2）归纳与总结成都市设立大中小学劳动教育项目清单的典型做法，供本校（院）创设劳动教育实践项目时借鉴。

【任务 2-1-3】了解南京大学劳动教育实践项目的建设情况

下面是南京大学劳动教育实践项目的主要内容。

1. 劳动教育实践项目的建设目标

劳动教育实践项目旨在贯彻"五育并举"理念，推动劳动教育与思想政治教育、专业教育、创新创业教育、心理健康教育等有机结合，充分发挥劳动教育树德、增智、强体、育美的综合育人价值，开展综合性劳动特色育人主题实践活动，引导本科生动手实践、知行合一、接受锻炼、锤炼品质，促进学生树立正确劳动价值观、培养优良劳动品质、提升综合劳动能力、实现全面成长发展。

2. 劳动教育实践项目的建设要求

（1）科学设计劳动实践主题。
（2）注重培养学生劳动素养。
（3）做好学生劳动考核评价。

3. 劳动教育实践项目创设指南

南京大学基础实践模块劳动教育实践项目的设岗单位为后勤服务集团，主要面向新生学院各书院的大学一年级新生；学科实践模块劳动教育实践项目的设岗单位为各院系；综合实践模块劳动教育实践项目的设岗单位为院系和本科生院、团委等部门。可认定的劳动教育实践项目类型如表 2-6 所示。

表 2-6　可认定的劳动教育实践项目类型

实 践 模 块	项 目 类 型	设 岗 单 位
基础实践	后勤服务集团创设的校园环境卫生、绿化养护、园艺栽培、膳食中心帮厨、学生公寓宿管员、学生公寓保洁员、垃圾分类督导员、公用房共建宣传、教学楼清扫等基础实践劳动	后勤服务集团
学科实践	院系创设的教学计划外实习实训、专业服务等学科实践劳动	院系
综合实践	勤工助学等	本科生院
	志愿服务等	团委
	院系活动组织、宿舍内务整理等	院系
	其他综合劳动实践	学校有关部门

劳动教育实践项目应参照以下 4 个方面的要求创设。

（1）培养劳动技能。
（2）培育劳动精神。
（3）加强项目设计。
（4）做好考核评价。

南京大学本科生劳动教育实践项目主题设计指南如表 2-7 所示。

表 2-7　南京大学本科生劳动教育实践项目主题设计指南

实 践 模 块	项 目 主 题
基础实践	校园环境卫生
	绿化养护
	园艺栽培
	膳食中心帮厨
	学生公寓宿管员
	学生公寓保洁员
	垃圾分类督导员
	公用房共建宣传
	教学楼清扫

续表

实 践 模 块	项 目 主 题
学科实践	实习实训
	专业服务
综合实践	勤工助学
	志愿服务
	宿舍内务整理
	其他特色项目

【参考借鉴】

(1) 请扫描二维码 2-19，浏览电子活页《南京大学普通全日制本科生劳动教育学分管理办法》的具体内容，了解南京大学劳动教育实践项目创设指南、劳动教育实践项目创设的具体细则与认定管理流程、劳动教育实践项目主题设计指南、劳动教育实践项目申请表等方面的具体内容。

(2) 请扫描二维码 2-20，浏览电子活页《南京大学劳动教育特色实践项目申报书》的具体内容，了解南京大学劳动教育特色实践项目申报书的结构要素、内容组成、填写要求等方面的具体内容。

(3) 请扫描二维码 2-21，浏览电子活页《南京大学关于申报 2022 年南京大学劳动教育特色实践项目的通知》的具体内容，了解南京大学劳动教育特色实践项目的建设目标、建设要求、项目费用、执行周期、申报程序等方面的具体内容。

(4) 归纳与总结南京大学创设劳动教育实践项目的典型做法，供本校（院）创设劳动教育实践项目时借鉴。

【任务 2-1-4】了解中国劳动关系学院学生劳动实践清单

中国劳动关系学院学生劳动实践清单如表 2-8 所示。学生在大学期间所选劳动实践活动必须涵盖三大劳动实践主题，所选实践活动不得少于 8 项，带"*"为必选劳动实践活动。

表 2-8　中国劳动关系学院学生劳动实践清单

劳动实践主题	劳动实践项目	劳动实践活动建议
劳动创造美好生活	和谐家庭，责任有你	(1) 为父母做一顿家宴* (2) 整理房间或清洁整间厨房 (3) 制作家庭装饰品、更换或维修家用物件
	爱屋同行，劳"艺"结合	(1) 文明宿舍活动* (2) "宿舍之星"评比活动 (3) 打扫宿舍
	美丽校园，你我共建	(1) "我心中的美丽校园"园林设计活动 (2) "给我一粒种子，还你一片花海"花卉种植活动 (3) "崇劳杯"安全隐患排查活动

续表

劳动实践主题	劳动实践项目	劳动实践活动建议
劳动成就幸福人生	一技在手，走遍天下	参加一种劳动技能的学习与培训
	学以致用，知行合一	（1）金工实习 （2）模拟法庭 （3）工厂实践
	万"项"更新，创新有我	（1）参加国创计划项目 （2）参加北京市及学校创业园项目 （3）参加"挑战杯"大赛 （4）参加中国"互联网+"大学生创新创业大赛及学校举办的创新创业大赛 （5）参加大学生课外学术科技作品竞赛和创业计划大赛 （6）"走在行业之端"项目设计大赛 （7）参加劳动教育科研项目
	实践真知，始于足下	（1）"寻访专业劳动者"社会调研活动* （2）教育部"小我融入大我 青春献给祖国"社会实践活动 （3）团中央"三下乡"暑假社会实践活动
劳动构建和谐社会	志愿服务，你我同行	（1）"垃圾分类，环保有心"活动* （2）校内外志愿服务 （3）各类志愿服务赛事
	助人自助，乐人乐己	参加校内外勤工俭学

【参考借鉴】

（1）请扫描二维码 2-22，浏览电子活页《中国劳动关系学院大学生劳动实践清单》的具体内容，了解劳动实践清单设置的总体目标、基本要求，以及劳动实践主题、项目、活动要求、活动建议、效果评价等方面的具体内容。

（2）归纳与总结中国劳动关系学院制定大学生劳动实践清单的典型做法，供本校（院）创设劳动教育实践项目时借鉴。

【任务 2-1-5】了解湖南大学学生劳动实践教育项目清单

湖南大学学生劳动实践教育项目清单如表2-9所示。

表2-9 湖南大学学生劳动实践教育项目清单

劳动实践教育模块	项 目 名 称
生产性劳动实践	数控车床
	五轴加工
	钳工
	焊接
	铸造

续表

劳动实践教育模块		项 目 名 称
生产性劳动实践		工艺流程（两条）
		陶艺
		手工贴片焊接
		电机控制
创新性劳动实践		假期实习
		大学生创新创业训练计划项目
		学科竞赛项目
服务性劳动实践		日常性志愿服务
		"青年红色筑梦之旅"活动
		"三下乡"社会实践活动
		公共部门岗位实践项目
日常生活劳动实践	基础劳动课	食堂帮厨、楼宇保洁、卫生清洁、杂草清理、绿植养护、校园绿化、环境净化亮化、信件报刊分拣、生活秩序维护等
	应急劳动课	因天气原因等临时安排的道路清扫或大扫除
	兴趣养成课	园艺、中餐烹饪、西点烘焙

【参考借鉴】

（1）请扫描二维码 2-23，浏览电子活页《湖南大学学生劳动实践教育项目清单》的具体内容，了解湖南大学学生劳动实践教育模块、项目名称、时间、参加方式与组织单位、认定等方面的具体内容。

（2）归纳与总结湖南大学制定学生劳动实践教育项目清单的典型做法，供本校（院）创设劳动教育实践项目时借鉴。

【任务 2-1-6】了解常熟理工学院劳动教育实践清单

常熟理工学院劳动教育实践清单如表 2-10 所示。

表 2-10　常熟理工学院劳动教育实践清单

劳动教育实践活动类型	劳动教育实践活动名称	课　　时	必选/任选
日常生活劳动模块（6 学时）	美丽校园建设	4 学时	必选
	装饰宿舍环境	2 学时	任选
	简妆仪容仪表	2 学时	任选
	家务劳动展示	2 学时	任选
生产劳动模块（12 学时）	阳澄湖大闸蟹市场推广	4 学时	必选
	常熟国际服装城品牌策划	4 学时	必选
	阿里巴巴跨境电商平台运行	4 学时	任选
	常客隆超市物流配送优化	4 学时	任选
	虞山旅游资源文创产品概念性开发与设计	4 学时	任选

续表

劳动教育实践活动类型	劳动教育实践活动名称	课　　时	必选/任选
服务性劳动模块（10 学时）	沙家浜导游志愿服务	4 学时	必选
	青年志愿者服务	4 学时	必选
	再生资源回收与利用	2 学时	任选
	街区交通协管与疏导	2 学时	任选
	苏州农产品上行市场调查	2 学时	任选
	科学投资与理财宣传	2 学时	任选
	叮咚生鲜社区推广	2 学时	任选

【参考借鉴】

归纳与总结常熟理工学院制定劳动教育实践清单的典型做法，供本校（院）创设劳动教育实践项目时借鉴。

【任务 2-1-7】创设适合所在学校的劳动教育实践项目

【训练提升】

（1）参考借鉴天津市职业院校、成都市职业院校，以及南京大学、中国劳动关系学院、湖南大学、常熟理工学院等高校的劳动教育实践项目创设指南和实战项目清单，创建适合本校的劳动教育实践项目。

（2）参考已列举的劳动教育项目清单编制本校劳动教育实践项目清单。

（3）参考电子活页《南京大学劳动教育特色实践项目申报书》（扫描二维码 2-20）编制本校劳动教育实践项目申请书，并使用该申请书申请新创设的劳动教育实践项目。

【任务 2-2】优化与完善劳动教育课程标准

【任务 2-2-1】了解中国劳动关系学院"劳动教育通论"课程标准

【参考借鉴】

（1）请扫描二维码 2-24，浏览电子活页《中国劳动关系学院"劳动教育通论"课程标准》的具体内容，了解中国劳动关系学院"劳动教育通论"课程标准的基本信息、制定依据、课程性质、设计理念、课程目标、课程结构与教学内容、课程考核等方面的具体内容。

（2）归纳与总结中国劳动关系学院"劳动教育通论"课程标准的典型做法，供本校（院）优化与完善劳动教育课程标准时借鉴。

【任务 2-2-2】编制或完善所在学校的劳动教育课程标准

【训练提升】

参考借鉴中国劳动关系学院"劳动教育通论"课程标准，使用所在学校统一的课程标准模板，编制或完善符合所在学校实际情况的劳动教育课程标准。

【任务 2-3】劳动教育学时与学分认定

【任务 2-3-1】了解北京邮电大学劳动教育学时认定细则

【参考借鉴】

（1）请扫描二维码 2-25，浏览电子活页《北京邮电大学教务处关于劳动教育学时认定的实施细则》的具体内容，了解北京邮电大学劳动教育学时认定的实施细则、劳动教育学时认定标准、劳动教育记录单等方面的具体内容。

（2）归纳与总结北京邮电大学劳动教育学时认定的典型做法，供本校（院）制定劳动教育学时认定实施细则时借鉴。

【任务 2-3-2】了解重庆交通职业学院劳动教育课学分认定办法

【参考借鉴】

（1）请扫描二维码 2-26，浏览电子活页《重庆交通职业学院劳动教育课学分认定办法》的具体内容，了解重庆交通职业学院劳动教育课学分认定的总则、内容与形式、评定标准、基本要求、认定与考核管理等方面的具体内容。

（2）归纳与总结重庆交通职业学院劳动教育课学分认定的典型做法，供本校（院）制定劳动教育课学分认定办法时借鉴。

【任务 2-3-3】了解西南财经大学国际商学院大学生劳动教育学分认定实施方案

【参考借鉴】

（1）请扫描二维码 2-27，浏览电子活页《西南财经大学国际商学院大学生劳动教育学分认定实施方案》的具体内容，了解西南财经大学国际商学院大学生劳动教育学分认定的认定对象、认定内容与标准、学分认定、成绩登录等方面的具体内容。

（2）归纳与总结西南财经大学国际商学院大学生劳动教育学分认定的典型做法，供本校（院）制定劳动教育学分认定实施细则时借鉴。

【任务 2-3-4】了解重庆工程学院劳动教育学时认定标准

重庆工程学院劳动教育学时认定标准如表 2-11 所示。

表 2-11 重庆工程学院劳动教育学时认定标准

类　　别	课　程　内　容			学时标准	学时上限
理论教育	劳动教育（智慧树平台在线课程）			8 学时	8 学时
实践教育	日常生活劳动	（1）家庭生活劳动	（1）衣有形：衣物清洗、缝补、折叠、熨烫、收纳等相关知识技巧的学习和实践	2 学时/次	12 学时
			（2）食有味：饮食文化、饮食健康、饮食原料、饮食烹饪等相关知识技巧的学习和实践		
			（3）居有序：卫生打扫、整理收纳等相关知识技巧的学习和实践		
		（2）学校生活劳动	宿舍卫生劳动（宿舍达标才可获得学时）	2 学时/学期	12 学时
	服务性劳动	（1）学生助理岗位劳动		24 学时/学期	24 学时
		（2）校园净化、绿化、美化（保洁、物资整理、清理乱贴乱画、垃圾分类、种植、除草、植被养护等）		2 学时/次	12 学时
		（3）平安校园、文明校园建设（校园巡查、不文明行为督察等）		2 学时/次	12 学时
		（4）重大赛会后勤保障服务		按实际统计	12 学时
		（5）其他服务于他人或社会的劳动		按实际统计	12 学时
	生产性劳动	（1）专业生产劳动（企事业单位实习）		4 学时/天	24 学时
		（2）农业/商业生产劳动		4 学时/天	24 学时
	创造性劳动	（1）将废旧物品改造成具有一定实用性或观赏性的手工制品等		2 学时/件	12 学时
		（2）开展以劳动为主题的访谈/演讲/微视频/文艺作品创作		4 学时/件	12 学时
		（3）撰写以劳动为主题的论文（发表/录用）		8 学时/篇	16 学时
		（4）完成具有新颖性、创造性和实用性的科技发明或专利作品		12 学时/件	24 学时
	劳动培训等	（1）劳动讲座/技能培训/实践基地参观学习		2 学时/场	8 学时
		（2）考取职业资格证书		8 学时/项	16 学时

【参考借鉴】

归纳与总结重庆工程学院劳动教育学时认定的典型做法，供本校（院）制定劳动教育学时认定实施细则时借鉴。

【任务 2-4】优选劳动教育实践项目与设计劳动教育项目清单

劳动教育实践项目的常见类别如表 2-12 所示。

表 2-12 劳动教育实践项目的常见类别

序　号	项目类型	序　号	项目类型	序　号	项目类型
1	餐饮服务	5	法律援助	9	红色传承
2	茶艺服务	6	非遗传承	10	护理保健
3	创新创业	7	公益服务	11	环保行动
4	电商服务	8	公益劳动	12	健康服务

续表

序　号	项目类型	序　号	项目类型	序　号	项目类型
13	科普服务	23	勤工助学	33	新农村建设
14	垃圾分类	24	"三下乡"服务	34	饮品制作
15	劳动育人	25	"三农"服务	35	支教服务
16	老年服务	26	社会服务	36	职业启蒙
17	美化宿舍	27	社区服务	37	志愿服务
18	美化乡村	28	实践训练	38	种植劳动
19	美化校园	29	手工制作	39	助力乡村振兴
20	美食制作	30	文化传承	40	专业服务
21	面点制作	31	文化创意	41	技术服务
22	农业生产	32	校园管理	42	其他类型

请扫描二维码2-28，浏览电子活页"劳动教育实践项目清单"，这份项目清单中包括41类240项典型的劳动教育实践项目，部分项目如表2-13所示。

表2-13　劳动教育实践项目清单中的部分项目

实践项目名称	实践项目类型
体验传统美食，体悟传统文化之美	美食制作
"青春绘乡村·劳动焕新颜"——乡村墙绘劳动实践项目	公益服务
传播红色文化，赓续红色血脉	红色传承
"青绿行动"生态环境保护公益服务劳动实践项目	环保行动
劳动"救"在身边	健康服务
劳动教育砺心智，科普服务促成长——"爱益科普"实践项目	科普服务
水稻田里的劳动课	农业生产
"劳动之家"校园一站式学生助理服务实践项目	社会服务
"'宿'说青春，'寓'见美好"宿舍劳动实践项目	美化宿舍
懂技术、乐服务、会创造——新时代大学生生产劳动教育实践指导	专业服务

【训练提升】

1. 劳动教育实践项目评分

下载电子活页"劳动教育实践项目清单"（扫描二维码2-28），打开该文档，对劳动教育实践项目，分别从学校劳动教育体系符合度、学校现有条件适应度、个人兴趣爱好契合度三个方面进行评分，评分标准如表2-14所示。

表 2-14　劳动教育实践项目的评分标准

评分因素	评分条目	得分
学校劳动教育体系符合度	与学校劳动教育体系中劳动教育清单符合度高	10
	与学校劳动教育体系中劳动教育清单符合度较高	8
	与学校劳动教育体系中劳动教育清单符合度一般	6
	与学校劳动教育体系中劳动教育清单符合度很低	4
学校现有条件适应度	学校现有条件完全满足劳动教育实践项目的实施要求	10
	学校现有条件经过完善后基本能满足劳动教育实践项目的实施要求	8
	学校现有条件经过努力完善后部分能满足劳动教育实践项目的实施要求	6
	学校现有条件无法满足劳动教育实践项目的实施要求	4
个人兴趣爱好契合度	劳动教育实践项目与个人兴趣爱好完全相符	10
	劳动教育实践项目与个人兴趣爱好基本相符	8
	劳动教育实践项目与个人兴趣爱好不相符，但个人基本能接受	6
	劳动教育实践项目与个人兴趣爱好完全不相符	4

2. 优选劳动教育实践项目

综合考虑学校劳动教育体系符合度、学校现有条件适应度、个人兴趣爱好契合度的得分，优选三项得分累计排前 10 位的劳动教育实践项目，将其填写在表 2-15 中。

表 2-15　三项得分排前 10 位的劳动教育实践项目

序号	实践项目名称	实践项目类型	学校劳动教育体系符合度评分	学校现有条件适应度评分	个人兴趣爱好契合度评分	得分小计
1						
2						
3						
4						
5						
6						
7						
8						
9						
10						

3. 设计劳动教育项目清单

（1）设计生活需求式劳动教育项目清单。

根据前面步骤完成的劳动教育实践项目评分，参考表 2-16 所示的 3 个学段劳动教育的结构与形式，设计符合所在学校实际情况的生活需求式体验劳动教育项目清单。

表 2-16 生活需求式体验劳动教育项目清单样例

学 段	自我服务劳动	家务劳动	校园种植	家庭阳台花艺天地	垃圾分类	志愿服务
第一学段	自我整理、卫生打扫	自我整理、房间整理	认识与爱护校园花草	认识与爱护阳台花草	学会垃圾分类	卫生打扫、绿植养护
第二学段	教室布置、秩序维护	家务劳动、生活窍门	传统种植、现代培育	阳台花艺种植花艺工具改进	变废为宝、循环利用	环境布置、维护维修
第三学段	创意手工、校园自助服务	穿针引线、日常烹饪	循环养殖、校园护绿行动	花艺布景、花艺发明创造	校园垃圾分类志愿服务	爱心奉献、公益课堂

（2）设计职业塑造式劳动教育项目清单。

根据前面步骤完成的劳动教育实践项目评分，参考表 2-17 所示的 4 个单元劳动教育的结构与形式，设计符合所在学校实际情况的职业塑造式劳动教育项目清单。

表 2-17 职业塑造式劳动教育项目清单样例

劳动教育单元	职业类别	职 业 1	职 业 2
生活劳动	自我服务型	形象管理师	收纳员
	集体劳动型	室内环境保洁员	餐厅服务员
	家庭劳动型	茶艺师	烹饪师
	其他类型	学生自选	学生自选
农业劳动	种植类	花卉种植员	蔬菜培育员
	养殖类	蚕农	水产养殖员
	农产品加工类	果盘造型师	雪菜腌制师
	其他类型	学生自选	学生自选
工业劳动	纺织加工类	手工编织师	服装设计师
	陶艺加工类	餐具制作员	茶壶制作员
	木材加工类	玩具设计师	家具制作师
	其他类型	学生自选	学生自选
服务性劳动	快递类	分发员	快递员
	环保类	垃圾分类监督员	环境检测员
	讲解类	校园讲解员	博物馆引导员
	其他类别	学生自选	学生自选

【成果展示】

学习与借鉴国内高校创新劳动教育模式、优创劳动教育项目、打造劳动教育金课等方面的优秀成果，了解或探析所在学校在创新劳动教育模式、优创劳动教育项目、打造劳动教育金课等方面的成果，通过多种途径总结与推广所在学校的相关成果。

【成果 2-1】西南财经大学积极创新劳动教育模式，培养财经领域时代新人

【成果概要】

西南财经大学深入学习习近平总书记关于教育的重要论述，全面贯彻党的教育方针，大力加强新时代劳动教育，积极探索新时代背景下大学生劳动教育规律和创新举措，着力彰显劳动教育的财经特色，培养财经领域的时代新人。

（1）健全保障机制，构建劳动育人联动体系。
（2）突出价值引领，培塑学生正确劳动观念。
（3）打造金牌课程，提升劳动教育课程质量。
（4）构筑实践体系，深化劳动教育矩阵建设。

创新"学校规划督导、学院教育引导、班级组织实施、师生全员参与"的劳动实践管理模式，构建"四大矩阵"劳动教育实践体系，实现"一院一品牌、一生一平台、人人有锻炼"。

（1）构建"SWUFE 校园生活家"生活劳动矩阵。
（2）构建"社会大课堂"生产劳动矩阵。
（3）构建"专业练兵场"创新实践矩阵。
（4）构建"最美西财蓝"志愿服务矩阵。

【成果应用】

（1）请扫描二维码 2-29，认真阅读并熟知电子活页《西南财经大学积极创新劳动教育模式，培养财经领域时代新人》的具体内容。
（2）探析西南财经大学构建的劳动教育模式有哪些创新点。
（3）总结西南财经大学的劳动教育模式有哪些经验值得其他院校借鉴和推广。

【成果 2-2】河海大学"三融入"构筑劳动教育新模式

【成果概要】

河海大学坚持立德树人，全面贯彻党的教育方针，把劳动教育纳入人才培养全过程，通过专业教育、思想教育和实践教育"三融入"，构筑全面、持续、有效的"微润灌溉"模式，取得良好的育人效果。

（1）劳动全面融入专业教育。
（2）劳动持续融入思想教育。
（3）劳动有效融入实践教育。

【成果应用】

（1）请扫描二维码 2-30，认真阅读并熟知电子活页"河海大学'三融入'构筑劳动教育新模式"的具体内容。

（2）探析河海大学构建的"三融入"劳动教育新模式有哪些创新点。

（3）总结河海大学劳动教育的实施有哪些经验值得其他院校借鉴和推广。

【成果 2-3】鄂尔多斯应用技术学院创新劳动教育课堂形式，让劳动教育"动起来"

【成果概要】

（1）利用信息技术，创新互动课堂。

（2）创新校内校外劳动教育自主课堂。

① 合理划分劳动责任区域，让校园劳动落地生根。

② 建立"文化传承"基地，师生同堂学技艺。

③ 设立勤工助学岗位，助学生自立自强。

④ 劳动技能展示，彰显青春活力。

（3）积极建设劳动教育基地，丰富校外劳动实践课堂。

（4）完善评价机制，提高师生课堂教学的积极性。

① 完善教师绩效考核方案。

② 进行学生综合素质评价。

创新多种劳动教育课堂形式，让课程与课堂融合在一起，课程真正活起来，课堂真正动起来，知行合一，提升劳动教育效果，达到劳动育人的目的。

【成果应用】

（1）请扫描二维码 2-31，认真阅读并熟知电子活页"鄂尔多斯应用技术学院创新劳动教育课堂形式，让劳动教育'动起来'"的具体内容。

（2）探析鄂尔多斯应用技术学院构建的劳动教育课堂形式有哪些创新点。

（3）总结鄂尔多斯应用技术学院劳动教育的实施有哪些经验值得其他院校借鉴和推广。

模块 3　增强劳动意识，塑造劳动观念

当代大学生只有树立正确的劳动观，才能真正理解劳动的本质和价值，准确掌握历史前进、社会运转的内在机理。反之，大学生没有劳动情怀，缺乏劳动锻炼，必然导致不想劳动、不会劳动，滋生坐享其成、贪图享乐等怠惰奢靡之风。

劳动教育是当代大学生德智体美劳全面发展的主要内容之一，是中国特色社会主义教育制度的重要内容，是使学生树立正确的劳动观点和劳动态度，热爱劳动和劳动人民，养成劳动习惯的教育，决定着学生的劳动精神面貌、劳动价值取向和劳动技能水平。

通过有效的劳动教育帮助学生树立正确的劳动观念，认识到劳动是一种尊重、一种创造、一种奉献的行为，从而培养大学生的劳动意识、劳动精神，使其具备勤劳、自律、创新等劳动品质。

【知识学习】

【箴言金句】

劳动是人类的本质活动，劳动光荣、创造伟大是对人类文明进步规律的重要诠释。

正是靠劳动创造，我们拥有了历史的辉煌；也正是因为劳动创造，我们拥有了今天的成就。

3.1　马克思的劳动本质论和劳动构成因素论[①]

劳动是人从自然界获取生存资料的社会活动，是人和动物的活动相区别的标志。从不同的角度出发，马克思分析劳动构成因素的侧重点不同，综合来看，马克思认为劳动的构成因素包括劳动者、劳动活动、劳动对象、劳动工具（劳动生产资料）和劳动成果。

1. 马克思的劳动本质论

马克思认为劳动是人自由的创造性活动，是自由的生命表现。是劳动创造了人，劳动与

---

① 摘自《马克思劳动内在结构理论的伦理分析》，原刊于《上海师范大学学报（哲学社会科学版）》2020年第4期。

人类社会历史共始终。劳动是具体的社会历史活动，劳动也具有超越社会历史的性质。在马克思看来，劳动是"人借以实现人和自然之间的物质变换的人类一般的生产活动，它不仅已经脱掉一切社会形式和性质规定，而且甚至在它的单纯的自然存在上，不以社会为转移，超越一切社会之上，并且作为生命的表现和证实，是尚属非社会的人和已经有某种社会规定的人所共同具有的"。他还说，撇开每一种特定的社会的形式考察劳动，"劳动首先是人和自然之间的过程，是人以自身的活动来中介、调整和控制人和自然之间的物质变换的过程。人自身作为一种自然力与自然物质相对立。为了在对自身生活有用的形式上占有自然物质，人就使他身上的自然力——臂和腿、头和手运动起来。当他通过这种运动作用于他身外的自然并改变自然时，也就同时改变他自身的自然。他使自身的自然中蕴藏着的潜力发挥出来，并且使这种力的活动受他自己控制"。人在改变自然的过程中创造了自己：首先，让自己从四肢爬行的动物变成直立行走的动物，创造了自己的肉体；其次，在劳动中心智不断丰富发展，让自己的活动越来越具有自觉性、能动性；最后，在劳动中结成社会组织，使人成为社会的人。劳动是创造人的真正"上帝"，劳动是人的本质。

2. 马克思的劳动构成因素论

马克思在不同地方谈到劳动构成因素的时候，对劳动构成因素的分析存在差异，他曾经明确提出劳动的构成要素主要有三个：劳动过程、劳动对象和劳动资料。马克思说："劳动过程的简单要素是：有目的的活动或劳动本身，劳动对象和劳动资料。"马克思所强调的劳动简单要素，应该是劳动的主要构成因素，这三个方面是马克思分析和认识劳动的主要视角。当然这不意味着劳动者、劳动产品等构成因素不重要，只是马克思谈问题的不同视角，致使他对劳动构成因素的侧重点不同。

劳动对象是劳动得以开展的物质基础和客观条件。在人与客观世界进行物质交换的过程中，人将自己的劳动作用于客观物质世界，从而获取生存资料。马克思认为："所有那些通过劳动只是同土地脱离直接联系的东西，都是天然存在的劳动对象。"自然界是人类原始的食物仓和劳动资料库。

劳动资料也就是劳动工具、生产资料，是人在劳动中创造的，从客观物质世界获取生存资料的手段。"劳动资料是劳动者置于自己和劳动对象之间、用来把自己的活动传导到劳动对象上去的物或物的综合体。"劳动者通过劳动工具将劳动传导到劳动对象上，目的在于获取生存资料。劳动工具是人的四肢的延长，是人的能力的放大，是人征服自然的能力的根本标志。马克思说："各种经济时代的区别，不在于生产什么，而在于怎样生产，用什么劳动资料生产。劳动资料不仅是人类劳动力发展的测量器，而且是劳动借以进行的社会关系的指示器。"劳动工具最初是从自然界直接获得的，所以与劳动对象也没有严格的界限。在相当长的历史时期，土地既是劳动对象，又是劳动资料。劳动工具不仅影响生产什么，还影响怎样生产，所以，劳动工具是社会进步的主要标志。

马克思认为对劳动构成因素进行简单分析，劳动由劳动活动、劳动对象和劳动资料三要素构成。当然，可以更简单地将劳动构成因素分为人和自然两个要素。马克思说："如果完全抽象地来考察劳动过程，那么，可以说，最初出现的只有两个因素——人和自然（劳动和劳动的自然物质）。人的最初的工具是他本身的肢体，不过，他自身首先占有的必然正是这些工具。只是有了用于新生产的最初的产品——哪怕只是一块击杀动物的石头——之后，真正的劳动过程才开始。"劳动者是劳动的构成因素是不言而喻的事情，所以劳动者、劳动对象、劳动活动、劳动资料也可以说是构成劳动的四要素。马克思在更多的时候是将劳动构成因素分为五个：劳动者、劳动活动、劳动对象、劳动资料和劳动产品（劳动成果）。劳动是人的本质，在一定意义上可以说，人就是其实践活动。劳动是人的创造性活动，制造工具是真正劳动的开始，工具发展也是劳动进步的根本标志。无论马克思将劳动构成因素界定为三要素、四要素还是五要素，并不意味着马克思认为劳动的构成因素就是这些，并不意味着劳动组织、劳动制度、劳动观念、劳动能力和劳动文化等因素在劳动中就不重要。对于这些因素在劳动中的价值，马克思论及诸多。

一般而言，劳动者、劳动对象和劳动工具在劳动过程中的关系是主体、客体和中介的关系，在这种关系中，劳动对象是完全被动的，劳动者则是主动的，劳动工具是连接主体与客体的中介。马克思不仅这样认识劳动内在三要素的结构，而且将劳动内在结构放到历史长河中去考量。法国学者罗贝尔·福西耶说："大部分思想家仅关心他们那个时代的问题，只有马克思论述了劳动史的演变。从此，这一大胆的论述深刻地影响了历史学家的思考。"马克思通过对劳动因素的内在结构演化过程的分析，透视人类历史的发展进程。马克思关于人类历史三种社会形态的划分就是依据劳动内在结构的历史演变进行的。

3.2 马克思主义的劳动价值论

马克思主义的劳动价值论是马克思创立并完成的，包括以下内容：商品具有二重性，即价值和使用价值，使用价值是商品的自然属性，具有不可比较性；价值是一般人类劳动的凝结，是商品的社会属性，它构成商品交换的基础。商品的使用价值和价值等范畴，是马克思用来说明商品的自然属性和社会属性的概念，深刻地揭示了商品的本质。

马克思把价值定义为凝结在商品中的无差别的人类劳动，即由抽象性的劳动所凝结。劳动价值论把价值定义为一种人类劳动，因此在劳动价值论的价值定义范围内"不能说劳动能创造价值"，《资本论》中也没有"劳动创造价值"的语句，只提到具体的人或者劳动者能创造价值。商品交换中的交换是一种劳动（价值）而不是交换的不可度量的效用，这一思想最初由英国经济学家配第提出。配第认为，物的有用性使物成为使用价值，使用价值总是构成财富的物质内容，同时又是交换价值的物质承担者。劳动是价值的唯一源泉，同时也是财富的源泉，劳动是财富之父，土地是财富之母。亚当·斯密和大卫·李嘉图也对劳动价值论做出了巨大贡献。

3.3 马克思主义劳动观

在马克思主义劳动观中，劳动被认为是人类活动的核心，是人类赖以生存和发展的基础，是人类生产力的基础，也是人类文明和进步的源泉。马克思主义认为，人类的劳动不仅是满足生存和发展需要的手段，也是实现个体和社会自由、平等和幸福的基础。

劳动创造价值是马克思主义劳动价值论的一个基本观点，任何生产资料、资金、厂房、机器都不能创造价值和财富，只有人类的无差别的劳动才能创造价值。

教育与生产劳动相结合也是马克思关于人的全面发展理论的重要内容。

劳动是人满足自身需要的社会实践，是人生命的本质表现，是人自由的创造性活动。劳动者、劳动工具和劳动对象是劳动的主要构成因素。马克思认为劳动内在构成因素经历了从以劳动对象为主导因素，到以劳动工具为主导因素，再到以劳动者为主导的结构变化。劳动内在结构的变化对劳动者自由的影响具有伦理二重性，某个方面劳动自由的增加往往与其他方面劳动自由的减少相伴发生。从历史发展的总趋势看，劳动内在结构的变化最终促进劳动解放和劳动自由，人的全面自由发展从根本上表现为人的劳动活动摆脱劳动对象和劳动资料的束缚，使劳动真正成为自由活动，实现人的本性的复归。

马克思主义劳动观是一种关于人类劳动的哲学观点和社会学理论，它对于每个人都有重要的意义。首先，它提醒我们劳动是人类生存和发展的基础，每个人都有义务去劳动，去创造自己的生活和为社会做出贡献。其次，它强调了劳动者的尊严和权利，要求我们要尊重劳动者的人格和劳动成果，保障劳动者的合法权益。最后，它提出了社会主义劳动观，即在社会主义制度下，劳动应该成为人民的自由选择，劳动者应该获得应有的物质和精神回报。

具体而言，我们可以从以下几个方面去贯彻马克思主义劳动观。

1. 尊重劳动

无论从事何种工作，都应该尊重自己的劳动，认识到劳动的重要性，不断提升自己的劳动技能和劳动质量。

2. 诚实守信

在工作中要坚持诚实守信的原则，履行自己的职责，遵守职业道德和社会规范，不断树立良好的个人形象和社会形象。

3. 关注劳动者权益

每一位劳动者都应该关注自己的劳动权益，维护自己的合法权益，并且关注其他劳动者的权益，积极参与维权行动。

4. 实践社会主义劳动观

在个人行为中践行社会主义劳动观，认识到劳动不仅是一种手段，而且是一种追求幸福和自由的方式，通过自己的劳动贡献，推动社会的进步和发展。

综上所述，贯彻马克思主义劳动观需要从自己的实际出发，不断提升自己的劳动素质，树立正确的价值观，为实现个人的幸福和社会的进步做出应有的贡献。

3.4 习近平总书记强调树立正确劳动观念

让我们一起学习习近平总书记强调树立正确劳动观念的重要论述。

梦想属于每一个人，广大劳动群众要敢想敢干、敢于追梦。说到底，实现中华民族伟大复兴的中国梦，要靠各行各业人们的辛勤劳动。

——2016年4月26日，习近平总书记在知识分子、劳动模范、青年代表座谈会上的讲话

人类是劳动创造的，社会是劳动创造的。劳动没有高低贵贱之分，任何一份职业都很光荣。

——2016年4月26日，习近平总书记在知识分子、劳动模范、青年代表座谈会上的讲话

我们的根扎在劳动人民之中。在我们社会主义国家，一切劳动，无论是体力劳动还是脑

力劳动，都值得尊重和鼓励；一切创造，无论是个人创造还是集体创造，也都值得尊重和鼓励。全社会都要贯彻尊重劳动、尊重知识、尊重人才、尊重创造的重大方针，全社会都要以辛勤劳动为荣、以好逸恶劳为耻，任何时候任何人都不能看不起普通劳动者，都不能贪图不劳而获的生活。

——2015 年 4 月 28 日，习近平总书记在庆祝"五一"国际劳动节暨表彰全国劳动模范和先进工作者大会上的讲话

要树立正确人才观，培育和践行社会主义核心价值观，着力提高人才培养质量，弘扬劳动光荣、技能宝贵、创造伟大的时代风尚，营造人人皆可成才、人人尽展其才的良好环境，努力培养数以亿计的高素质劳动者和技术技能人才。

——2014 年 6 月 23 日，习近平总书记在全国职业教育工作会议上的指示

劳动模范和先进工作者、先进人物不仅自己要做好工作，而且要身体力行向全社会传播劳动精神和劳动观念，让勤奋做事、勤勉为人、勤劳致富在全社会蔚然成风。

——2014 年 4 月 30 日，习近平总书记在乌鲁木齐接见劳动模范和先进工作者、先进人物代表时的讲话

我国工人阶级要增强历史使命感和责任感，立足本职、胸怀全局，自觉把人生理想、家庭幸福融入国家富强、民族复兴的伟业之中，把个人梦与中国梦紧密联系在一起，始终以国家主人翁姿态为坚持和发展中国特色社会主义做出贡献。

——2013 年 4 月 28 日，习近平总书记在同全国劳动模范代表座谈时的讲话

"一勤天下无难事。"必须牢固树立劳动最光荣、劳动最崇高、劳动最伟大、劳动最美丽的观念，让全体人民进一步焕发劳动热情、释放创造潜能，通过劳动创造更加美好的生活。

——2013 年 4 月 28 日，习近平总书记在同全国劳动模范代表座谈时的讲话

3.5 什么是劳动

马克思下了这样的定义："劳动力的使用就是劳动本身。劳动力的买者消费劳动力，就是让劳动力的卖者为其提供劳动。"

劳动是创造物质财富和精神财富的过程，是人类特有的基本社会实践活动，是人类社会生存和发展的基础，主要是指生产物质资料的过程，通常是指能够对外输出劳动量或劳动价值的人类运动。劳动是人维持自我生存和自我发展的唯一手段，是为满足自身的物质和精神需要，有目的地调整和控制人和自然界之间的物质变换过程的一种改变自然物的社会实践活动。在商品生产体系中，劳动是劳动力的支出和使用。

劳动本质论认为：劳动是人的本质，人的本质是一切社会关系的总和。劳动创造了人类生活，创造了社会关系，是一切价值的创造者。

劳动价值论认为：价值是一种凝结在商品中的无差别的人类劳动。

我们可以从以下三个方面理解劳动的意义。

（1）从个人角度来看，劳动是人们取得收入、获得生存的手段。

（2）从社会角度来看，劳动创造文明、创造财富，促进人的发展、推动社会的进步，是人类文明进步发展的源泉。

（3）从国家层面来看，劳动是实现国家富强和民族复兴的必要途径。

按照传统的劳动分类理论，劳动可以分为脑力劳动和体力劳动两大类。劳动还有以下多

种分类形式。

（1）具体劳动与抽象劳动。具体劳动也称有用劳动，是在一定的具体形式下进行的劳动。抽象劳动是劳动者的脑力、体力在生产中的消耗。

（2）技术性劳动和非技术性劳动。在实际社会生活中，人们运用"技术"标准对劳动进行分类，经常将需要使用复杂工具完成的工作与需要较高的文化知识进行的工作视为技术性劳动，而将以体力劳动为主的工作视为非技术性劳动。

（3）简单劳动与复杂劳动。简单劳动是指不经过特别训练，每个正常的劳动者都能从事的劳动；复杂劳动是需要经过专门训练，具有一定技术专长的劳动者才能从事的劳动。

【专题探讨】

【专题3-1】马克思如何看待劳动的价值

【内容摘要】

1. 马克思劳动观的主要内容

（1）劳动决定人的本质。
（2）劳动实现人的本质的复归。

2. 马克思劳动价值论的本质与构成因素

（1）马克思劳动价值论的本质。
（2）马克思劳动价值论的构成因素。

【思考探讨】

请扫描二维码3-1，认真阅读电子活页"马克思如何看待劳动的价值"，认知与梳理马克思针对劳动价值的主要观点。

【专题3-2】引导学生树立正确的劳动观

【内容摘要】

劳动教育是中国特色社会主义教育制度的重要内容，直接决定社会主义建设者和接班人的劳动精神面貌、劳动价值取向和劳动技能水平。

我们需要采取有效措施切实加强劳动教育，教育引导青少年树立以辛勤劳动为荣、以好逸恶劳为耻的劳动观，让中华民族勤俭、奋斗、创新、奉献的劳动精神在一代又一代青少年身上发扬光大。

树立"劳动是一切幸福的源泉"的观念。
树立"崇尚劳动、热爱劳动、辛勤劳动、诚实劳动"的观念。
树立"劳动没有高低贵贱之分，任何一份职业都很光荣"的观念。

【思考探讨】

请扫描二维码 3-2，认真阅读电子活页"引导学生树立正确的劳动观"，以小组为单位，使用思维导图梳理作者的主要观点。

【专题 3-3】树立正确的劳动观

【内容摘要】

让全社会特别是青年学生树立正确的劳动观，尊重劳动、崇尚实干，对于实现中华民族伟大复兴的中国梦具有重要意义。

坚持劳动正义感，在社会上广泛传播正能量，有助于促进我国社会的和谐发展，是实现中华民族伟大复兴、全面实现共产主义事业的推进器。

在革命、建设和改革开放的过程中，各个领域都存在许多劳动模范，他们的存在让崇尚劳动成为社会主流风气。

树立正确的劳动观，就要尊重劳动岗位，崇尚实干精神。

树立正确的劳动观，就要坚信劳动价值，养成热爱劳动的良好习惯。

中华民族是勤于劳动、善于创造的民族。正是因为劳动创造，我们拥有了历史的辉煌；也正是因为劳动创造，我们拥有了今天的成就。我们要树立正确的劳动观，把国家利益和人民利益举过头顶，以集体利益为重，自觉强化奉献意识，用辛勤劳动书写报效祖国的忠诚。

【思考探讨】

请扫描二维码 3-3，认真阅读电子活页"树立正确的劳动观"，以小组为单位，使用思维导图梳理作者的主要观点。

【榜样激励】

【榜样 3-1】邓稼先：名字鲜为人知、功绩举世瞩目的两弹元勋

【事迹简介】

邓稼先，1924年出生于安徽省怀宁县一个书香门第。他抱着学更多的本领以建设新中国的志向，在1947年通过了赴美研究生考试，翌年秋进入美国印第安纳州的普渡大学研究生院。他学习成绩突出，不足两年便读满学分，并通过博士论文答辩。此时，他只有26岁，人称"娃娃博士"。

1950年8月，邓稼先在美国获得博士学位9天后，便谢绝了恩师和同校好友的挽留，毅然决定回国。

1959年6月，中共中央决定我国自己动手，制造原子弹、氢弹和人造卫星。邓稼先担任原子弹理论设计负责人后，一面部署同事分头研究，一面自己带头攻关。在遇到一位苏联专家留下的核爆大气压数据时，邓稼先在周光召的帮助下以严谨的计算推翻了原有结论，从而解决了我国原子弹试验的关键难题。数学家华罗庚后来称，这是"集世界数学难题之大成"的成果。

邓稼先不仅在科研院所里费尽心血，还经常前往飞沙走石的戈壁试验场。1964年10月，我国成功爆炸的第一颗原子弹就是由他最后签字确定的设计方案。他还率领研究人员在试验后迅速进入爆炸现场采样，以证实试验效果。此后，他又同于敏等人投入对氢弹的研究。按照"邓-于方案"，我国最后终于拥有了氢弹，在原子弹成功试验后的两年零8个月试验成功。

1986年7月29日，邓稼先去世。他临终前留下的话仍是如何在尖端武器方面努力，并叮嘱："不要让人家把我们落得太远……"

【思考探讨】

（1）以小组为单位，使用思维导图梳理两弹元勋邓稼先的先进事迹和主要贡献。
（2）邓稼先有哪些值得我们学习的精神品质和技术技能特长？

【榜样3-2】李素丽：乘客的贴心人

【事迹简介】

李素丽，北京公共交通总公司的一位普通售票员。自从1981年参加工作，十几年如一日，她在平凡的岗位上，把"全心全意为人民服务"牢记心间，贯彻到实际行动当中。她被誉为老人的拐杖、盲人的眼睛、外地人的向导、病人的护士、群众的贴心人。她勤勤恳恳的奉献精神感动了无数人。她的温暖服务感动了每一位乘客。作为一个普通人，敬业和温暖的服务最终使她获得了全国劳动模范的光荣称号。

李素丽在1981年参加工作，先后在北京公共交通总公司第一客运分公司60路、21路公共汽车任售票员，1998年调到北京公共交通总公司负责"公交李素丽服务热线"工作。

李素丽是一名北京公交售票员，更是我国服务窗口的闪亮名片。正是因为有"对内代表首都，对外代表中国"的意识，她为自己定下了"热心、细心、诚心、真心"的服务原则，多看、多扶、多问候，用眼、用心、用真情。从在售票员岗位上真情为人，到担任服务热线主任，再到担任北京公交集团客户服务中心经理，李素丽数十年如一日，始终饱含对岗位的热情，带着为人民服务的意识，做着让大家满意的工作。

李素丽说："脚步不能停，为人民服务没有终点。"从工作岗位退休后，李素丽开始投身公益慈善事业，下基层、进社区，用她的热情和细心感染身边的人。她是一团火，照亮了自己，照亮了生活，更照亮了整个社会。

【思考探讨】

（1）以小组为单位，使用思维导图梳理李素丽的先进事迹。
（2）李素丽有哪些值得我们学习的精神品质和技术技能特长？

【榜样3-3】胡双钱："零差错"才能无可替代

【事迹简介】

一架大飞机有多少个零件，或许没有多少人知道。但是，飞机只要有一个零件出了差错，就可能付出生命的代价。一名技术人员做到"零差错"有多不容易，或许没有多少人体会过。而36年加工数十万个飞机零件，没有一个次品，是一种很难达到的境界。有一个人做到了，他就是人称"航空手艺人"的全国劳动模范、上海飞机制造有限公司高级技师胡双钱。

胡双钱身形精干，两鬓斑白。他专注打磨飞机零件的状态，就像一位匠人在倾心尽力完成他的作品。在飞机制造这个领域，匠人精神是不可或缺的。这是因为，在造飞机的过程中，许多零件要精细化，无法完全通过数控机床、电子设备来实现，还要靠手工实现。世界一流的飞机制造公司都保留着独当一面、不可替代的手工工匠。

成为不可替代的人，胡双钱靠的是多做多干，默默练习，攻坚克难，勇于创新。在多年的经历中，胡双钱最大的收获是对质量的坚持。他所在的岗位连续 12 年被公司评为"质量信得过岗位"。2002 年，他荣获上海最高的质量奖项——上海市质量金奖。

经过数十年的实操积累和沉淀，胡双钱形成并总结出自己的一套工作方法和习惯。在工作前，他一定要看懂图纸，了解工艺要求和技术规范，而在接收零件时，也会按照图纸检查上道工序是否存在不当之处，再动手加工零件。他还摸索出一些原理简单，却非常实用的"诀窍"，能够保证产品以优质交付。例如，用在划线步骤中的"对比复查法"就是他的"法宝"之一。在常规做法中，人们在加工材料上先涂有防锈作用的淡金水，然后使用划线液勾出零件形状。而在胡双钱的操作中，涂淡金水就是初次划线。这就好比在一张纸上先用毛笔写一个字，然后用钢笔再在这张纸上同一个地方写同样一个字，多一道步骤，多一次复查机会，也就多了一道保障。

划线工序中的"反向验证法"也是胡双钱自创的。在为零件角度划线时，钳工通常采用万能角度尺划线。在复查时，选择同样的方法和路径，往往有差错也很难找到。胡双钱在复查时用三角函数算出划线长度，进行验证。如果结果一致，就继续进行接下去的操作；如果结果不相符，就说明存在问题。多加一个验算环节增加了工作量，却保证了零件加工的准确和质量。

为了培养更多的优秀人才，胡双钱言传身教，将自己的工作经验无私传授给青年技术工人。"这是我们这一代工人的职责，也是航空人应有的胸怀。"胡双钱说。他希望，再干 10 年、20 年，为中国大飞机多做一点贡献。

【思考探讨】

（1）以小组为单位，使用思维导图梳理胡双钱的先进事迹。
（2）胡双钱有哪些值得我们学习的精神品质和技术技能特长？

【榜样 3-4】黄大年：时代楷模

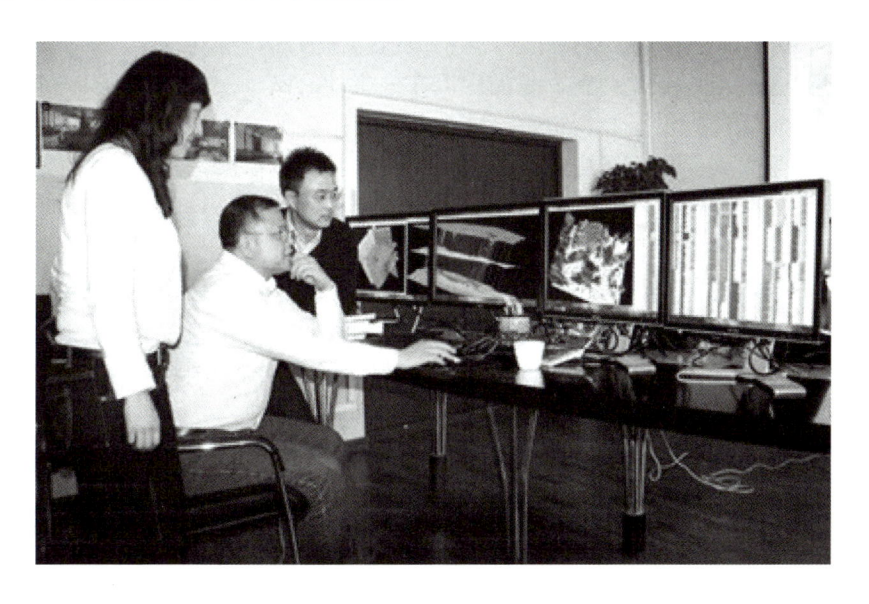

【事迹简介】

黄大年，世界著名地球物理学家。在祖国最需要的时候，他秉持科技报国的理想回国，把国家的需要视为毕生的追求，把服务国家看作自己最好的归宿，直到生命最后一刻。

2017年7月5日，黄大年生前规划的"十三五"国家重点研发计划——航空重力梯度仪研制通过了最后的审核。这是一项具有极高战略意义的研究工作。近年来，全球都面临地表浅层矿产资源枯竭的问题。向地球深部要资源，成为世界各国科技竞争的一个制高点。此前，黄大年在英国18年，从事的正是通过快速移动平台，对海洋和陆地复杂环境实施精确探测的技术研发工作，他是这一领域享誉世界的科学家。2009年，黄大年响应国家号召，舍弃了在海外的优越生活，回到祖国。

航空重力梯度仪，形象地说，就是在飞机、舰船、卫星等移动平台上安装的"千里眼"，能够看穿地下每一个角落。这一技术不仅可以民用，进行深层能源的分布探测，还关乎国土安全，能让潜伏在深海的目标无所遁形。黄大年用燃烧自己的方式，追赶国外的研究成果。他办公室的灯永远是最晚熄灭的，他的午餐通常是面包和烤玉米，他出差只乘坐价格最低的航班。大家把这位惜时不惜命的科学家称为科研疯子、拼命黄郎。

在黄大年的心中，国家利益是唯一的标准。在他的感染下，很多海外科学家选择了回国报效祖国。

回国短短7年，黄大年带领400多名科学家创造了多项"中国第一"，为我国"巡天探地潜海"填补了多项技术空白。其中，航空重力梯度仪的研究，仅用5年时间就完成了西方国家20多年走过的路程。在他的推动下，2016年9月，一个辐射多学科的科研特区"交叉学部"在吉林大学初步形成。而极度透支让黄大年的健康亮起了红灯。

2016年12月8日，黄大年因胆管癌住进医院。在病床上，他还不忘和学生、同事讨论科研进展。

23岁，黄大年在毕业相册中写下"振兴中华，乃我辈之责"。29岁，他又在入党志愿书上写下一段话，并用之后的每一天兑现年轻时的誓言："人的生命相对历史的长河不过是短暂的一现，随波逐流只能是枉自一生，若能做一朵小小的浪花奔腾，呼啸加入献身者的滚滚洪流中推动历史向前发展，我觉得这才是一生中最值得骄傲和自豪的事情。"

黄大年的事迹之所以令人动容，是因为他在人生一次又一次的选择面前，把事业看得更重，把奉献看得更重，把祖国看得更重。黄大年把爱国之情、报国之志融入祖国改革发展的伟大事业之中、融入人民创造历史的伟大奋斗之中，从自己做起，从本职岗位做起，为我们树立了先进榜样。理想因报国而澎湃，祖国最终将选择那些忠于祖国的人，祖国最终将记住那些为祖国奉献的人。

黄大年是新时期归国留学人员爱国报国的先进楷模，是高校教育工作者教书育人的杰出榜样，是践行社会主义核心价值观的优秀代表。他用毕生努力实现了爱国之情、强国之志、报国之行的统一，把个人梦想融入实现中华民族伟大复兴中国梦的壮丽篇章之中，充分展现了新时期归国留学人员和高校教育工作者的奉献精神和崇高品格。

【思考探讨】

（1）以小组为单位，使用思维导图梳理黄大年的先进事迹。

（2）黄大年有哪些值得我们学习的精神品质？

【情怀涵养】

当我们走在干净整洁、绿树成荫的人行道上，是否经常看到三五个拿着扫帚的环卫工人，正在用他们勤劳的双手，为我们扫尽果皮、纸屑和落叶？他们的双手也许并不干净，着装也许并不整洁，可正是有了他们，我们的城市才能那么干净、那么整洁、那么赏心悦目。

【案例3-1】在平凡中坚持，致敬最美环卫工人

每天清晨，最先和这座城市说早安；工作结束，披着最后一抹晚霞回家；一年四季，寒来暑往，默默坚守。他们是城市美容师，更是一座城市的名片。

他们的工作简单而平凡，简单到每天重复同样的动作，平凡到我们每次和他们擦肩而过，都不记得他们的面容。橘黄色的马褂是他们最醒目的名片，他们默默坚守岗位，时刻不停歇，用自己的辛勤劳动，助力创建文明城市，用行动诠释劳动之美。

日复一日耕耘，用双手扮靓这座城市。每一个环卫人，都是平凡岗位上不平凡的劳动者。让我们携手同行，一起为城市添彩！

【写与拍】

（1）请扫描二维码 3-4，认真阅读电子活页"在平凡中坚持，致敬最美环卫工人"。

（2）以"致敬最美环卫工人"为主题撰写心得体会，表达自己的真情实感，并开展主题演讲活动。

（3）将镜头对准劳动者的劳动场景，拍摄照片和视频，记录劳动者感人的瞬间。

【案例3-2】凡而不凡！致敬坚守在一线的环卫工人

无论清晨还是黑夜，街头总会出现他们的身影。他们披星戴月、挥洒汗水，为城市的整洁容貌而奋斗。他们有一个共同的名字——环卫工人。

一把扫帚，一辆推车，他们用辛勤的劳作唤醒每一个清晨。

一次次弯腰清扫，他们用汗水洗涤着城市的大街小巷。

无论严寒刺骨还是烈日当空，他们始终坚守岗位，只为大家出门时能看到整洁干净的城市环境。

【写与拍】

（1）请扫描二维码 3-5，认真阅读电子活页"凡而不凡！致敬坚守在一线的环卫工人"。

（2）以"致敬坚守在一线的环卫工人"为主题撰写心得体会，表达自己的真情实感，并开展主题演讲活动。

（3）将镜头对准劳动者的劳动场景，拍摄照片和视频，记录劳动者感人的瞬间。

【案例 3-3】靓丽环境，精心守护

"五一"期间，大街小巷、广场公园，依然随处可见环卫、园林工人认真清扫道路、擦洗果皮箱、清理水草、清运垃圾的身影，干净整洁的市容市貌离不开他们的辛勤付出！

【写与拍】

（1）请扫描二维码 3-6，认真阅读电子活页"靓丽环境，精心守护"。
（2）以"创建美好环境"为主题撰写心得体会，表达自己的真情实感，并开展主题演讲活动。
（3）将镜头对准劳动者的劳动场景，拍摄照片和视频，记录劳动者感人的瞬间。

【案例 3-4】致敬劳动者——城市美容师

每个默默无闻的劳动者都值得被记录并被记住。每条干净的道路背后一定有环卫工人的默默付出，晴天一身灰，雨天一身泥。他们，是以扫帚为兵器的骑士，以洁净之名，给予人们舒适的环境。劳动是世界上，一切欢乐和一切美好事物的源泉！劳动创造着我们的生活、环境、梦想！每一位劳动者，都值得称颂。

晨曦朝露去，披星戴月归，一身灰尘换来城市的洁净。

平凡因奉献而伟大，平凡因坚守而耀眼。一年 365 天，无论是否节假日，无论白昼黑夜，他们的身影始终都在。城市的干净整洁，每一天都离不开环卫工人的辛勤劳动。致敬平凡而又伟大的付出，也希望每个平凡的你我都能做出不平凡的成绩。

增强劳动意识，塑造劳动观念　模块 3

【说与讲】

　　晴天一身灰，雨天一身泥。环卫工人用勤劳的双手为人们的工作和学习增添了舒适和愉悦。他们恪守"脏了我一人，洁净千万家"的信念，在平淡的工作中，以实实在在的行动担当起一份令人尊敬的责任。

　　请扫描二维码 3-7，认真浏览电子活页"致敬劳动者——城市美容师"。一幅幅"醉美"的照片。定格每一个动人的瞬间，说一说观看这些照片后的感想，讲一讲身边环卫工人的动人故事。

【任务实战】

【任务 3-1】品尝劳动的艰辛

　　周六早上，我们早上六点就出发回老家收花生，在路上买了点早餐，一边吃一边走。我们要趁太阳还没有发出炙烤大地的热火之前把半亩地的花生收回家。

　　我们一家四口，其中三个人开始去拔花生棵，先把花生棵从地里拔出来晾晒。谁知今年夏秋雨水太多，花生地里低洼的地方还有泥水，走一步脚就陷进去，拔出来的花生棵都带着大泥盘。老大拔到一半时，手上磨出了三四个水泡，他没说，我们都不知道。最后，拔完了，他说："妈，你看我的手，水泡都磨烂了，有没有事？"我看了看，很心疼，没办法，只好说："明天就不疼了。"我们把花生棵一棵棵地从地里拎到大路上，用三轮车拉回家，一共拉了十趟才拉完，累得孩子爸一直在说："明年说什么也不种花生了。"

　　我们上午干到十二点才顶着烈日回家，没想到下午的活才是真累人。也许是因为上午我在摘花生，没怎么拔棵，才觉得下午翻晒花生、打掉上面粘连的泥土更累人。为了摘花生时容易一些，上午拉回家的花生棵要全部翻晒一遍，然后打掉上面的泥土，再摘下花生。孩子

— 95 —

的爷爷奶奶已经干不动了，我们要把所有拉回来的花生棵整理好，等他们明天坐下来摘。

我累得汗流浃背，喝了三瓶矿泉水还觉得口干舌燥。我一棵一棵敲掉花生棵上面的泥土，将它们一堆一堆码整齐。一直干到晚上七点才干完，我们赶紧洗漱一下就回城了。

小时候，我们看到父母每天很忙碌，没精力管孩子，我们也很懂事，看到父母累了，给他们做饭、为他们递茶。不经历劳动的艰辛，不懂得收获的不易。没有汗水的付出，哪里会有收获的幸福？

（来源：简书，作者倾听雨声红歌）

【训练提升】

利用节假日，积极参加力所能及的劳动活动，并撰写劳动感想。

【任务 3-2】劳动不仅是辛勤付出，更是劳动意识的培养

图中的小男孩在奶茶店门口不小心把手中的奶茶打翻了，他在妈妈的教诲下主动将地面打扫干净。劳动不仅是辛勤付出，更是对劳动意识、劳动观念的培养；劳动不仅是挥洒汗水，更是责任担当。劳动是我们每一个人的进行时。

【训练提升】

针对当代大学生培养劳动观念、强化劳动意识、端正劳动态度的重要性发表自己的观点。

【任务 3-3】探讨"劳动无贵贱之分"

三百六十行，行行出状元。劳动没有高低贵贱之分，无论是体力劳动还是脑力劳动，都是无差别的一般人类劳动，都创造了价值。任何职业都很光荣，各行各业的从业人员都是平

等的劳动者。大学生要树立劳动没有高低贵贱之分的意识，尊重身边的普通劳动者，正是千千万万的普通劳动者书写了历史，富强民主文明和谐美丽的社会主义现代化强国也将由他们开创。

【训练提升】

针对"劳动无贵贱之分"主题组织辩论会，并发表自己的观点。

【成果展示】

学习与借鉴国内高校推进劳动教育的典型做法，了解或探析所在学校在增强学生劳动意识、塑造劳动观念方面的典型做法，通过多种途径总结与推广所在学校的典型经验。

【成果 3-1】国内知名高校分类推进劳动教育的典型做法

【成果概要】

1. 中国农业大学

中国农业大学以"弘扬耕读文化"为主线，深挖耕读文化价值，进行整体设计，把劳动教育融入思政教育、通识教育、专业教育、劳动实践、文化传承全过程，实行全年劳动教育全周期覆盖。开展"四个一工程"：编写一本教材——新时代首部耕读教育读本《耕读教育十讲》；建设一个基地——涿州劳动教育实践基地；开设一批课程——设置1学分32学时的劳动教育必修课，开设一批农业特色通识课程，在学科专业中有机融入劳动教育；打造"351系列活动"，即采取实践劳动、耕读课程、自主课程3种形式，通过农业认知、土地初耕、作物播种、田间管理、收获分享5个环节，达到让学生树立正确的劳动观念，培养学生知农爱农、强农兴农的家国情怀的1个目标。

2. 中国劳动关系学院

中国劳动关系学院紧扣"劳动情怀深厚"的人才培养目标，全面构建劳动教育实施体系，有以下基本做法。

（1）做优思政劳动教育，修订五门思政必修课教学大纲，将马克思主义劳动观和新时代劳动精神全面融入。

（2）做强专业劳动教育，按照"一院一品"的原则打造各专业劳动教育品牌。

（3）做好实践劳动教育，发挥学生的主动性和创造性，打造学生喜闻乐见的"劳动教育月"，组织开展"劳动中国"等各类志愿服务和社会实践活动。

（4）做实劳动教育课程，按18学时理论学习、14学时劳动实践，合计32学时2学分的标准认真落实开设劳动教育必修课的要求。

（5）做好学术劳动教育，加大劳动教育教改和科研项目研究力度，引导师生积极参与劳动教育教学研究。

3. 北京体育大学

北京体育大学构建了"必修+选修""线上+线下""理论+实操"相结合的劳动教育课程体系，案例教学与现场实训互为支撑、专业教师与行业专家共同授课、校内课堂与校外实践紧密衔接的一体化教育教学模式，还全面探索将劳动教育作为人才评价的必选项，将学生在校期间的劳动教育表现纳入评奖评优、推荐免试研究生等指标体系。

4. 汕头大学

汕头大学围绕"人与他人""人与社会""人与自然"开设服务性劳动课程（公益课程）99 门 442 门次，设计了包含教师对学生的评估、学生对教师的评估、学生自我评估、服务合作单位满意度评估等课程评估维度，构建服务性劳动课程体系，并提出了加强服务性劳动课程的专业化探索、加强劳动教育通识课程建设、加强劳动教育师资培训和经验交流、加强劳动教育的教学研究和督导评估、在志愿服务实践活动中融入劳动教育、加强劳动教育实践基地建设、编写出版相关教材等建议。

【成果应用】

（1）探析中国农业大学、中国劳动关系学院、北京体育大学、汕头大学分类推进劳动教育的创新点。

（2）总结中国农业大学、中国劳动关系学院、北京体育大学、汕头大学在推进劳动教育方面有哪些经验值得其他院校借鉴和推广。

【成果 3-2】中南大学沉浸式劳动教育：引领学子以劳动创造美好

【成果概要】

2023 年 4 月 26 日，在校本部三食堂，一场别开生面的比赛正在精彩进行。来自全校 22

个学院的30支学生参赛队伍经过选拔被分为五个小组，分别进行切菜备菜、菜品烹饪、创意摆盘三个环节的菜品制作。在厨师长（导师）的指导下，参赛学生开始烹调各自的菜品，在锅具翻飞之间，一道道美味佳肴新鲜出炉。最终，来自大江南北、颇具地方特色的荔枝鱼、干锅虾、金钱蛋、毛式红烧肉、酸菜鱼、糖醋里脊等30个菜品齐齐上桌。这是"劳动美遇上中南味——大学生厨艺争霸赛"的比赛现场，也是学校劳动教育月"劳作践悟"板块的重要活动之一。

同日，在新校区的草坪与灌木丛间，近100名学生正在体验园艺劳动。同学们跟随园艺"师傅"一起识草木、修树枝、除杂草。第一次拿起修剪机、驾驶除草机的同学们除了感到兴奋，还感受到了园艺工作者的辛苦。参加活动的同学们表示，通过劳动体验的磨炼增强了耐心，感受到了各行各业工作人员的艰辛。

2023年4月29日，"实践创造"——志愿服务、创造创新系列活动——引领学生积极参与志愿服务、专业劳动实践，近200名学生以"喜迎合并组建日，我为校园添美丽"为口号参与校园清洁服务，千名学生关注"我的劳动作品"创作展览活动。

2023年4月30日，"勤体修身"——日常劳动习惯养成系列活动——受到近万名师生关注，通过自主报名、线上线下评审，10名学生获评中南大学"劳动达人"称号。

2023年5月1日，"劳动光荣"——观念培育引领之"寻找劳动之美"摄影视频评选展示——在同学们的朋友圈"刷屏"，参评学生用眼捕捉生活中的劳动之美，用心体会劳动人民的精神品质，用镜头表达对劳动者的敬意。此外，文明宿舍、安全实验室创建及成果展示也在积极展开。

同时，劳动教育实践活动也在各学院全面铺开，各二级单位制定了本单位劳动教育月活动方案，开展了一系列具有专业特点、学院特色的劳动教育活动。2023年4月中旬，交通运输工程学院、体育教研部联合开展了"劳作践悟，播种希望"农作助残志愿活动；建筑与艺术学院举办了艺术楼内园艺绿化养护活动；法学院开展了"劳动筑梦，普法先行"——解读《劳动保障法》活动；湘雅口腔医学院举办首届本科生临床技能竞赛；这些活动都旨在激发学生主动参与劳动实践创造，以劳动躬行，主动作为，践行"知行合一，经世致用"的校训。

学校学生工作部牵头、多部门协同合作，将持续围绕大学生"劳动观念培育、劳动学习体验、劳动实践创造、劳动习惯养成"开展教育活动，引领同学们感受劳动的美丽、以劳动创造美好。

（来源：中南大学新闻网，作者刘勇、宁霞）

【成果应用】

（1）探析中南大学构建的新时代劳动教育体系有哪些创新点。

（2）总结中南大学在劳动教育方面的主要成果，其劳动教育的实施有哪些经验值得其他院校借鉴和推广。

模块 4

弘扬劳动精神，激发劳动热情

党的二十大报告提出："在全社会弘扬劳动精神、奋斗精神、奉献精神、创造精神、勤俭节约精神，培育时代新风新貌。"社会主义是干出来的，新时代是奋斗出来的。在新的历史方位下，以中国式现代化全面推进中华民族伟大复兴，要深刻领会并大力弘扬新时代劳动精神，牢固树立劳动最光荣、劳动最崇高、劳动最伟大、劳动最美丽的观念，崇尚劳动，造福劳动者，让全体人民进一步焕发劳动热情、释放创造潜能，通过劳动创造更加美好的生活，为全面推进中华民族伟大复兴提供强大的精神支撑。

古人云："不惰者，众善之师也。"劳动本就是培养吃苦耐劳、艰苦奋斗品质的沃土，劳模精神、劳动精神、工匠精神等宝贵精神财富就是在长期实践中形成的。

世界因劳动而改变，生活因劳动而美好。实现中华民族伟大复兴，需要亿万劳动者继续付出辛勤努力。全社会也要崇尚劳动、见贤思齐，焕发劳动热情，锤炼崇高人格。以劳动光荣、知识崇高、人才宝贵、创造伟大为价值导向，以辛勤劳动、诚实劳动、创造性劳动为行动坐标，全社会向看得见的榜样学习，不断激发劳动才能、实干热情和创造潜能，文化自信自强、时代新风新貌必能够蔚然成风，物质文明和精神文明相协调的中国式现代化便有了有力支撑。

劳动模范是劳动群众的杰出代表，是最美的劳动者。无论是劳动模范，还是劳动奖状、奖章获得者，都是物质文明的开拓先锋，都是引领精神文明进步的重要力量。自1950年党和国家首次表彰劳动模范以来，在党的领导下，我国工人阶级和广大劳动群众与祖国同成长、与时代齐奋进，各条战线英雄辈出、群星灿烂，在实现中国梦伟大进程中孕育出了劳模精神、劳动精神、工匠精神。

【知识学习】

【箴言金句】

让劳动光荣、创造伟大成为铿锵的时代强音，让劳动最光荣、劳动最崇高、劳动最伟大、劳动最美丽深入人心。

看那些光荣的劳动模范，他们在平凡的岗位上，用辛勤劳动赢得了荣光，赢得了尊敬！

劳模精神，是我们伟大民族精神的重要体现，是激励我们奋勇前进的重要精神动力。要在全社会广泛宣传劳动模范和先进工作者的先进事迹、优秀品质、高尚精神，推动全社会进一步尊重劳模、关心劳模、学习劳模，使劳模精神不断发扬光大。

4.1 培育劳动精神

劳动精神的科学内涵是指"劳动光荣、劳动伟大""遵纪守法、勤勉工作""诚实守信、坦荡无私"。其中"劳动光荣、劳动伟大"是劳动认知,"遵纪守法、勤勉工作"是劳动态度,"诚实守信、坦荡无私"是劳动品德。

劳动精神是每一位劳动者为创造美好生活而在劳动过程中秉持的劳动态度、劳动理念及其展现出的劳动精神风貌。劳动是财富的源泉,也是幸福的源泉。人世间的美好梦想,只有通过诚实劳动才能实现;生命里的一切辉煌,只有通过诚实劳动才能铸就。劳动创造了中华民族,造就了中华民族的辉煌历史,也必将创造出中华民族的光明未来。习近平总书记强调:"我们要在全社会大力弘扬劳动精神,提倡通过诚实劳动来实现人生的梦想、改变自己的命运,反对一切不劳而获、投机取巧、贪图享乐的思想。"全社会都要热爱劳动,以辛勤劳动为荣,以好逸恶劳为耻。

新时代的劳动精神重塑了劳动是人的全面而自由的发展的美好追求,表现为一切符合时代要求、创造各种价值的勤奋劳动、诚实劳动和创造性劳动行为及其体现出来的尊重劳动、崇尚劳动、热爱劳动的积极状态。尊重劳动是把劳动视为人类的本质活动和创造财富的源泉,奉行"劳动光荣、劳动伟大"的劳动认知,即劳动是财富和幸福的源泉,是我们个人和社会发展的动力。崇尚劳动是认可劳动价值虽有大小,但职业并无高低,秉持"遵纪守法、勤勉工作"的劳动态度,即只有辛勤劳动才能收获多多。俗话说,"天道酬勤,勤能补拙",我们中华民族就是一个勤劳的民族。热爱劳动是发自内心热爱,身体力行劳动,爱惜劳动成果,遵循"诚实守信、坦荡无私"的劳动品德,即劳动的态度要诚实、认真,不弄虚作假、投机钻营,因为只有诚实劳动才会实现美好梦想,铸就生命辉煌。学习和践行劳动精神就是全社会都要热爱劳动、崇尚劳模,让每一位劳动者在劳动中找到自己的人生定位和实现自己的人生价值。

实现我们的发展目标,不仅要在物质上强大起来,而且要在精神上强大起来。在全国劳动模范和先进工作者表彰大会上,习近平总书记精辟概括了劳模精神、劳动精神、工匠精神的深刻内涵,指出劳模精神、劳动精神、工匠精神是鼓舞全党全国各族人民风雨无阻、勇敢前进的强大精神动力,强调要大力弘扬劳模精神、劳动精神、工匠精神。

长期以来,在党的领导下,我国工人阶级和广大劳动群众奏响了"咱们工人有力量"的主旋律,特别是在新时代的伟大征程上为决胜全面建成小康社会、决战脱贫攻坚发挥了主力军作用。习近平总书记指出:"在长期实践中,我们培育形成了爱岗敬业、争创一流、艰苦奋斗、勇于创新、淡泊名利、甘于奉献的劳模精神,崇尚劳动、热爱劳动、辛勤劳动、诚实劳动的劳动精神,执着专注、精益求精、一丝不苟、追求卓越的工匠精神。劳模精神、劳动精神、工匠精神是以爱国主义为核心的民族精神和以改革创新为核心的时代精神的生动体现,是鼓舞全党全国各族人民风雨无阻、勇敢前进的强大精神动力。"大力弘扬劳模精神、劳动精神、工匠精神,对于鼓舞和激励全党全国各族人民在决胜全面建成小康社会、决战脱贫攻坚取得决定性成就的基础上,乘风破浪,开拓进取,为全面建设社会主义现代化国家、实现第二个百年奋斗目标而继续奋斗,具有重大意义。

习近平总书记指出:"劳动模范是民族的精英、人民的楷模,是共和国的功臣。"党和国家始终高度重视发挥劳动模范和先进工作者的重要作用。作为千千万万奋斗在各行各业劳动群众中的杰出代表,先进模范人物在平凡的岗位上创造了不平凡的业绩,以实际行动展现了劳模精神、劳动精神、工匠精神，诠释了中国人民具有的伟大创造精神、伟大奋斗精神、伟大团结精神、伟大梦想精神，为全国各族人民树立了学习的榜样。广大劳动模范和先进工作者要保持本色，继续拼搏，发挥示范带头作用，用干劲、闯劲、钻劲鼓舞更多的人，激励广大劳动群众争做新时代的奋斗者。

劳动是一切幸福的源泉。站在实现"两个一百年"奋斗目标的历史交汇点上，党的十九届五中全会擘画了我国未来发展的宏伟蓝图。越是美好的未来，越需要我们付出艰辛努力，越需要大力弘扬劳模精神、劳动精神、工匠精神。在新形势下，我国工人阶级和广大劳动群众要继续学先进、赶先进，自觉践行社会主义核心价值观，用劳动模范和先进工作者的崇高精神和高尚品格鞭策自己，焕发劳动热情，厚植工匠文化，恪守职业道德，将辛勤劳动、诚实劳动、创造性劳动作为自觉行为。各级党委和政府要尊重劳模、关爱劳模，贯彻好尊重劳动、尊重知识、尊重人才、尊重创造的方针，完善劳模政策，提升劳模地位，落实劳模待遇，推动更多劳动模范和先进工作者竞相涌现。全社会要崇尚劳动、见贤思齐，加大对劳动模范和先进工作者的宣传力度，讲好劳模故事、讲好劳动故事、讲好工匠故事，弘扬劳动最光荣、劳动最崇高、劳动最伟大、劳动最美丽的社会风尚。要开展以劳动创造幸福为主题的宣传教育，把劳动教育纳入人才培养全过程，贯通大中小学各学段和家庭、学校、社会各方面，教育引导青少年树立以辛勤劳动为荣、以好逸恶劳为耻的劳动观，培养一代又一代热爱劳动、勤于劳动、善于劳动的高素质劳动者。

古人云："功崇惟志，业广惟勤。"实现中国梦，创造全体人民更加美好的生活，任重而道远，需要我们每一个人继续付出辛勤劳动和艰苦努力。我们应以劳动模范和先进工作者为榜样，大力弘扬劳模精神、劳动精神、工匠精神，爱岗敬业、勤奋工作，锐意进取、勇于创造，不断谱写新时代的劳动者之歌。

4.2 践行劳模精神

劳模精神是指各行业楷模职业能力和职业品质的体现，也是一种价值取向和行为表现，具体表现为爱岗敬业、争创一流、艰苦奋斗、勇于创新、淡泊名利、甘于奉献等。"劳"，表示劳动，这是劳模的基本前提。"模"，体现了一种"示范"和"楷模"的价值导向，一种可近、可亲、可信、可学的榜样作用。"劳模"，意味着"先进符号"，是人民授予生产建设中先进人物的一种崇高称号，以表彰在劳动中有显著成绩或者重大奉献、可以作为榜样的人。

劳模精神是劳动模范身上体现出来的劳动精神，是伟大时代精神的生动体现。爱岗敬业是对做好工作的基本要求；争创一流是对先进性的不懈追求；艰苦奋斗是不畏艰难困苦、坚持奋发进取的工作作风；勇于创新是敢于创新、善于创新的担当和使命，是劳模精神的核心；淡泊名利是轻视外在的名声与利益的崇高境界；甘于奉献是对自己的事业无私奉献不求回报的主动修为。做一个守本分、有追求、讲作风、担使命、有境界、有修为的人，是每一位劳模的精神风范，更是每一位劳动者应该追求的目标。

劳模精神是我们新一代年轻人担当责任的榜样，是我们社会的信仰，同时是每个人脚踏实地，努力奋斗追求的目标。如今劳模精神激励着每位劳动者，使他们在平凡的岗位上尽力而为，默默付出。劳模精神更是一种顽强的精神，宛如每一滴水都看得出来，是一种能坚持到底的精神，而正是拥有这种精神，社会才会发展得越来越好。

4.3 弘扬工匠精神

工匠就是有工艺专长的匠人，一般指专注于某个领域、进行产品研发或者在加工过程中全身心投入，精益求精、一丝不苟地完成整个工序的每个环节的匠人。

工匠，既是称谓，又是赞誉。工匠是职业，也是态度，更是精神。工匠既不平凡，又平凡。于国，工匠是重器；于家，工匠是栋梁；于人，工匠是楷模。

工匠精神是对所做的事情和产品精雕细琢、精益求精的工作态度，对制造技艺的一丝不苟，对完美的孜孜追求，以及对工作的敬畏、热爱和奉献的工作境界。工匠精神是一种态度、一种追求、一份挚爱、一种情怀、一种专注、一份坚持、一份严谨、一份细致，更是一个方向、一种积累、一种修养、一份责任。它树立起了人们对职业的敬畏、对工作的执着、对产品的负责。

从本质上讲，工匠精神是一种对工作执着、热爱的职业精神，是一种不断追求完美和极致的精神，它是职业道德、职业能力、职业品质的体现，是从业者的一种职业价值取向和行为表现，工匠精神就是爱岗敬业的职业精神、精益求精的品质精神、用户至上的服务精神、追求卓越的创新精神。

"工匠精神"的基本内涵包括爱岗敬业、精益求精、持续专注、守正创新等具体内容。

1. 爱岗敬业

"爱岗"即热爱自己的工作岗位、热爱自己的本职工作，就是要干一行爱一行；"敬业"即以恭敬的态度对待自己的工作和任务，就是要钻一行精一行，对待自己的工作勤勤恳恳、兢兢业业，一丝不苟，认真负责。敬业是从业者基于对职业的敬畏和热爱而产生的一种全身心投入的认真尽责的职业精神状态。敬业是中国人的传统美德，也是社会主义核心价值观的基本要求之一。

2. 精益求精

精益求精是从业者对每件产品、每道工序都凝神聚力、精益求精、追求极致的职业品质。老子曰："天下大事，必作于细。"精益求精是工匠精神的核心，一个人之所以能够成为工匠，就在于对产品品质的追求从不停止，不惜花费大量的时间和精力，反复改进产品。对于"工匠"来说，产品的品质只有更好，没有最好。

3. 持续专注

持续专注是创新的力量之源，也是精益求精、爱岗敬业的力量之源。专注就是要踏实严谨，一丝不苟。在工作中应该严格遵循工作标准，杜绝粗心大意，认真对待每个环节，每个环节都按要求做到位，因为细节决定成败，细节成就伟大。

4. 守正创新

所谓"守正"，即恪守正道，按规章制度行事。

工匠精神强调执着、坚持、专注甚至陶醉、痴迷，但绝不等同于因循守旧的"匠气"，其中包括追求突破、追求革新的创新内蕴。工匠精神强调把匠心融入生产的每个环节，既要敬畏职业、精益求精，又要有创新活力。事实上，古往今来，热衷于创新和发明的工匠一直是世界科技进步的重要推动力量。

习近平总书记指出："工业强国都是技师技工的大国，我们要有很强的技术工人队伍。"党的十八大以来，我国技能人才工作取得积极进展，各项政策措施不断完善，工匠精神逐渐深入人心。新时代，要让"蓝领"变"金领"，就要"尊其位、重其禄、显其名"，让青春在卓绝的技能中闪闪发光。

4.4 劳动精神、劳模精神、工匠精神的关系

劳动精神、劳模精神、工匠精神，是广大劳动群众在从事社会生产的劳动实践中锤炼形成的，是我们弥足珍贵的精神财富。我们应该以习近平总书记关于劳动精神、劳模精神、工匠精神的系列重要讲话作为重要遵循，深刻领会科学内涵及其相互关系，通过传承弘扬劳动精神、劳模精神、工匠精神，助力实现中华民族伟大复兴的中国梦。

榜样的力量是无穷的，大力弘扬劳模精神、劳动精神、工匠精神，对培养德智体美劳全面发展的社会主义建设者和接班人，对全面建成小康社会、坚持和发展中国特色社会主义具有重要价值。

他们在平凡的岗位上创造了不平凡的业绩，用实际行动书写着中华民族艰苦奋斗、自强不息的崇高品格，发扬了劳模精神、劳动精神、工匠精神。勤劳奋进的亿万劳动群众，用双手和智慧托举起民族复兴的伟业。

1. 劳动精神和劳模精神的关系

劳动精神和劳模精神是整体和部分的关系。从主体上看，劳模精神的主体是劳模群体，劳动精神的主体是所有劳动者，而劳模群体是广大劳动者群体中的佼佼者和杰出代表，也是广大劳动者学习的榜样和楷模。劳模的本意就是劳动者的模范。劳模群体是劳动者群体中的一部分。从这个意义上讲，劳模精神也是劳动精神的一部分。劳动精神是做一名合格的劳动者应该有的精神，劳模精神则是成为劳模必须有的精神。做劳动者不合格，做劳模更不可能。没有劳动精神，很难有劳模精神。所以，劳动精神应该成为所有劳动者必须拥有的精神。劳模精神也是所有劳动者都应该学习的精神。二者同时存在方向和基础的关系。劳模精神是方向，劳动精神是基础。

2. 劳动精神和工匠精神的关系

劳动精神和工匠精神是共性和个性的关系。劳动精神是所有劳动者的共性，每一位劳动者都应该有劳动精神。工匠精神则揭示了不甘于平庸的劳动者的个性，是成就优秀劳动者的必要条件。个性不仅是产品和企业的核心竞争力，也是劳动者的核心竞争力。这里所说的劳动者的个性主要是指劳动者在自我超越过程中彰显出的个人优势及其精神状态，也就是工匠精神。换句话讲，没有工匠精神的劳动者很难有出色的成就和骄人的业绩。精益求精、追求极致是工匠精神的核心，也是成就杰出劳动者的根源。当然，如果工匠精神成就的劳动者不仅大大超越了过去的自己，也大大超越了别人，在企业、行业、全国乃至全世界都成为优秀的劳动者，他就会成为别人学习的榜样和楷模，最终成为劳模，劳模精神随之产生。这时候三个精神就都出现了。

3. 劳模精神和工匠精神的关系

劳模精神和工匠精神是外力和内力的关系。劳模精神是所有劳动者都应该学习的精神，是影响和引领每一位劳动者从平凡走向不平凡的外力。劳模精神从外部影响每一位劳动者学先进、做先进。工匠精神则是每一位劳动者都应该具有的精神，是激发和激励每一位劳动者不断挑战自我和超越自我的内力。工匠精神从内部唤醒每一位劳动者，使其不断成为最好的自己。劳模精神是超越别人的精神，因为劳模就是从很多劳动者中脱颖而出的。工匠精神是超越自己的精神。世上最大的对手不是别人，而是自己，战胜了自己，就战胜了一切。工匠精神是让劳动者成为自己的劳模，劳模精神是让劳动者成为别人的劳模。一个人做不了自己的劳模，也很难成为别人的劳模。工匠精神点亮了自己的生命，劳模精神则照亮了别人的生命。

4.5 习近平总书记大力弘扬劳模精神、劳动精神、工匠精神

劳动创造幸福，实干成就伟业。党的十八大以来，习近平总书记多次围绕劳模精神、劳动精神、工匠精神等进行深刻论述，内涵丰富、思想深邃。

1. 习近平总书记关于弘扬劳动精神的重要论述

要在学生中弘扬劳动精神，教育引导学生崇尚劳动、尊重劳动，懂得劳动最光荣、劳动最崇高、劳动最伟大、劳动最美丽的道理，长大后能够辛勤劳动、诚实劳动、创造性劳动。

——2018年9月10日，习近平总书记在全国教育大会上的讲话

请扫描二维码4-1，浏览电子活页，重温习近平总书记关于弘扬劳动精神的重要论述。

2. 习近平总书记关于弘扬劳模精神的重要论述

"爱岗敬业、争创一流，艰苦奋斗、勇于创新，淡泊名利、甘于奉献"的劳模精神，生动诠释了社会主义核心价值观，是我们的宝贵精神财富和强大精神力量。

——2015年4月28日，习近平总书记在庆祝"五一"国际劳动节暨表彰全国劳动模范和先进工作者大会上的讲话

请扫描二维码4-2，浏览电子活页，重温习近平总书记关于弘扬劳模精神的重要论述。

3. 习近平总书记关于弘扬工匠精神的重要论述

在长期实践中，我们培育形成了爱岗敬业、争创一流、艰苦奋斗、勇于创新、淡泊名利、甘于奉献的劳模精神，崇尚劳动、热爱劳动、辛勤劳动、诚实劳动的劳动精神，执着专注、精益求精、一丝不苟、追求卓越的工匠精神。劳模精神、劳动精神、工匠精神是以爱国主义为核心的民族精神和以改革创新为核心的时代精神的生动体现，是鼓舞全党全国各族人民风雨无阻、勇敢前进的强大精神动力。

——2020年11月24日，习近平总书记在全国劳动模范和先进工作者表彰大会上的讲话

请扫描二维码 4-3，浏览电子活页，重温习近平总书记关于弘扬工匠精神的重要论述。

❓【专题探讨】

【专题 4-1】大力弘扬劳模精神、劳动精神、工匠精神

【内容摘要】

在新征程上，大力弘扬劳模精神、劳动精神、工匠精神，对激励和鼓舞全党全国各族人民更加奋发有为地投身全面建设社会主义现代化国家伟大实践，具有十分重要的意义。

社会主义是干出来的，新时代是奋斗出来的。人世间的美好梦想，只有通过诚实劳动才能实现；发展中的各种难题，只有通过诚实劳动才能破解；生命里的一切辉煌，只有通过诚实劳动才能铸就。实现中华民族伟大复兴的中国梦，在根本上要靠全体人民的劳动、创造、奉献。在新征程上，必须大力弘扬劳模精神、劳动精神、工匠精神，进一步激发见贤思齐的正能量，焕发劳动奋进的精气神。

（1）大力弘扬劳模精神、劳动精神、工匠精神，干一行，爱一行，钻一行。

（2）大力弘扬劳模精神、劳动精神、工匠精神，永葆奋斗激情，勇于开拓创新。

（3）大力弘扬劳模精神、劳动精神、工匠精神，自觉把人生理想融入党和人民的事业之中。

这是一个呼唤劳动创造、鼓励拼搏进取的时代，也是一个有机会干事创业，更能干成事业的时代。让我们大力弘扬劳模精神、劳动精神、工匠精神，用劳动托举复兴的梦想，靠双手开创更好的明天。

【思考探讨】

请扫描二维码 4-4，认真阅读电子活页"大力弘扬劳模精神、劳动精神、工匠精神"，以小组为单位，使用思维导图梳理作者的主要观点。

【专题 4-2】劳动成就梦想——劳动精神述评

【内容摘要】

日复一日，年复一年，在中华大地上，千千万万的劳动者耕耘着，创造着，用汗水和心血浇灌着劳动的果实，实现着人生的价值。

中华民族是勤于劳动、善于创造的民族。正是因为劳动创造，我们拥有了历史的辉煌；也正是因为劳动创造，我们拥有了今天的成就。如今，踏上新征程的我们，仍然需要大力弘扬劳动精神，继续奋斗，勇往直前，为实现第二个百年奋斗目标而不懈努力。

（1）崇尚劳动。

劳动创造财富，劳动者在劳动中体现出的坚守与热爱，更是一笔无与伦比的财富。他们

让我们相信，有梦想，有机会，有奋斗，一切美好的东西都能够创造出来。

（2）热爱劳动。

热爱劳动、热爱创造，通过劳动和创造播种希望、收获果实，也通过劳动和创造磨炼意志、提高自己。在党的领导下，一代代勤于劳动、善于劳动的高素质劳动者层出不穷，一曲曲豪迈激越、铿锵有力的新时代劳动者之歌响彻云霄。

（3）辛勤劳动。

获得感、幸福感无疑使"劳动"这个词更富有吸引力，让辛勤劳动更有价值。而劳动者的获得感、幸福感最终会转化成经济社会发展新的强大动力，中国共产党必将带领中国人民创造出新的"中国奇迹"。

（4）诚实劳动。

我们崇尚劳动、尊重劳动，就要诚实地付出劳动、从事劳动。以诚为先、以诚为重、以诚为美，这才是劳动应有之义。

今日中国，崇尚劳动、热爱劳动、辛勤劳动、诚实劳动的劳动精神已经成为民族精神和时代精神的重要组成部分，成为中国共产党人精神谱系的重要内容之一。

【思考探讨】

请扫描二维码4-5，认真阅读电子活页"劳动成就梦想——劳动精神述评"，以小组为单位，使用思维导图梳理作者的主要观点。

【专题4-3】在全社会弘扬劳动精神

【内容摘要】

千行百业的繁荣，千家万户的美好，都镌刻着劳动的印记。劳动是一切幸福的源泉，劳动最光荣，劳动最崇高，劳动最伟大，劳动最美丽。

奋进强国建设、民族复兴的新征程，在全社会弘扬劳动精神，意义重大而深远。

无论是物质财富还是精神财富，都必须靠劳动来创造。劳动创造价值，一个国家无论发展到什么阶段都要崇尚勤劳致富。

全面建成社会主义现代化强国，从根本上靠劳动、靠劳动者创造。

人民创造历史，劳动开创未来。

【思考探讨】

请扫描二维码4-6，认真阅读电子活页"在全社会弘扬劳动精神"，以小组为单位，使用思维导图梳理作者的主要观点。

【专题4-4】大力弘扬劳动精神

【内容摘要】

深入挖掘中华优秀传统文化中蕴含的劳动基因，全面把握劳动精神的时代内涵，在全社会大力弘扬劳动精神，具有极其重要的理论意义与实践价值。

"一勤天下无难事。"劳动精神是中华民族显著的精神标识，中华优秀传统文化的根脉中内蕴着勤于劳动的基因。

"劳动是一切价值的创造者。"马克思主义劳动观是劳动精神形成的理论基石。

"劳动最光荣，劳动最崇高，劳动最伟大，劳动最美丽。"中国共产党人是劳动精神的积极倡导者和自觉践行者。

社会主义是干出来的，新时代是奋斗出来的。

营造崇尚劳动的浓厚氛围。人类是劳动创造的，社会是劳动创造的。

劳动是创造物质财富和精神财富的过程，只有热爱劳动、热爱劳动人民，才会自觉自愿、积极主动地从事劳动实践，才能真正认识到劳动的价值，才能真正懂得劳动是一切幸福的源泉，也才能最终做到劳动不仅是谋生的手段，而且成为生活的第一需要。

锤炼辛勤劳动的意志品质。幸福生活不会从天而降，美好生活靠辛勤劳动创造。

锻造诚实劳动的优良品德。诚实劳动既是一种踏实的工作态度，又是一种优良的道德品格。

【思考探讨】

请扫描二维码 4-7，认真阅读电子活页"大力弘扬劳动精神"，以小组为单位，使用思维导图梳理作者的主要观点。

【专题 4-5】勤奋工作，踏实劳动——劳动精神述评

【内容摘要】

民生在勤，勤则不匮。

在历史长河中，中华民族勤于劳动、勇于奋斗，创造出灿烂的文明，历经沧桑而生生不息。回望百年，在中国共产党的坚强领导下，广大劳动者辛勤劳作、艰苦奋斗，谱写出"换了人间"的壮丽史诗。

习近平总书记在 2020 年全国劳动模范和先进工作者表彰大会上，精辟论述了劳动精神"崇尚劳动、热爱劳动、辛勤劳动、诚实劳动"的内涵。我们坚信，在新征程上，劳动精神必将激励全体劳动者用汗水浇灌收获，以实干笃定前行，谱写新的时代华章。

社会主义是干出来的。从烽火连天的革命年代到如火如荼的建设岁月，再到波澜壮阔的改革大潮，长期以来，在党的领导下，我国工人阶级和广大劳动群众始终站在时代前列，用汗水和智慧奏响"咱们工人有力量"的主旋律。

一切幸福都源于劳动和创造。回首奋斗路，是中国共产党带领工人阶级和广大劳动群众，以劳动托起中国梦。在全面建成小康社会的伟大征程上，劳动者以脚踏实地的努力、毫不懈怠的拼搏，一步一个脚印地迈向幸福新生活。

劳动开创未来，奋斗成就梦想。如今，在古老的神州大地上，梦想与希望扬帆起航，正向着第二个百年奋斗目标迈进。广大劳动者必将继续发扬伟大的劳动精神，使出"一个汗珠摔八瓣"的干劲，以奋斗为笔、用汗水作墨，挥毫绘就美好的生活新画卷。

（来源：新华网，内容有删减）

【思考探讨】

请扫描二维码 4-8，认真阅读电子活页"勤奋工作，踏实劳动——劳动精神述评"，以小组为单位，使用思维导图梳理作者的主要观点。

【专题 4-6】弘扬劳动精神的意蕴

【内容摘要】

伟大实践孕育伟大精神，伟大精神引领伟大实践。在长期实践中，我们培育形成了崇尚劳动、热爱劳动、辛勤劳动、诚实劳动的劳动精神。劳动精神是中国共产党人精神谱系的重要内容，是以爱国主义为核心的民族精神和以改革创新为核心的时代精神的生动体现，意蕴丰富，历久弥新。中华民族创造的优秀传统文化是其思想源泉，马克思主义经典作家的劳动学说是其理论指南，中国共产党率领中国人民百年来的英勇奋斗是其实践基础。习近平总书记指出，劳动创造了中华民族，造就了中华民族的辉煌历史，也必将创造出中华民族的光明未来。全体社会成员应弘扬劳动精神，在崇尚劳动中树立劳动观念，在热爱劳动中培养劳动态度，在辛勤劳动中淬炼劳动能力，在诚实劳动中锻造劳动品德，奏响新时代劳动凯歌，朝着全面建成社会主义现代化强国的奋斗目标不断前进。

【思考探讨】

请扫描二维码 4-9，认真阅读电子活页"弘扬劳动精神的意蕴"，以小组为单位，使用思维导图梳理作者的主要观点。

【专题 4-7】对劳动精神的时代呼唤

【内容摘要】

1. 劳动精神的内涵

劳动精神是关于劳动的理念认知和行为实践的集中体现，在理念认知上表现为全社会尊重劳动、崇尚劳动、热爱劳动，在行为实践上表现为劳动者辛勤劳动、诚实劳动、创造性劳动。两者构成劳动精神内涵的整体。

2. 提出和弘扬劳动精神的意义

劳动精神是对广大劳动者劳动实践的高度肯定与科学总结。
劳动精神是对马克思主义劳动价值论、劳动观的丰富和发展。
劳动精神是社会主义核心价值观的应有之义，与劳模精神、工匠精神相互包容。

3. 弘扬和践行劳动精神的途径

尊重劳动者主体地位，体现劳动价值。
把握为实现中国梦而奋斗的时代主题，让劳动成为每个人的自觉行动。

维护劳动者合法权益，保护劳动者的积极性、主动性、创造性。

形成以辛勤劳动为荣、以好逸恶劳为耻的舆论导向，营造良好的社会风尚。

（来源：《工人日报》）

【思考探讨】

请扫描二维码4-10，认真阅读电子活页"对劳动精神的时代呼唤"，以小组为单位，使用思维导图梳理作者的主要观点。

【专题4-8】爱岗敬业、争创一流——劳模精神述评

【内容摘要】

1. 劳模是什么

劳模是民族的精英、人民的楷模，是共和国的功臣。

2. 劳模精神是什么

劳模精神是爱岗敬业、争创一流、艰苦奋斗、勇于创新、淡泊名利、甘于奉献。

3. 爱岗敬业、争创一流——不变的奋斗底色

伟大出自平凡，英雄来自人民。

在劳模身上体现了一以贯之的强烈的主人翁事业心和责任感、勇攀高峰的坚定志向和坚韧品格，以及崇尚劳动、恪尽职守的高尚情操。

时代在变，奋斗的底色永远不变。

4. 艰苦奋斗、勇于创新——不变的奋斗情怀

社会主义是干出来的，新时代是奋斗出来的。

5. 淡泊名利、甘于奉献——不变的奋斗品格

立足本职、淡泊名利、爱岗奉献，这是一代代劳模的奋斗品格。

6. 伟大出自平凡，平凡造就伟大

人民创造历史，劳动开创未来。在劳模精神激励下，千千万万劳动者正在各自的岗位上埋头苦干，将自己的拼搏付出、奋发进取汇聚成实现中华民族伟大复兴的磅礴力量。

【思考探讨】

请扫描二维码4-11，认真阅读电子活页"爱岗敬业、争创一流——劳模精神述评"，以小组为单位，使用思维导图梳理作者的主要观点。

弘扬劳动精神，激发劳动热情　模块 4

【专题 4-9】在平凡的岗位上创造不平凡的业绩——劳模精神述评

【内容摘要】

他们，来自不同行业领域，在平凡中创造非凡；他们铸就的精神，是我们极为宝贵的精神财富。赵占魁、王崇伦、时传祥、王进喜、袁隆平、钟南山、郭明义、贾立群、孙泽洲……一个个熠熠生辉的名字，烛照民族复兴伟大征程。

工厂、医院、乡间、社区，在神州大地的每一个角落，广大劳动模范与亿万劳动者一起，胼手胝足、挥汗如雨地辛勤劳作，托举起一个充满活力的中国。

全面建设社会主义现代化国家、实现中华民族伟大复兴，我们要尊敬劳动模范，弘扬劳模精神，以辛勤劳动和不懈奋斗，在新征程中融入大我、成就自我、实现价值，在平凡的岗位上创造不平凡的业绩。

传承弘扬劳模精神，奉献热血和生命、青春和才智，脚踏实地把每一件事做好，新时代的每一位劳动者都将牢记习近平总书记的嘱托，踏上新征程，扬帆再出发。

【思考探讨】

请扫描二维码 4-12，认真阅读电子活页"在平凡的岗位上创造不平凡的业绩——劳模精神述评"，以小组为单位，使用思维导图梳理作者的主要观点。

【专题 4-10】精益求精，勇于创新——工匠精神述评

【内容摘要】

劳动者的素质对一个国家、一个民族发展至关重要。无论是传统制造业还是新兴产业，无论是工业经济还是数字经济，工匠始终是产业发展的重要力量，工匠精神始终是创新创业的重要精神源泉。

时代发展，需要大国工匠；迈向新征程，需要大力弘扬工匠精神。

（1）精益求精，擎起"中国制造"。

（2）创新突破，诠释"中国创造"。

（3）薪火接续，传承"中国风范"。

"择一事终一生"的执着专注，"干一行专一行"的精益求精，"偏毫厘不敢安"的一丝不苟，"千万锤成一器"的追求卓越……我们相信，以工匠精神激励更多劳动者争做高技能人才，用实干成就梦想，必将汇聚起推进高质量发展的坚实力量，在新征程上创造新的辉煌。

【思考探讨】

请扫描二维码 4-13，认真阅读电子活页"精益求精，勇于创新——工匠精神述评"，以小组为单位，使用思维导图梳理作者的主要观点。

— 111 —

【专题 4-11】在全社会弘扬工匠精神

【内容摘要】

1. 工匠精神为社会发展进步提供了强大精神动力

伟大精神的诞生，必然要以伟大的实践作为现实土壤。在中国共产党领导的血与火的革命中、在如火如荼的建设中、在意气风发的改革中，涌现出了一大批辛勤付出、无私奉献甚至不畏牺牲的工匠，具有无产阶级和社会主义性质的工匠精神应运而生。

2. 工匠精神激励广大劳动者立志成为高技能人才和大国工匠

"执着专注、精益求精、一丝不苟、追求卓越"，这 16 个字生动概括了工匠精神的深刻内涵，激励广大劳动者走技能成才、技能报国之路，成为高技能人才和大国工匠。

执着专注，是工匠的本分。

精益求精，是工匠的追求。

一丝不苟，是工匠的作风。

追求卓越，是工匠的使命。

3. 无论从事什么劳动，都要干一行，爱一行，钻一行

匠心聚，百业兴。当今世界，综合国力的竞争归根到底是人才的竞争、劳动者素质的竞争。面对日趋激烈的国际竞争，一个国家发展能否抢占先机、赢得主动，越来越取决于国民素质，特别是广大劳动者的素质。

【思考探讨】

请扫描二维码 4-14，认真阅读电子活页"在全社会弘扬工匠精神"，以小组为单位，使用思维导图梳理作者的主要观点。

【专题 4-12】大力弘扬工匠精神，培养更多高技能人才和大国工匠

【内容摘要】

干一行，爱一行，钻一行，精一行。在长期实践中，我们培育形成了执着专注、精益求精、一丝不苟、追求卓越的工匠精神。

劳动者素质对一个国家、一个民族发展至关重要。当今世界，综合国力的竞争归根到底是人才的竞争、劳动者素质的竞争。

只有大力弘扬工匠精神，培养更多高素质技术技能人才、能工巧匠、大国工匠，才能为全面建设社会主义现代化国家、实现中华民族伟大复兴的中国梦提供有力人才和技能支撑。

"心心在一艺，其艺必工；心心在一职，其职必举。"大力弘扬工匠精神，需要褒扬工匠情怀、厚植工匠文化，引领劳动者在本行业和本领域担大任、干大事、成大器、立大功。"择一事终一生"的执着专注，"干一行钻一行"的精益求精，"偏毫厘不敢安"的一丝不苟，"千

万锤成一器"的卓越追求……无论从事什么劳动，都要以勤学长知识、以苦练精技术、以创新求突破，努力成为知识型、技能型、创新型劳动者。

【思考探讨】

请扫描二维码4-15，认真阅读电子活页"大力弘扬工匠精神，培养更多高技能人才和大国工匠"，以小组为单位，使用思维导图梳理作者的主要观点。

【专题4-13】如切如磋，如琢如磨——工匠精神述评

【内容摘要】

我国自古就有尊崇和弘扬工匠精神的传统。《诗经》中的"如切如磋，如琢如磨"，反映的就是古代工匠在雕琢器物时执着专注的工作态度。"庖丁解牛""巧夺天工""匠心独运""技近乎道"……经过千年岁月洗礼，这种精益求精的精神品质早已融入中华民族的文化血液。

当今时代，传统意义上的工匠虽然日益减少，但工匠精神在各行各业传承不息。小到一颗螺丝钉、一块智能芯片，大到卫星、火箭、高铁、航母，它们背后都离不开新时代劳动者身体力行的工匠精神。

奋斗创造历史，实干成就未来。在中华民族伟大复兴的征程上，我们更需锻造灼灼匠心，在平凡岗位上创造不凡，用干劲、闯劲、钻劲谱写美好生活的新篇章，让新时代工匠精神激励鼓舞更多的人。

【思考探讨】

请扫描二维码4-16，认真阅读电子活页"如切如磋，如琢如磨——工匠精神述评"，以小组为单位，使用思维导图梳理作者的主要观点。

【专题4-14】各行各业都需要弘扬工匠精神

【内容摘要】

在新时代大力弘扬工匠精神，对于推动我国经济高质量发展具有重要意义。

（1）弘扬工匠精神是推动人类进步的重要力量。

（2）弘扬工匠精神是实现制造业转型升级的重要基础。

（3）弘扬工匠精神是培养尊崇劳动、积极奉献的社会风尚的具体实践。

只有大力弘扬工匠精神，培养更多高素质技术技能人才、能工巧匠、大国工匠，才能为全面建设社会主义现代化国家、实现中华民族伟大复兴的中国梦提供有力的人才和技能支撑。

践行工匠精神，要坚持不忘初心、永远奋斗的理想信念。

践行工匠精神，要把握爱岗敬业、无私奉献的思想内涵。

践行工匠精神，要践行持续专注、开拓创新的行动要义。

践行工匠精神，要探寻精益求精、追求极致的理想目标。

践行工匠精神，要打造推陈出新、薪火相传的团队文化。

伟大事业孕育伟大精神，伟大精神引领伟大事业。在开启全面建设社会主义现代化国家的新征程上，我们每个人需要主动践行、弘扬工匠精神，做到致真、致诚、致用、致新、致善、致美、致勤、致劳，为实现中国梦做出更大的贡献。

【思考探讨】

请扫描二维码 4-17，认真阅读电子活页"各行各业都需要弘扬工匠精神"，以小组为单位，使用思维导图梳理作者的主要观点。

【榜样激励】

【榜样 4-1】王进喜：宁肯少活二十年

【事迹简介】

王进喜，甘肃玉门人，是新中国第一批石油钻探工人，全国著名的劳动模范。1938 年，15 岁的王进喜进入玉门石油公司当工人，新中国成立后历任玉门石油管理局钻井队队长、大庆油田 1205 钻井队队长、大庆油田钻井指挥部副指挥。

1956 年，王进喜加入中国共产党。他率领 1205 钻井队艰苦创业，打出了大庆第一口油井，并创造了年进尺 10 万米的世界钻井纪录，展现了大庆石油工人的气概，为我国石油事业立下了汗马功劳，成为我国工业战线一面火红的旗帜。

王进喜以"宁可少活二十年，拼命也要拿下大油田"的顽强意志和冲天干劲，被誉为油田铁人。1959 年，王进喜在全国"群英会"上被授予"全国先进生产者"称号。

王进喜干工作处处从国家利益着想，重视调查研究，依靠群众加快油田建设。他艰苦奋斗，勤俭办企业，有条件上，没有条件创造条件也要上。他建立责任制，认真负责，严把油田质量关。他留下的"铁人精神"和"大庆经验"成为我国社会主义建设的宝贵财富。

王进喜身上体现出来的"铁人精神"，激励了一代代的石油工人。"铁人"不仅是工人阶级的先锋战士、共产党人的楷模，更是为国家分忧解难、为民族争光、顶天立地的民族英雄。

【思考探讨】

（1）以小组为单位，使用思维导图梳理铁人王进喜的先进事迹。
（2）王进喜有哪些值得我们学习的精神品质和技术技能特长？

【榜样4-2】栾玉帅：努力奔跑的每一步都值得

【事迹简介】

2023年6月15日晚，阿根廷与澳大利亚男子国家队足球友谊赛在北京工人体育场打响，一位快递小哥在开球仪式中为球王梅西送球并挥手加油，获得广泛关注。

这位迅速走红社交网络的京东快递小哥名叫栾玉帅，被人们称为"跑得最快的快递小哥"，他也是2023年"全国五一劳动奖章"获得者。

8年来，他从街头巷尾跑上马拉松赛场，跑上冬奥会火炬接力的赛道，又"跑"进了人民大会堂，在赢得客户信任的同时，也收获了自己的成长。

栾玉帅老家在吉林省集安市的山区。

初来北京，栾玉帅只是想临时找份工作落脚，没想到快递小哥这份职业一干就是8年。

在栾玉帅看来，每一件包裹都是客户急需或期盼已久的，所以日常送件能跑绝对不会走。一位老街坊曾这样评价栾玉帅："他在楼下按完门禁按钮我就可以去开门了，这时他刚好到三楼我家门口。"

刚入行时，栾玉帅发现，虽然自己脚下更快，但和一些老员工相比，送的件数不仅少，而且用时长。后来，他经常向老员工请教，不断优化路线，很快就总结出提升配送效率的经验技巧。

"客户总是希望自己的快递越快越好，提前1小时送到，不但客户满意度高，还能用节省出来的时间去开发新客户。"不到一年，栾玉帅就成了站点里的"单王"。有一年的"双十一"，他一天送出600多单，创下了站点纪录。

2017年，栾玉帅第一次接触马拉松便爱上了这项运动。通过跑马拉松，原本内向自卑的栾玉帅变得更加自信开朗。

在2021年的北京半程马拉松比赛中，栾玉帅跑出了非职业选手第一名的好成绩，成为跑友圈里的"大神"。

如今，送快递和跑步成了栾玉帅人生中不可或缺且相互成就的两件大事。

2023年"五一"前夕，栾玉帅"跑"进了人民大会堂。他和来自各行各业的劳动者代表一起在人民大会堂接受表彰，迎来职业生涯的高光时刻。

看着胸前闪亮的"全国五一劳动奖章"，栾玉帅激动地说："入行8年，我见证了快递行业的发展变化，也感受到了社会对快递小哥的尊重和认可，我为自己的职业感到自豪。"

"生活就像一场马拉松，需要拼搏奋斗，更需要永不言弃的坚持，努力奔跑的每一步都值得。"栾玉帅对记者说。

（来源：《工人日报》，内容有删减）

【思考探讨】

（1）以小组为单位，使用思维导图梳理栾玉帅的先进事迹。

（2）栾玉帅有哪些值得我们学习的精神品质和技术技能特长？

【榜样 4-3】李万君：让每一个焊件都成为艺术品

【事迹简介】

两根直径仅有 3.2 毫米的不锈钢丝瞬间被分毫不差地对接焊在一起，无须打磨，焊接处与钢丝直径完全一致，根本看不出是焊上的。

这是中车长春轨道客车股份有限公司（以下简称"长客"）一线技术工人李万君进行焊接操作时的一个画面。多年来，李万君在轨道客车焊接领域创造了一个又一个奇迹，被誉为"高铁焊接大师"。他掌握的手工焊接技术代表着转向架构架手工焊接的世界最高水平，他拥有碳钢、不锈钢等 6 项国际焊接资质证书，他发明的 20 多项操作法累计为企业节省资金近千万元。

为了练就一身好本领，一些用过的边角废料成了李万君的宝贝。每天，他都找到五六十斤，让当刨工的父亲帮他加工成坡口试验片，然后起早贪黑地练，平均一天要焊掉近 300 根焊条。"厂里要求每人每月焊 100 个水箱，我总会多焊 20 个。"李万君说。

在上班的第二年，李万君凭借高超的焊接技术在车间比赛中轻松夺冠。从 1997 年至 2007 年，他三次代表长客出征长春市焊工大赛，连续三次获得第一名。

2007 年，作为全国铁路大提速的主力车型，从法国阿尔斯通引进的时速 250 千米动车组在长客试制生产。列车转向架横梁与侧梁间的接触环口是承载整车约 50 吨重量的关键受力点，也是决定列车能否实现速度等级提升的核心部件，按常规焊法，因焊接段数多，接头易出现不熔合的缺陷，质量根本无法保证，一时成为阻碍生产的拦路虎。

"能否一枪把这个环口焊下来呢？"李万君的想法，连法国专家都认为匪夷所思——周长 600 毫米的环口周围，有横梁和其他障碍绊脚，就算拿毛笔围着走一圈，沿环口画出的笔锋粗细都无法保证均匀一致，更别说提着焊枪了。

艺高人胆大的李万君决心一试。他在模型上反复演练，一边沿着环口不断变换体态、步伐和呼吸频率，一边端住焊枪匀速往复摆动，随时调整电流电压，精准控制熔池温度。经过一个多月的摸索，他终于交出了合格的样品，经超声波检测和射线探伤，焊缝被证明完美无缺。

李万君立足于此，归纳总结出了"环口焊接七步操作法"。掌握该操作法后，每个成熟焊工都能将"卡脖子"的环口焊接一气呵成，并保证质量，这项创新技术被迅速纳入长客生产工艺文件中。"变中国制造为中国创造，不能光靠有限的科研人员，我们每一个技术工人都要争当创新主角。"李万君说，"这就好比我们生产的动车组，节节都给力，动车才精彩。"

随着李万君焊接技能的不断提高，荣誉纷至沓来——全国劳动模范、"全国五一劳动奖章"获得者、吉林省高级专家、全国技术能手……李万君的名气越来越大。如今，在公司的支持下，李万君陆续制定了《转向架铆焊工标准操作手册》《各种车型焊缝接头的修磨标准》《焊接艺术化标准》，把自身严谨的质量追求变成了广大焊工的操作规范。

"制造高铁，必须表里如一，不能有丝毫瑕疵，还要美观整齐，要让每一个焊件都成为艺术品。"这是李万君心中的中国制造和中国标准。

（来源：《光明日报》，内容有删减）

【思考探讨】

（1）以小组为单位，使用思维导图梳理李万君的先进事迹和主要贡献。
（2）李万君有哪些值得我们学习的精神品质和技术技能特长？

【榜样 4-4】李杰：治疗井下设备的矿山"华佗"

【事迹简介】

"PLC 编程""变频拔轮器""转载溜单轨吊改进吊挂装置"……一说到自己的专业技术，李杰就开始打开了话匣子。他是山西阳煤集团三矿机电动力部综采维修电工高级技师，20 年来，提出合理化建议 186 条，被采纳 116 条，被工人们称为"治疗"井下设备的矿山"华佗"。

1997 年，李杰毕业后到阳煤集团三矿二号井综采三队当维修电工，经过十几年坚持不懈地学习，取得高级技师职称。2008 年至 2011 年，他连续 4 年获得"阳煤集团优秀高技能人才"光荣称号。

一次，煤矿首次使用端头架，原厂生产的固定装置和实际生产条件不配套，电缆经常被挤破。李杰提出"端头架电缆固定装置的改造""生产溜机头的电缆固定装置"等合理化建议，并制出图纸，改装固定装置，有效地保护了电缆线路，减少了电缆挤破现象，避免了因更换电缆造成的成本浪费，节约电缆成本 360 余万元。

现在，李杰是电机维修的技术"大拿"，名声在外，有什么不好解决的技术问题，大家都喜欢找他帮忙。不仅如此，随着阳煤集团三矿高标准现代化矿井建设的升级，一批新设备投入使用，李杰利用自己的工作室践行"传帮带"，培养出一批综采设备设施维护方面的优秀技术人员，为企业安全高效生产发挥了重要作用。

【思考探讨】

李杰有哪些值得我们学习的精神品质和技术技能特长？

【情怀涵养】

【案例 4-1】大力弘扬劳动精神，勤于创造勇于奋斗

习近平总书记指出："在我们社会主义国家，一切劳动，无论是体力劳动还是脑力劳动，都值得尊重和鼓励；一切创造，无论是个人创造还是集体创造，也都值得尊重和鼓励。"在长期实践中，我们培育形成的崇尚劳动、热爱劳动、辛勤劳动、诚实劳动的劳动精神，丰富了民族精神和时代精神的内涵，成为中国共产党人精神谱系的重要组成部分。在神州大地上，人们深刻体会到劳动没有高低贵贱之分，任何一份职业都很光荣；社会主义是干出来的，新时代是奋斗出来的，人民的幸福生活是靠一点一滴的创造得来的；只要踏实劳动、勤勉劳动，在平凡岗位上也能干出不平凡的业绩。在前进道路上，无论时代条件如何变化，我们始终都要崇尚劳动、尊重劳动者，发扬光大劳动精神。

【写与拍】

（1）请扫描二维码 4-18，认真阅读电子活页"大力弘扬劳动精神，勤于创造勇于奋斗"。

（2）请扫描二维码 4-19，认真观看视频"那个闪光的你"。

（3）以"绽放更多光芒"为主题撰写心得体会，表达自己的真情实感，并开展主题演讲活动。

（4）将镜头对准劳动者的劳动场景，拍摄照片和视频，记录劳动者感人的瞬间。

【案例 4-2】致敬这一双双劳动者的手

伟大出自平凡，平凡造就伟大。

在我们身边，有许许多多平凡而又普通的劳动者，他们活跃在各行各业，用双手创造属于自己的幸福，创造属于新时代的华章。

他们的双手或灵巧，或粗糙，或有力……每一双手的背后是汗水和泪水，也是光荣和梦想。他们每一个人都应得到尊重，每一份劳动成果都应受到珍惜。

今天是他们的节日，我们选择致敬每一位劳动者，致敬他们的坚持和奋斗！我们感谢每一位劳动者，感谢他们用双手创造未来！

【写与拍】

（1）请扫描二维码 4-20，认真阅读电子活页"致敬这一双双劳动者的手"。

（2）请扫描二维码 4-21，认真观看视频"一双双平凡的手"。

（3）以"致敬劳动者平凡的手"为主题撰写心得体会，表达自己的真情实感，并开展主题演讲活动。

（4）将镜头对准劳动者的劳动场景，拍摄照片和视频，记录劳动者感人的瞬间。

【案例 4-3】汗水映焊花，热浪铸匠心

焊工是一份不容易的工作，需要耐心和技巧。在高温、高压的环境下，他们不断地奔波、操作着电焊设备，为确保焊接质量付出了许多汗水和辛劳。

尽管如此，焊工们依然默默无闻地坚守在岗位上，用双手打造美好的未来。

每一根焊接线里面都蕴含着焊工的心血和智慧。他们严格控制操作的温度、速度和角度，精确地处理每一个细节，保证了焊接的质量。

辛勤的焊工们，你们点亮的是金属焊接的火花，更是生命的火花。

让我们向辛勤的焊工们致以崇高的敬意！

【写与拍】

（1）认真阅读本案例的具体内容，然后以"致敬辛勤的焊工"为主题撰写心得体会，表

达自己的真情实感，并开展主题演讲活动。

（2）将镜头对准劳动者的劳动场景，拍摄照片和视频，记录劳动者感人的瞬间。

【案例4-4】震"焊""芯"灵，致敬劳动者——焊工

焊工是一个十分辛苦的职业。他们需要长时间冒着高温、有害气体和辐射进行焊接，经常置身于嘈杂、狭小、有害的环境中工作。可是，他们毫不犹豫地挑战着这些困难和危险，每天都在为我们的生产和生活保驾护航。

正是凭借坚毅的信念，焊工们一次次用手中的焊枪焊接产品、拆装机器、安装设备。他们用汗水和智慧搭建了强大的音乐舞台，架设了高耸入云的电线杆，铺设了流畅的液压管道。他们的技艺和工艺无处不在，成为社会建设的基石。

作为一名焊工，他们不断创新，将传统的焊接技术不断提升，将高科技与手艺完美结合，创造了"定制化"的生产方式，确保每一个焊缝都无懈可击。每次完成一项任务，焊工们的努力与汗水都会化为一份满意和欣慰，他们的工作成果给我们的生活增添了一份精彩和美好。

日落时分，工人还在工地辛勤工作，电焊的火花，是耀眼绚丽的劳动之光。

【说与讲】

请扫描二维码4-22，认真浏览电子活页"致敬劳动者——焊工"。一幅幅"醉美"的照片定格每一个动人的瞬间，说一说观看这些照片后的感想，讲一讲身边焊工的动人故事。

【案例4-5】致敬劳动者——爱岗敬业

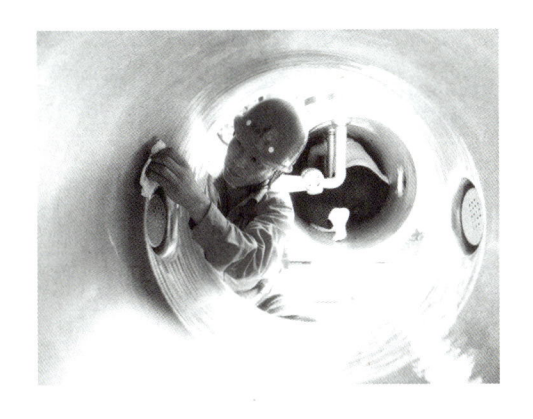

那些一丝不苟、甘于奉献的劳动场景是最美的风景，那些兢兢业业、爱岗敬业的劳动者最值得尊敬。

劳动让中华民族更加灿烂辉煌。敬爱的劳动者纷纷写下了最美的诗篇。劳动模范之所以能够在平凡的岗位上干出突出的业绩，就是因为他们始终有着为祖国、为社会、为人民干好事业的坚定理想信念，在自己的岗位上为社会进步做出积极的贡献。在我们的心中，最美的风景既不是苍茫的大海，也不是无边的草原，而是劳动者的身影。

【说与讲】

爱岗，是他们的职责；敬业，是他们的本分；奉献，是他们崇高的追求。

请扫描二维码4-23，认真浏览电子活页"致敬劳动者——爱岗敬业"。一幅幅"醉美"的照片定格每一个动人的瞬间，说一说观看这些照片后的感想，讲一讲身边劳动者爱岗敬业的动人故事。

【案例4-6】致敬劳动者——匠人、匠心

匠人指那些对自己所做的事情有极高追求的人，代表以工匠精神为核心的职业精神。匠心则指他们在工作中体现的精湛技艺、高超水准和无懈可击的态度，是一种不服输、不断追求进步的精神力量。

每个城市都离不开那些身影，是他们用勤劳的双手创造了美好的生活，他们的每一滴汗水都应该被时光铭记。致敬匠人、匠心，致敬劳动之魂！劳动最光荣！

匠人用时间、汗水、智慧锤炼出一件件精湛的工艺品。匠心更是一种在细微处体现出的文化品质，让人们观之赏之的佳作。

匠人的匠心体现在方方面面：从匠人的脸上可以看到他们对工作的热爱；从他们的动作可以看到他们对每一道工序严谨认真的态度；从他们的作品可以看到他们对品质的执着追求；从他们日复一日、年复一年的耕耘可以看到他们对技艺不断探索研究、永不停息的精神。

【说与讲】

匠人的匠心是一种传统、一种文化、一种智慧。匠人用一生的时光传承着历史,传承着技艺,传承着文化。

我们学习匠人的匠心,因为它能够鼓舞我们的斗志和信心,激发我们的创造力和创新能力,培养我们的职业精神和工匠精神。让我们在工作中不断追求卓越,做出最好的自己。

请扫描二维码4-24,认真浏览电子活页"致敬劳动者——匠人、匠心"。一幅幅"醉美"的照片定格每一个动人的瞬间,说一说观看这些照片后的感想,讲一讲身边匠人的动人故事。

【案例4-7】致敬劳动者——严谨专注,精益求精

"天下大事,必作于细。"在我国广大一线技术工人中,涌现出一大批以苦为乐、勤学技术、苦练本领、执着专注、追求卓越的高技能人才。正是以干一行、爱一行、钻一行的精神做支撑,在他们的巧手之下,"慧眼"卫星遨游太空,"奋斗者号"载人潜水深探万米海底,"复兴号"高铁疾驰南北,港珠澳大桥全线贯通……科学和技术密不可分,再高端的技术、再先进的设备,科技含量再高的产品,都离不开技术工人。

执着专注、精益求精、一丝不苟、追求卓越的工匠精神,既是中华民族世代传承的价值理念,又是我们立足新发展阶段、贯彻新发展理念、构建新发展格局、推动高质量发展的时代需要。

【说与讲】

大国工匠在平凡的岗位上默默坚守,努力工作,追求职业技能的完美和极致。

请扫描二维码4-25,认真浏览电子活页"致敬劳动者——严谨专注,精益求精"。一幅幅"醉美"的照片定格每一个动人的瞬间,说一说观看这些照片后的感想,讲一讲身边劳动者严谨专注、精益求精的动人故事。

【任务实战】

【任务 4-1】品读好文，撰写感想

《人民日报》、新华社、《光明日报》等中央权威媒体针对劳模精神、劳动精神、工匠精神发表了以下精彩文章。

（1）关于劳模精神。
① 《劳模精神 光耀神州》（《人民日报》）
② 《必须大力弘扬劳模精神、发挥劳模作用》（《人民日报》）
③ 《爱岗敬业、争创一流——劳模精神述评》（新华社）
④ 《在平凡的岗位上创造不平凡的业绩——劳模精神述评》（《光明日报》）

（2）关于劳动精神。
① 《弘扬劳动精神 创造美好生活》（《人民日报》）
② 《大力弘扬劳动精神，勤于创造勇于奋斗》（《人民日报》）
③ 《勤奋工作 踏实劳动——劳模精神述评》（新华社）
④ 《劳动成就梦想——劳模精神述评》（《光明日报》）

（3）关于工匠精神。
① 《在全社会弘扬工匠精神》（《人民日报》）
② 《大力弘扬工匠精神，培养更多高技能人才和大国工匠》（《人民日报》）
③ 《精益求精 勇于创新——劳模精神述评》（新华社）
④ 《如切如磋 如琢如磨——劳模精神述评》（《光明日报》）

【思考探讨】

上网找到这些优秀文章，认真品读并撰写心得体会，表达自己的真情实感。

【任务 4-2】弘扬劳动精神，创造美好未来

习近平总书记在党的二十大报告中提出："在全社会弘扬劳动精神、奋斗精神、奉献精神、创造精神、勤俭节约精神，培育时代新风新貌。"在长期实践中，我们培育形成了崇尚劳动、热爱劳动、辛勤劳动、诚实劳动的劳动精神。中国特色社会主义进入新时代，在改革开放和社会主义现代化事业取得巨大成就、新时代党的建设新的伟大工程取得巨大成效的背景下，面对世界百年未有之大变局，为全面建设社会主义现代化国家、为全面推进中华民族伟大复兴，必须大力弘扬劳动精神。坚定信念、铁心劲气，勤劳奋斗、创新创业，以更加饱满的热情推动社会主义现代化事业蓬勃发展。

……

当前，世界之变、时代之变、历史之变正以前所未有的方式展开，身处这样一个伟大的时代，普通劳动者不仅能干事业，而且能干成事业的时代，我们要弘扬劳动精神，以坚定顽

强的信念、过硬扎实的本领、脚踏实地的作风，起而行之，拧成一股绳，铆足一股劲，在不变中坚守初心，在变化中接续奋斗；在成长中磨炼自我，在挑战中迎难而上，用劳动的汗水创造美好未来！

【思考探讨】

（1）请扫描二维码 4-26，认真阅读电子活页"弘扬劳动精神，创造美好未来"。

（2）请扫描二维码 4-27，认真观看视频"致敬每一位劳动者"。

（3）以"倡导踏实敬业的工作态度"为主题撰写心得体会，表达自己的真情实感，并开展主题演讲活动。

【任务 4-3】悟透工匠精神的内涵，培育与传承工匠精神

工匠精神包含丰富的内涵，涵盖思想态度、素养品德、职业操守、文化氛围等多个层面，具体表述为"精于工、匠于心、品于行、化于文"。

（1）精于工。它是一种精神，即对产品精雕细琢，对工作精益求精，把事情做到极致、做到完美，甚至一辈子专心致志就做一件事情。理念直接影响职业认知，工匠精神价值取向的确立，会在无形中强化工匠的职业认同感和归属感，从而转化为实践精神，开展技术攻关。

（2）匠于心。它是一种创新，即工作要独具匠心，要有巧妙独到的心思，在技巧和艺术方面有创造性、开拓性。工匠精神是传承技艺，更是创造未来。工匠们需要在坚实的技术基础上具备敢为人先、勇攀高峰的胆识与勇气，善于将经验技艺与先进科技相结合，积极推陈出新，勇于攻坚克难，敢于在探索中不断进步。

（3）品于行。它是一种品行，就是在平凡的岗位上吃苦耐劳、勤勤恳恳、尽力尽职，将以技能报国的理想落实到具体行动中，努力提高生产中的工艺精细化水平，严谨对待每一个流程、每一个环节，在最细微处见真章，认真雕塑自己的工匠人生。工匠精神外化到行为层面，主要表现为对工艺的用心钻研、及时反思、反复改进、总结升华，从而体现出强大的行动力和执行力，促进产品质量的提升。

（4）化于文。它是一种文化。当前，国家大力提倡工匠精神，就是要让工匠精神在全社会受到尊敬与推崇，让精益求精的精神成为社会发展的准则。工匠精神上升到社会层面，会使企业经济效益和社会效益整体提升，形成良性竞争，推动社会可持续发展。

对工匠精神的内涵有以下多种解释。

（1）精益求精、持之以恒、爱岗敬业、守正创新。

（2）爱岗敬业的职业精神、精益求精的品质精神、协作共进的团队精神、追求卓越的创新精神。

（3）在思想层面，爱岗敬业，无私奉献；在行为层面，开拓创新，持续专注；在目标层面，精益求精，追求极致。

（4）工匠精神就是追求卓越的创造精神、精益求精的品质精神、用户至上的服务精神。

（5）工匠精神是一种精神，也是一种品质，一种追求和一种氛围。其包括以下几个精神：爱岗敬业、无私奉献的孺子牛精神；善于学习，勤于攻关的金刚钻精神；专心致志、精益求

精的鲁班精神；百折不挠、坚忍不拔的苦行僧精神；传承技术、传播技能的园丁精神；打造品牌、追求卓越的弄潮精神。

【思考探讨】

（1）请扫描二维码4-28，认真观看视频"致敬每一位用心的劳动者"，然后对照以上关于工匠精神内涵的多种说法，谈谈如何理解工匠精神的内涵、为什么要弘扬工匠精神、怎样弘扬工匠精神。

（2）分析自己的理想追求、性格特点、品德修养、处事风格、知识技能等方面，谈谈大学期间应该如何扬长避短，不断提升职业素养、努力培育工匠精神，以在未来的职场中立于不败之地。

【任务4-4】探讨"一屋不扫，何以扫天下"这一说法

东汉太傅陈蕃的祖父曾任河东太守，不过到了陈蕃一辈，家道中落，不再威显乡里。15岁时，陈蕃曾经独处一个庭院习读诗书。一天，父亲的老朋友薛勤来看他，看到院里杂草丛生、秽物满地，就对他说："孺子何不洒扫，以待宾客？"陈蕃当即回答："大丈夫处世，当扫除天下，安事一室乎！"这回答让薛勤暗自吃惊，知道陈蕃胸怀大志。薛勤感叹之余，劝他道："一屋不扫，何以扫天下？"薛勤激励他从小事做起，从身边事做起。没想到，这句话竟成了后人的教育名言，用以激励他人从小事、从身边事做起。

我们不能光有远大的理想抱负而忽视了基础，只有打好基础，建筑才会稳固。同样，只有劳动精神永流芳，社会才会不断地进步，人民的生活水平才能稳步提高，社会才会更加和谐美好。让我们携起手来共创财富，共同让劳动精神的源泉充分涌流。

【思考探讨】

请扫描二维码4-29，认真观看视频"1小时的劳动"，然后针对"一屋不扫，何以扫天下"这一说法，谈谈自己的看法。

【成果展示】

学习与借鉴国内高校打造劳动教育品牌、开展劳动教育月（周）等方面的优秀成果，了解或探析所在学校在弘扬劳动精神、激发劳动热情等方面的典型做法，通过多种途径总结与推广所在学校的相关经验。

【成果4-1】中南财经政法大学打造劳动教育品牌

【成果概要】

自2020年11月印发《中南财经政法大学关于全面加强新时代大学生劳动教育的实施方案》以来，中南财经政法大学按照"五个一"（一门劳动教育示范课程、一周劳动实践项目、

一套校园劳动文化活动、一批劳动教育实践基地、一份劳动教育综合档案）劳动教育工作体系建设规划，切实将劳动教育融入同学们的日常生活、课程学习、志愿服务、社会实践、社团活动之中。

"五个一"劳动教育工作体系切实将"五育并举"理念融入人才培养全过程，形成具有中南财经政法大学特色的劳动教育品牌。让我们一起爱生活、爱学习、爱奉献、爱创造，时刻不忘劳动最光荣、劳动最崇高、劳动最伟大、劳动最美丽。

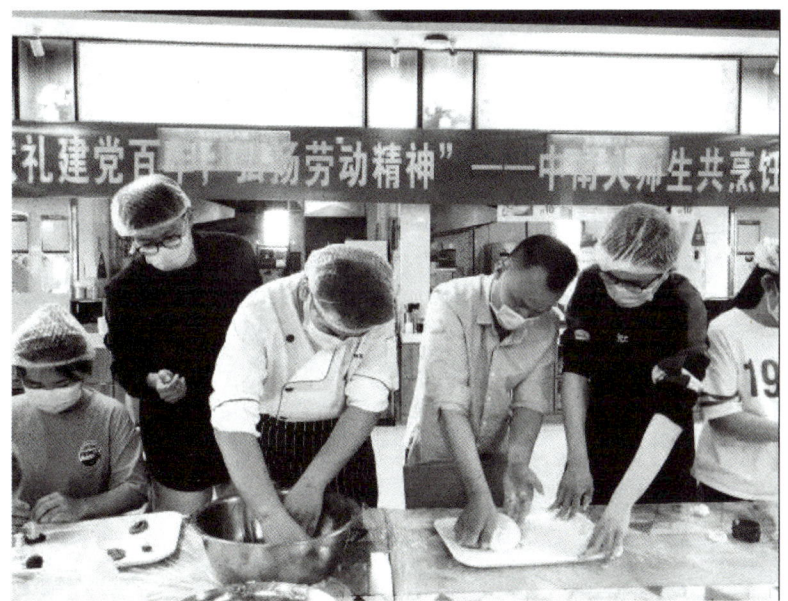

【成果应用】

（1）请扫描二维码4-30，认真阅读并熟知电子活页"中南财经政法大学这样打造劳动教育品牌"的具体内容。

（2）探析中南财经政法大学打造的劳动教育品牌有哪些创新点。

（3）总结中南财经政法大学在劳动教育实施中有哪些经验值得其他院校借鉴和推广。

【成果4-2】西南财经大学劳动教育月：用劳动赋能西财青年

【成果概要】

在 2022 年"五一"国际劳动节来临之际，西南财经大学组织开展劳动教育月系列活动，举办形式多样、特色鲜明、载体丰富的劳动教育实践活动。全校广大学生参与其中，在主题宣讲中领悟劳动精神，在手机镜头中捕捉劳动之美，在"耕读田园"间出力流汗，在手工劳动中感受传统工艺魅力，校园里洋溢着崇尚劳动、投身劳动的热潮和喜悦。

学校高度重视新时代大学生劳动教育，全面深入开展劳动教育，积极探索劳动教育新样态、新举措，扎实推进具有西南财经大学特色的"5+4+4"大学生劳动教育体系建设。劳动教育月围绕劳动技能训练营和"四大矩阵"实践等平台，持续开展劳动教育活动，将劳动教育融入校园生活，大力培育"勤俭、奋斗、创新、奉献"的劳动精神，引导学生在全方位、多层次、立体化的劳动教育实践中，锤炼出过硬的素质，全面发展，为培养爱劳动、会劳动、

懂劳动的新时代中国青年蓄力赋能。

【成果应用】

（1）请扫描二维码 4-31，认真阅读并熟知电子活页"西南财经大学劳动教育月：用劳动赋能西财青年"的具体内容。

（2）探析西南财经大学组织开展的劳动教育月有哪些创新点。

（3）总结西南财经大学在劳动教育实施中有哪些经验值得其他院校借鉴和推广。

模块 5　体悟劳动魅力，感受劳动价值

劳动是生命的最美绽放，劳动是历史的进步动力。劳动创造幸福，奋斗体现价值，实干铸就梦想，平凡诠释伟大。劳动是一个人的立身之本，是一切幸福的源泉，也是一个国家的立国之基，是一切强盛的根本。

正是无数的劳动者，让我们的生活变得方便、整洁、有秩序。同样，我们也可以通过自己力所能及的劳动，让我们的生活更加美好。放眼神州大地，各行各业广大劳动者积极投身全面建设社会主义现代化国家的火热实践，努力推动中华民族复兴号巨轮乘风破浪、行稳致远。

尊重劳动，尊重普通劳动者，牢固树立劳动最光荣、劳动最崇高、劳动最伟大、劳动最美丽的思想观念。作为当代大学生，我们生活在国富民强的新时代，更应该知道正是因为劳动创造，我们拥有了辉煌的历史，也正是因为劳动创造，我们拥有了今天的成就。所以，我们应该保持终身劳动的习惯，敢于挑战、勇于担当，在实践中增长才干和本领，立足于生活，立足于专业，通过劳动去实现自己的人生目标。

【知识学习】

【箴言金句】

是劳动，建成了今天的万丈高楼；是劳动，筑就了现代化的信息高速公路；是劳动，让偌大的地球变成了一个小小的村落；是劳动，使浩瀚的荒原变成了亩亩良田。

劳动是艰苦的，成果是甘甜的；没有辛苦的劳动，就没有甘甜的果实。尊严靠劳动争取，财富因劳动产生。世界因劳动而改变，生活因劳动而美丽。

5.1　习近平总书记关于劳动价值的重要论述

人民创造历史，劳动开创未来。劳动是推动人类社会进步的根本力量。幸福不会从天而降，梦想不会自动成真。实现我们的奋斗目标，开创我们的美好未来，必须紧紧依靠人民、始终为了人民，必须依靠辛勤劳动、诚实劳动、创造性劳动。我们说"空谈误国，实干兴邦"，实干首先就要脚踏实地劳动。

——2013 年 4 月 28 日，习近平总书记在同全国劳动模范代表座谈时的讲话

请扫描二维码 5-1，浏览电子活页，重温习近平总书记关于劳动价值的重要论述。

5.2　习近平总书记寄语劳动者

素质是立身之基，技能是立业之本。广大劳动群众要勤于学习，学文化、学科学、学技能、学各方面知识，不断提高综合素质，练就过硬本领。要立足岗位学，向师傅学，向同事学，向书本学，向实践学。三百六十行，行行出状元。任何一名劳动者，无论从事的劳动技术含量如何，只要勤于学习、善于实践，在工作上兢兢业业、精益求精，就一定能够造就闪光的人生。

——2016年4月26日，习近平总书记在知识分子、劳动模范、青年代表座谈会上的讲话

广大劳动群众要立足本职岗位诚实劳动。无论从事什么劳动，都要干一行、爱一行、钻一行。在工厂车间，就要弘扬"工匠精神"，精心打磨每一个零部件，生产优质的产品。在田间地头，就要精心耕作，努力赢得丰收。在商场店铺，就要笑迎天下客，童叟无欺，提供优质的服务。只要踏实劳动、勤勉劳动，在平凡岗位上也能干出不平凡的业绩。

——2016年4月26日，习近平总书记在知识分子、劳动模范、青年代表座谈会上的讲话

劳动者素质对一个国家、一个民族发展至关重要。劳动者的知识和才能积累越多，创造能力就越大。提高包括广大劳动者在内的全民族文明素质，是民族发展的长远大计。面对日趋激烈的国际竞争，一个国家发展能否抢占先机、赢得主动，越来越取决于国民素质特别是广大劳动者素质。要实施职工素质建设工程，推动建设宏大的知识型、技术型、创新型劳动者大军。

——2015年4月28日，习近平总书记在庆祝"五一"国际劳动节暨表彰全国劳动模范和先进工作者大会上的讲话

历史赋予工人阶级和广大劳动群众伟大而艰巨的使命，时代召唤工人阶级和广大劳动群众谱写壮丽而崭新的篇章。我国工人阶级和广大劳动群众一定要以国家主人翁姿态，积极投身经济社会发展的火热实践，为共同创造我们的幸福生活和美好未来做出新的贡献。

——2015年4月28日，习近平总书记在庆祝"五一"国际劳动节暨表彰全国劳动模范和先进工作者大会上的讲话

三百六十行，行行出状元。任何一名劳动者，要想在百舸争流、千帆竞发的洪流中勇立潮头，在不进则退、不强则弱的竞争中赢得优势，在报效祖国、服务人民的人生中有所作为，就要孜孜不倦学习、勤勉奋发干事。一切劳动者，只要肯学肯干肯钻研，练就一身真本领，掌握一手好技术，就能立足岗位成长成才，就都能在劳动中发现广阔的天地，在劳动中体现价值、展现风采、感受快乐。

——2015年4月28日，习近平总书记在庆祝"五一"国际劳动节暨表彰全国劳动模范和先进工作者大会上的讲话

请扫描二维码5-2，浏览与学习电子活页"习近平关心关怀劳动者的故事"。

5.3　习近平总书记关于构建和谐劳动关系的重要论述

我们要倡导勤劳俭朴、努力奋进的社会风气，让所有人的劳动成果得到尊重。要着力解

决贫困、失业、收入差距拉大等问题，照顾好弱势人群的关切，促进社会公平正义。

——2017年1月17日，习近平总书记在世界经济论坛2017年年会开幕式上的主旨演讲

党和国家要实施积极的就业政策，创造更多就业岗位，改善就业环境，提高就业质量，不断增加劳动者特别是一线劳动者劳动报酬。要建立健全党和政府主导的维护群众权益机制，抓住劳动就业、技能培训、收入分配、社会保障、安全卫生等问题，关注一线职工、农民工、困难职工等群体，完善制度，排除阻碍劳动者参与发展、分享发展成果的障碍，努力让劳动者实现体面劳动、全面发展。要面对面、心贴心、实打实做好群众工作，把人民群众安危冷暖放在心上，雪中送炭，纾难解困，扎扎实实解决好群众最关心最直接最现实的利益问题、最困难最忧虑最急迫的实际问题。

——2015年4月28日，习近平总书记在庆祝"五一"国际劳动节暨表彰全国劳动模范和先进工作者大会上的讲话

劳动关系是最基本的社会关系之一。要最大限度增加和谐因素、最大限度减少不和谐因素，构建和发展和谐劳动关系，促进社会和谐。要依法保障职工基本权益，健全劳动关系协调机制，及时正确处理劳动关系矛盾纠纷。我国工人阶级和广大劳动群众要发扬识大体、顾大局的光荣传统，正确认识和对待改革发展过程中利益关系和利益格局的调整，正确处理个人利益和集体利益、局部利益和全局利益、眼前利益和长远利益的关系，树立法治观念，增强法律意识，自觉维护社会和谐稳定。

——2015年4月28日，习近平总书记在庆祝"五一"国际劳动节暨表彰全国劳动模范和先进工作者大会上的讲话

全社会都要贯彻尊重劳动、尊重知识、尊重人才、尊重创造的重大方针，维护和发展劳动者的利益，保障劳动者的权利。要坚持社会公平正义，排除阻碍劳动者参与发展、分享发展成果的障碍，努力让劳动者实现体面劳动、全面发展。全社会都要热爱劳动，以辛勤劳动为荣，以好逸恶劳为耻。

——2013年4月28日，习近平总书记在同全国劳动模范代表座谈时的讲话

要把竭诚为职工群众服务作为工会一切工作的出发点和落脚点，全心全意为广大职工群众服务，认真倾听职工群众呼声，维护好广大职工群众包括农民工合法权益，扎扎实实为职工群众做好事、办实事、解难事，不断促进社会主义和谐劳动关系。

——2013年4月28日，习近平总书记在同全国劳动模范代表座谈时的讲话

破除妨碍劳动力、人才社会性流动的体制机制弊端，使人人都有通过辛勤劳动实现自身发展的机会。完善政府、工会、企业共同参与的协商协调机制，构建和谐劳动关系。坚持按劳分配原则，完善按要素分配的体制机制，促进收入分配更合理、更有序。鼓励勤劳守法致富，扩大中等收入群体，增加低收入者收入，调节过高收入，取缔非法收入。坚持在经济增长的同时实现居民收入同步增长、在劳动生产率提高的同时实现劳动报酬同步提高。拓宽居民劳动收入和财产性收入渠道。履行好政府再分配调节职能，加快推进基本公共服务均等化，缩小收入分配差距。

——2017年10月18日，习近平总书记在中国共产党第十九次全国代表大会上的报告

【专题探讨】

【专题 5-1】勤劳是中华民族的传统美德

【内容摘要】

中华民族向来重视对勤劳美德的培养,并将之看成是修身、齐家和治国的重要途径。进入新时代,我们更应该树立正确的劳动价值观,弘扬勤劳美德,创造美好生活。

勤劳是中华民族千百年来的行为倡导和传统美德。

勤劳是古代人民创造生活和文明的基本力量和重要内核。

勤劳是新时代接续奋斗的重要品格和精神力量。

【思考探讨】

请扫描二维码 5-3,认真阅读电子活页"勤劳是中华民族的传统美德",以小组为单位,使用思维导图梳理作者的主要观点。

【专题 5-2】致敬新时代的普通劳动者

【内容摘要】

无论是科学家、工程师、设计师,还是建筑工、泥瓦匠、快递员,以及千千万万的农民工,劳动者是他们共同的名字。每一朵竞相盛放的劳动之花,都值得被尊重、被赞美。

在共和国历史上,曾涌现出许许多多普通劳动者的代表,他们干一行、爱一行,钻一行、精一行,带动群众锐意进取、积极投身改革开放和社会主义现代化建设,为国家和人民建立了杰出功勋。

时代在变,劳动岗位在变,劳动方式也在变,但不变的是"劳动者最光荣"。劳动者的光荣,不仅在于一分耕耘一分收获,更在于为他人、为社会所做的一切。

社会主义是干出来的,新时代是奋斗出来的。进入新时代,我们依然需要大力弘扬劳模精神、劳动精神、工匠精神。

【思考探讨】

请扫描二维码 5-4,认真阅读电子活页"致敬新时代的普通劳动者",以小组为单位,使用思维导图梳理作者的主要观点。

【榜样激励】

【榜样 5-1】马恒昌："喊破嗓子，不如做出样子！"

【事迹简介】

马恒昌（1907—1985），辽宁辽阳人，全国劳动模范。1948 年入沈阳第五机器厂当工人。新中国成立后，历任齐齐哈尔市第二机床厂车间主任、总机械师、党委副书记、顾问，"马恒昌小组"创始人。

"马恒昌小组"以金属加工技术精湛著称，并首先提出了"工人参与企业管理，做企业主人"的理念，依靠"劳动竞赛、民主管理、技术革新"三大法宝，开创了中国工业企业班组建设的先河。从 1950 年至 1978 年，"马恒昌小组"实现技术革新 840 多项，创造性地运用了自动套扣、联合车刀、带窝顶尖等 109 项国际先进经验。

29 年中，"马恒昌小组"为国家培养输送了几百名领导干部和技术工人，成为全国机械工业战线上的排头兵。

2019 年 9 月，马恒昌被授予"最美奋斗者"称号。

【思考探讨】

（1）以小组为单位，使用思维导图梳理新中国第一代全国劳动模范马恒昌的先进事迹和主要贡献。

（2）马恒昌有哪些值得我们学习的精神品质和技术技能特长？

【榜样 5-2】许振超：干就干一流，争就争第一

【事迹简介】

许振超，山东荣成人。1974 年，只有初中文化的许振超成为青岛港的一名码头工人。他肯钻研、技术好，经过苦练，熟练掌握了各类桥吊的技术数据和机械性能，多次打破集装箱装卸世界纪录，是践行工匠精神的优秀代表。作为新时期中国产业工人的楷模，2009 年，许振超当选为"100 位新中国成立以来感动中国人物"。2018 年 12 月，许振超作为践行工匠精神的优秀代表，被中共中央、国务院授予"改革先锋"称号。

许振超常说，是时代催着他学，催着他进步。

1984 年，34 岁的许振超被选为青岛港第一批集装箱桥吊司机。当时，桥吊的核心技术掌握在国外厂家手中，机器因故障停机时，企业只能高薪聘请外国专家来修理。面对技术难

题，许振超心里涌起一股冲劲，想要改变外方垄断技术的局面。他开始用每天下班的时间钻研桥吊控制板，一笔一笔绘制电路图。他读过的各类书籍有2000多册，写了近80万字的读书笔记。

凭着这股劲儿和日夜苦学钻研，许振超从一名普通工人成长为一名专业桥吊专家，练就了"一钩准""一钩净""无声响操作"等绝活，并亲手创造出"王啸飞燕""显新穿针"等一大批工人品牌。

"干就干一流，争就争第一"是许振超的座右铭。2003年4月27日，在"地中海法米娅"轮的装卸作业中，许振超团队创造了每小时单机效率70.3个自然箱和单船效率339个自然箱的世界集装箱装卸纪录。

此后，他们又先后9次刷新集装箱装卸世界纪录，使"振超效率"成为港航界的一块金字招牌，也成为中国港口领先世界的生动例证。

许振超始终有着明确的人生追求："咱当不了科学家，也要练就一身绝活，做个能工巧匠，无愧于时代，无愧于港口的培养。"

在港口生产方式由劳动密集型向技术密集型重大转变的过程中，经过多次试验，许振超在冷藏集装箱上加装了节电器，全年节约电费600多万元；他领衔组织实施了轮胎吊"油改电"技术改造，填补了技术空白，年节约资金2000万元以上，噪声和尾气排放接近于零。

【思考探讨】

（1）以小组为单位，使用思维导图梳理许振超的先进事迹和主要贡献。
（2）许振超有哪些值得我们学习的精神品质和技术技能特长？

【榜样5-3】巨晓林：信仰之光照亮奋斗之路

【事迹简介】

干了30多年的铁路接触网施工，他记下了近300万字的笔记；虽然只有高中学历，但他编撰的《接触网施工经验和方法》成为铁路施工一线"宝典"；参加10多项国家铁路重点工程建设，创新施工方法143项；他身高只有1.62米，却被工友们称为"小巨人"。他就是巨晓林，中国中铁电气化局集团第一工程有限公司技术员。

1987年的春天，巨晓林第一次坐上火车，前往中铁电气化局集团第一工程有限公司三段铁路工地上班，自此和铁路电气化建设结下不解之缘。刚上班，巨晓林看着一张张犹如天书的施工图纸和一堆堆叫不上名称的接触网零部件直发蒙。他白天跟着师傅学，晚上攥着师傅问，营地熄灯以后，还悄悄地打着手电筒学习。有工友问他："你就是一个农民工，学那玩意儿干啥？"他说："干，就要干好！咱农民工也要努力学技术，成为懂行的人。"

为了掌握施工技术，巨晓林买了30多本专业书，无论工地转移到哪儿，他都把这些书

带在身边。后来，为了支持巨晓林学习，项目部领导打破常规，特批巨晓林宿舍熄灯时间推迟 1 小时。功夫不负有心人。1989 年夏天，巨晓林和工友们在北同蒲铁路工地进行接触网架线作业。当时，每到一个悬挂点，都要有人肩扛电线爬上爬下，十分辛苦。巨晓林想出了"铁丝套挂滑轮"的架线办法，让效率一下提高了两倍。从此，他的工作服口袋里便多了一个小本子，在施工中不管碰到什么问题，都随手记下来。随着我国铁路的快速发展，一批又一批农民工来到铁路电气化工地。巨晓林看到新工友学习接触网技术吃力，便萌生了编写一部工具书的想法，把自己的经验传授给大家。

写书，对他这个高中学历的人来说，就像是攀一座高山。经过 3 年多的艰苦努力，巨晓林终于完成了《接触网施工经验和方法》一书的写作。中铁电气化局组织有关专家对书稿进行科学论证和精心修改，将其编印成书，发到全局数千名接触网工手中。

2010 年 5 月，巨晓林作为高技能人才，被选调到举世瞩目的京沪高铁参加施工技术攻关，公司聘任巨晓林为"工人导师"。巨晓林担任中华全国总工会兼职副主席以后，带领"技能大师工作室"累计取得技术创新成果 346 项，80 多项成果获省部级以上表彰，30 多项成果已在企业得到应用推广，产生直接或间接经济效益 2000 多万元。

巨晓林从普通的农民工成长为国家技能大师、全国劳动模范并参政议政，用实际行动诠释了劳动最光荣、劳动最美丽。

（来源：《北京晚报》）

【思考探讨】

（1）以小组为单位，使用思维导图梳理巨晓林的先进事迹和主要贡献。

（2）巨晓林有哪些值得我们学习的精神品质和技术技能特长？

【榜样 5-4】冯世毅：精于在钢板上飞针走线

【事迹简介】

冯世毅是哈尔滨第一机械集团车辆事业部车体分厂的一名电焊工。自 1992 年以来，他扎根焊接一线，练就高强度特种材料单面焊双面成型、高强度薄板焊接变形矫正等绝活，逐渐成长为中国兵器焊接大工匠。

焊接，是用焊枪在钢板上飞针走线。国之利器，每道工序都不能有丝毫的马虎。经过 20 多年钻研，冯世毅琢磨出六字诀——手稳、心静、眼准。刚工作那会儿，他的手总不自觉地微微颤抖。不服输的冯世毅想出两个土招，有空就练：一是平端板凳扎马步；二是手拿铁丝练准头。

只有吃得了苦，才能创得了新。工厂研制在水面上运输车辆的自行履带式舟桥车，甲板最薄处仅 1.5 毫米，必须攻克薄板焊接变形这一世界性难题。冯世毅带领大伙迎难而上，夜以继日，经过无数次尝试，终于攻克难关，技术国内领先。

冯世毅在实践中干，在理论中悟。近年来，冯世毅先后多次完成国家级科研项目、国庆阅兵项目、国家专项项目等生产试制任务，发表了多篇理论文章，成功申请 4 项国家专利。

"中国兵器关键技能带头人""黑龙江省劳动模范""全国技术能手"等荣誉接踵而至，冯世毅依旧保持初心："我只是一名普通的军工人，干好活是我的本分。"

【思考探讨】

冯世毅有哪些值得我们学习的精神品质和技术技能特长？

【情怀涵养】

在车站、机场、医院、工地、市场……在城市的各个角落都能见到他们的身影。他们爱岗敬业、甘于奉献，长年坚守在一线岗位；他们淡泊名利、从容笃定，默默凝聚起实干的力量；他们勇于创新、精益求精，始终追求技能的精湛。他们在平凡的岗位上坚持内心的价值追求，践行自己的职业初心，用劳动创造了不平凡的业绩。他们就是——劳动者。

【案例5-1】致敬劳动者，讴歌劳动者

每个岗位都不平凡，每个人都不普通。

他们，是"宁愿一人脏，换来万家净"的环卫工人，

是穿行几十米高空的电力工人，

是守护万家团圆的铁路职工，

是几十年风雨无阻的邮递员，

是把沙漠变绿洲的治沙人，

是"不怕苦、不怕累、不怕脏，更不怕麻烦"的扶贫干部。

在这明媚的日子里，

他们坚守在自己的岗位上，

续写着不平凡的故事。

他们是各行各业的劳动者，

他们用实际行动诠释"劳动最光荣"。

正是由于每一位劳动者的辛勤努力，我们才能拥有更加多彩的生活。

千千万万的劳动者编织梦想，播撒希望，托举未来，在平凡中孕育伟大，在耕耘中追求卓越。光荣属于劳动者，幸福属于劳动者！

（1）请扫描二维码5-5，认真阅读电子活页"讴歌劳动者"。

（2）请扫描二维码5-6，认真观看视频"敬劳动者，平凡亦有光"。

（3）请扫描二维码5-7，认真观看视频"每一位劳动者的光荣都值得去赞美"。

（4）请扫描二维码5-8，认真观看视频"我是劳动者"。

（5）请扫描二维码5-9，认真观看视频"致敬每一位平凡的劳动者"。

（6）请扫描二维码5-10，认真观看视频"向每一位劳动者致敬"。

【写与拍】

（1）认真阅读电子活页、观看视频后，以"光荣属于劳动者"为主题撰写心得体会，表达自己的真情实感，并开展主题演讲活动。

（2）将镜头对准劳动者的劳动场景，拍摄照片和视频，记录劳动者感人的瞬间。

【案例 5-2】致敬铁路人——在坚守中绽放流动中国之美

铁路作为国家重要的基础设施、经济发展的先行官，是建设交通强国的重中之重。2023年铁路"五一"小长假运输在 4 月 27 日全面启动。自 2023 年 4 月 27 日至 5 月 4 日，为期 8 天，全国铁路共发送旅客 1.33 亿人次，较 2019 年同期增加 2794 万人次。

在数据背后是铁路人的坚守，普通而又重要的工作岗位激发出每一位劳动者的平凡力量。他们见证了我国铁路交通发展的巨大飞跃，他们默默付出，为推动交通强国建设贡献自己的力量。

每一位铁路人用自己的负重前进、无私坚守，让每一位旅客的旅途更加通畅、更加高效。旅客每一次美好出行体验的背后，都有着太多铁路人不为人知的辛苦和汗水。在祖国超过 14 万千米铁路线的背后，有数不清的人的付出。无论是在寒夜中对铁轨的一次次巡视，还是在车厢内一次次的温馨提醒，驻守在一线的工作者都在用点滴的星火照亮人民幸福的旅程，为每一位旅客守护着前进道路的光明，确保每一位旅客都能平安出行、有序出行、温馨出行。他们用自己的"辛苦指数"换取人民的"幸福指数"。

【写与拍】

（1）请扫描二维码 5-11，认真观看视频"致敬铁路工作者"。

（2）以"在坚守中绽放流动中国之美"为主题撰写心得体会，表达自己的真情实感，并开展主题演讲活动。

（3）将镜头对准劳动者的劳动场景，拍摄照片和视频，记录劳动者感人的瞬间。

【案例 5-3】铁路劳动者的 24 小时

在千里铁道线上，在巍峨的大山里，在通天的桥墩上……有这么一群人，他们是线路工，或者桥隧工，他们用肩膀扛起责任，用汗水浇灌质量，用实际行动确保旅客安全出行。他们是铁路人，更是劳动者。

【写与拍】

（1）请扫描二维码 5-12，认真观看视频"铁路劳动者的 24 小时"。

（2）以"致敬铁路劳动者"为主题撰写心得体会，表达自己的真情实感，并开展主题演讲活动。

（3）将镜头对准劳动者的劳动场景，拍摄照片和视频，记录劳动者感人的瞬间。

【案例 5-4】城市 24 小时——致敬最美劳动者

城市中有这样一些人，从漆黑的凌晨到酷热的正午，从繁忙的下午到寂静的深夜，他们在自己的岗位上辛勤耕耘，无私奉献。正是有了这些默默坚守的人，我们的生活才能平稳、幸福。

【写与拍】

（1）请扫描二维码 5-13，认真观看视频"城市 24 小时——致敬最美劳动者"。

（2）以"致敬最美劳动者"为主题撰写心得体会，表达自己的真情实感，并开展主题演讲活动。

（3）将镜头对准劳动者的劳动场景，拍摄照片和视频，记录劳动者感人的瞬间。

【案例 5-5】致敬每一个努力的你

一天，

24 小时，

1440 分钟，

86400 秒，

各个角落都有忙碌的身影。

他们用自己的双手为城市的正常运转默默奉献，为个人和家庭的幸福生活不懈奋斗。

他们用爱岗敬业的职业操守、精益求精的卓越追求、持之以恒的坚忍品格、甘于奉献的人生境界，熔铸英勇逆行的力量，锻造筑梦未来的匠心。

他们在平凡的岗位上贡献着不平凡的力量。劳动光荣，奋斗最美！

致敬所有奋战在一线的劳动者！

您，辛苦啦！

（1）请扫描二维码 5-14，认真阅读电子活页"致敬每一个努力的你"。

（2）请扫描二维码 5-15，认真观看视频"劳动者平凡的一天"。

（3）请扫描二维码 5-16，认真观看视频"24 小时致敬每一位劳动者"。

（4）请扫描二维码 5-17，认真观看视频"致敬劳动者：他们的 24 小时"。

（5）请扫描二维码 5-18，认真观看视频"劳动者的 24 小时"。

（6）请扫描二维码 5-19，认真观看视频"劳动者的日与夜"。

【写与拍】

(1) 认真阅读电子活页、观看视频后,以"致敬每一个努力的你"为主题撰写心得体会,表达自己的真情实感,并开展主题演讲活动。

(2) 将镜头对准劳动者的劳动场景,拍摄照片和视频,记录劳动者感人的瞬间。

【案例5-6】致敬劳动者——铁路工作者

新时代的蓬勃朝气激励着每一个人。从旅客与货主的美好体验中,从社会各界的纷纷点赞中,从媒体报道的聚焦好评中,在复兴之路上,铁路工作者一次次饱尝奋斗的艰辛和喜悦。从林海雪原到热带丛林,从大漠戈壁到东海之滨,铁路跨越田野阡陌,通达四面八方,创造着美好生活新时空。"坐着高铁看中国",让人们看到了政通人和的万千气象,看到了经济发展的勃勃生机,看到了领跑世界的中国气派。

作为铁路工作者,他们经历了无数个日夜的奋战,却仍然有着像火一样的激情。他们为了国家的建设和发展,为了铁路大动脉的畅通,付出了巨大的代价,吃了许许多多的苦,却仍然废寝忘食地工作着,在铁路建设上付出了全部的心血,贡献了自己全部的青春和汗水。

【说与讲】

请扫描二维码5-20,认真浏览电子活页"致敬劳动者——铁路工作者"。一幅幅"醉美"的照片定格每一个动人的瞬间,说一说观看这些照片后的感想,讲一讲铁路工作者的动人故事。

【案例5-7】致敬劳动者——奋斗在一线的员工

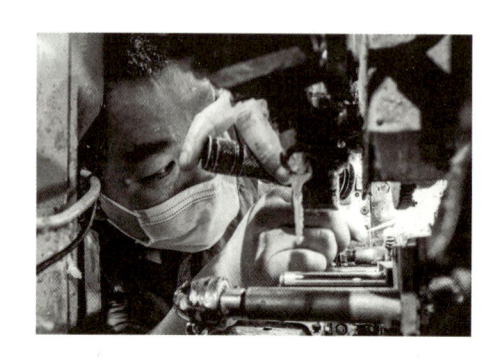

奋斗在一线的员工，他们挥洒着自己的汗水，奔走在辛苦的一线生产岗位。

他们默默无闻地坚守岗位，为社会的稳定和发展做出了自己的贡献。

他们用辛勤的劳动换来了美好的生活，也为国家的繁荣和富强贡献力量。

他们虽然工作辛苦，每天却依然面带微笑，用诚实的工作赢得了认可。

他们没有豪言壮语，也没有惊天动地的事迹，却用尽职尽责、勇于奉献，赢得了赞誉。

【说与讲】

请扫描二维码 5-21，认真浏览电子活页"致敬劳动者——奋斗在一线的员工"。一幅幅"醉美"的照片定格每一个动人的瞬间，说一说观看这些照片后的感想，讲一讲奋斗在一线员工的动人故事。

【案例 5-8】致敬劳动者——平凡岗位上不平凡的她们

她们在各自的岗位上辛勤工作、奋发向上，在每一个平凡的岗位上书写着不平凡的人生华章。她们或是甘于奉献的医护人员，或是业务精湛的工人，或是披荆斩棘的女创业带头人，或是马不停蹄的美团女骑手，或是披星戴月的环卫工人……

不负韶华，奋斗有我。她们用心守护平凡的岗位，以饱满的热情、执着的追求，在各自的一方天地绽放风采。

她们用满腔热血给一个个平凡的岗位注入了女性特有的气质，彰显了她们自强不息、坚韧刚毅、智慧豁达的新时代女性风采！

【说与讲】

请扫描二维码 5-22，认真浏览电子活页"致敬劳动者——平凡岗位上不平凡的她们"。一幅幅"醉美"的照片定格每一个动人的瞬间，说一说观看这些照片后的感想，讲一讲身边的巾帼风采。

【任务实战】

【任务 5-1】开展"发现劳动之美"手机摄影摄像活动

请扫描二维码 5-23，认真观看视频"致敬伟大的劳动者"。
请扫描二维码 5-24，认真观看视频"劳动创造生活"。
请扫描二维码 5-25，认真观看视频"最美劳动者"。
学习这些作品的拍摄手法、拍摄技巧。

【训练提升】

为创新劳动教育形式，引领广大学生积极参加劳动、热爱劳动、歌颂劳动，以班级为单位开展"发现劳动之美"手机摄影摄像活动，用图像和视频等艺术形式，定格每一个动人的瞬间，留下"醉美"的照片和视频，展现劳动之美、劳动者风采。引导广大学生树立正确的劳动观念和劳动意识，大力弘扬劳模精神，营造尊重劳动、热爱劳动、崇尚劳动的良好氛围。

（1）作品要求。

作品内容应展示劳动之美，包括校园田园风光、校园劳动景象、劳动者风采等，如校内日常劳动、生产劳动、服务性劳动、志愿服务、劳动教育基地劳动实战等。作品要求健康向上，有正能量，展示积极向上的劳动风貌。

（2）拍摄要求。

摄影摄像作品必须用手机拍摄，照片或视频必须保留原始信息。

（3）其他要求。

照片或视频必须真实，可以有一定的艺术处理，但不允许使用计算机软件合成。照片必须为原创，作者需要确认其拥有作品著作权。

【任务 5-2】开展宿舍风貌展示活动

干净整洁的环境能够让人心情愉悦，而良好的宿舍环境有利于室友关系的形成和发展，有助于学习效率的提升。

床铺的整齐简洁让整个宿舍显得温馨，充满了家的温暖。整齐的瓶瓶罐罐如同一个个小士兵，有序地排列着，内务体现出室友严谨的作风和利落的性格，宿舍的条理由内到外。干净有序的桌面和整整齐齐的箱子展现了学生宿舍的环境风采，几个箱子紧紧依偎在一起，充满了爱与温馨。一个宿舍的学风往往能影响一个人的学习效率，室友之间互帮互助、相互激励能够促使大家共同进步。

赶快行动起来吧，不断完善、建设良好的宿舍环境，争做文明宿舍，让自己的宿舍变得更加温馨舒适。

【训练提升】

以宿舍为单位开展"宿舍风貌"视频拍摄活动。

（1）作品要求。

视频内容为宿舍风貌展示，要求健康向上，展示整洁、干净、温馨和个性化的宿舍内景及氛围，充分展示宿舍的风貌。在宿舍氛围营造的过程中，应避免乱接乱拉电源插座、使用违规电器，以及其他有安全隐患的情况发生。

（2）拍摄要求。

参赛作品必须用手机拍摄，可对拍摄作品进行后期剪辑、配音、配乐。

（3）其他要求。

参赛作品必须由参赛团队原创，并确认拥有作品著作权。

【任务 5-3】体验劳动者的艰辛，记录最美劳动者的 24 小时

勤劳是中华民族的传统美德，是社会主义核心价值观的体现。2018 年 9 月 10 日，习近平总书记在全国教育大会发表讲话时强调："要在学生中弘扬劳动精神，教育引导学生崇尚劳动、尊重劳动，懂得劳动最光荣、劳动最崇高、劳动最伟大、劳动最美丽的道理，长大后能够辛勤劳动、诚实劳动、创造性劳动。"

【任务 5-3-1】讴歌劳动之美，礼赞劳动光荣

分别扫描对应的二维码，认真阅读以下多篇关于劳动者 24 小时的优秀短文。

1. 24 小时 那些最美的"风景"

有这样一群人，他们总是默默无闻、勤耕不辍，坚守在平凡的岗位上创造价值，书写不凡。他们从不刻意，从不张扬。他们是劳动者中的典型，他们是甘于奉献的模范。

今天，跟随摄影师的镜头，让我们一起致敬一天 24 小时，在不同的时刻，那些穿梭在城市各个角落里最平凡、最美丽的身影。

（二维码 5-26）

2. "冰"与"火"——铁路人的 24 小时

2023 年 1 月 14 日，农历腊月二十三，北方小年，陕西普降大雪，凛冽的寒风席卷着飞雪像刀子一样刮得人脸生疼。临近年根，年味儿越来越浓，各地的火车站也愈发热闹起来。伴随着日升月落，返乡的人们步履匆匆地往返于车站之间，鼓鼓的行囊里满载着一年的收获，期盼着即将与家人的团聚。与此同时，一个个铁路人默默坚守在各自的岗位上，列车呼啸驶过，留下他们渺小而坚定的身影，为这场春运"大考"贡献不可或缺的力量。

……

这是无数铁路人的 24 小时，也是在他们的人生中再平常不过的一天，列车从未停止，他们用坚守与付出，将无数乘客送往旅途的终点。

（二维码 5-27）

3. 365 天，24 小时，武汉地铁人分秒在线

我们的一天
从凌晨十二点开始
隧道里，列车旁，基坑中，塔吊上
手中的校尺是乘客安全出行的保障
脚下的污泥是城市日新月异的根基
眼前的轨道是 460 千米的城市动脉

我们的一天
用热情与微笑传递城市交通的温度
用汗水混合钢筋混凝土浇筑城市未来的模样
用攻坚克难、平凡坚守
托起每一个奋力追逐的梦想

……
是这样一群劳动者
保持劳动姿态，默默坚守
为你
24 小时，千千万万次
（二维码 5-28）

5-28

4. 贵阳地铁人之 24 小时——致敬每一个平凡而闪耀的我们

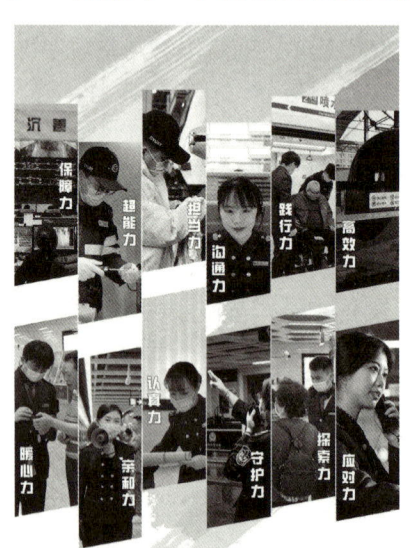

当太阳渐渐苏醒
新的一天就开始了
在这座城市的地下深处
在地铁线路上
电客车缓缓驶出车库
贵阳地铁新一天的运营
也正式开始

今天是"五一"国际劳动节
让我们一起感受贵阳地铁人
用 24 个温暖的片段
定格他们每一个奋斗的瞬间
向"五一"致敬
向每一位贵阳地铁人致敬！
（二维码 5-29）

5. 乐山劳动者的 24 小时——每个奋斗者都值得被看见！

乐山，一天 24 小时，谁是上班最早的人，谁又是下班最晚的人？

任何一个时间，总是有人在无声处默默地工作。看似毫无关联的劳动，却在无形中接力，为我们生活的城市添砖加瓦，为我们共同的城市而努力着……

在这个繁忙的城市里，是否也有你忙碌的身影？
（二维码 5-30）

6. 昭阳 24 小时——劳动者的日与夜

在仓促而又宏大的时代里，每个平凡的人
都在用微光，用从容不迫的力量
把我们的生活一次次照亮
致敬昭阳 24 小时——劳动者的日与夜！
（二维码 5-31）

【训练提升】

（1）以"劳动最光荣、劳动最崇高、劳动最伟大、劳动最美丽"为主题，结合所学专业撰写不少于 1500 字的心得体会，表达自己的真情实感，讴歌劳动之美，礼赞劳动光荣。

（2）将镜头对准劳动者的劳动场景，拍摄照片和视频，记录劳动者感人的瞬间。

【任务 5-3-2】开展记录最美劳动者 24 小时的主题作品征集活动

【训练提升】

开展体验劳动者的艰辛、涵养劳动情感、高树劳动价值的主题作品征集活动，活动的成果以文学作品、摄影作品、视频作品等多种形式来表现主题，展现劳动者的劳动过程、劳动成果及自身的感悟。

对活动成果的要求如下：

（1）文学类作品。

以劳动者的 24 小时等为主题，题目自拟，题材、字数不限。要求做到思想性、艺术性、欣赏性相统一，能广为传播。

（2）摄影类作品。

与劳动者的 24 小时相关的照片，单人照、合照均可（组照以 4～10 幅为宜），图片为 JPEG 格式，单张大于 1MB。作品需配 150 字左右的文字说明（必须有标题），讲述这组作品记录的最美劳动者让你印象深刻的点滴。

（3）视频类作品。

视频必须紧扣"劳动者的 24 小时"这个主题，画面清晰连贯，声音清楚，色彩舒适、构图美观，内容完整，健康向上，生动易懂，配音、字幕清晰无误，生动展现劳动者 24 小时的工作过程与成果，提炼出个人体会与收获。作品必须配 100 字左右的文字说明（必须有标题）。

【任务 5-4】感受劳动魅力，记录最美劳动者的劳动瞬间

劳动开创未来，奋斗成就梦想。

劳动创造幸福，实干成就伟业。

巍巍长城，诉说着古代劳动人民的智慧和勤劳。

葱葱绿林，感怀奉献者的劳动消减了漫天飞扬的黄沙。

是劳动使世界变得多彩。

是劳动将漫漫沙漠变绿洲。

民生在勤，勤则不匮。自力更生、艰苦奋斗是中华民族代代相传、融于血脉的精神基因。崇尚劳动、致敬奋斗始终是中国社会最具代表性的集体共识。

【任务 5-4-1】传承劳动美，致敬劳动者

青春啊，永远是美好的。可是，真正的青春，属于那些永远谦虚的人、永远力争上游的人、永远忘我劳动的人。我们应该将自己的青春奉献给忘我的劳动！在新时代的征程上，我们要更有力地弘扬劳动精神，脚踏实地，锐意进取，不断谱写新时代的劳动者之歌，以劳动托起中国梦，以奋斗成就新光荣。

分别扫描对应的二维码，认真阅读以下多个关于劳动者奋斗故事的优秀短文。

1. 致敬新时代的劳动者

"五一"国际劳动节

向劳动者致敬

今天，新时代的劳动者

孜孜不倦学习、勤勉奋发干事

以求在百舸争流

千帆竞发的洪流中

勇立潮头

在不进则退、不强则弱的竞争中

赢得优势

在报效祖国、服务人民的人生中

有所作为

……

他们用实际行动，弘扬了"崇尚劳动、热爱劳动、辛勤劳动、诚实劳动"的劳动精神、"执着专注、精益求精、一丝不苟、追求卓越"的工匠精神、"爱岗敬业、争创一流、艰苦奋斗、勇于创新、淡泊名利、甘于奉献"的劳模精神。

正是因为劳动创造，我们拥有了历史的辉煌；

也正是因为劳动创造，我们拥有了今天的成就。

致敬新时代的劳动者！

（二维码 5-32）

2. 致敬一线工作者，感谢你们用"汗水"诠释"担当"

连日来

高温天气"炙烤"着大地

全市诸多行业工作者们

头顶烈日坚守在一线

城市的大街小巷留下了他们不惧酷暑的身影

他们用奉献和汗水诠释奋斗的意义

值得我们用镜头

记录他们在高温下的坚守

（二维码 5-33）

3. 劳动节，我在岗！定格最美劳动瞬间

光荣属于劳动者，幸福属于劳动者。城市的平稳运行，离不开每一位平凡而伟大的劳动者。在这个"五一"假期，有人在为如何避开人群出行而烦恼，有人选择在家陪伴家人。然而，有一群人选择留在自己的工作岗位，用坚守诠释了"劳动最光荣"。他们，有的耕耘在田间地头，有的奔忙在城市一线，有的奋战在建设一线……

伟大出自平凡，平凡造就伟大。一个个奋斗者的身影，绘就了最动人的劳动图景，展示着一个奋进的中国。

……

以劳动圆梦，以奋斗起航，每一份美好都靠劳动创造，每一份坚守都写下了值得。

（二维码5-34）

4. "五一"奋斗者图鉴！致敬最美劳动者

劳动最美丽，奋斗最幸福
在"五一"节期间
中国中铁广大一线建设者
默默坚守岗位
用忠诚与汗水书写责任担当
用笑容和自信面对困难挑战
以开路先锋的昂扬姿态
在平凡岗位上书写不平凡的业绩
筑就了一道道亮丽的风景线

……

社会主义是干出来的
幸福是奋斗出来的
向新时代的劳动者致敬
让我们携起手来
踔厉奋发，笃行不怠
加快谱写中国中铁改革发展的新篇章
（二维码5-35）

5. 劳动节：致敬最美的普通劳动者

辛苦劳作，丰收就是财富
坚守岗位，为人民服务
一盏明灯，照亮前方道路
风雨兼程，以安全为己任
兢兢业业，城市的美容师
风雨无阻，穿梭于城市之中
负重前行，保障万家灯火
起早贪黑，肩负家庭责任
（二维码5-36）

【训练提升】

（1）以"劳动最光荣、劳动最崇高、劳动最伟大、劳动最美丽"为主题，结合所学专业撰写不少于500字的心得体会，表达自己的真情实感，传承劳动美，致敬劳动者。

（2）将镜头对准劳动者的劳动场景，拍摄照片和视频，记录劳动者感人的瞬间。

【任务 5-4-2】用形式多样的新媒体作品记录铁路劳动者最美的瞬间

【训练提升】

开展"致敬劳动者，记录最美劳动瞬间"劳动教育主题活动，征集劳动主题教育网文、摄影、短视频、海报等新媒体作品。通过一幅幅作品记录在平凡岗位上奋斗的每一位劳动者，让我们看到他们最美的身影。

聚焦各行各业一线劳动者，包括各行业工人、新就业形态劳动者、城市建设者、维护城市面貌的环卫工人、倾情奉献的人民教师等。将镜头对准各行各业的劳动者，发现劳动之美、建设之美、发展之美，记录他们在各自的岗位上艰辛付出、不懈奋斗，用辛勤的汗水浇灌出的丰硕成绩。教育引导广大学生崇尚劳动、尊重劳动，树立正确劳动观，培育和践行社会主义核心价值观。

以小组为单位完成作品，具体要求如下。

（1）文学类作品。

以劳动者故事、劳动场面等为主题，题目自拟，题材、字数不限。要求做到思想性、艺术性、欣赏性相统一，能广为传播。

（2）摄影类作品。

摄影作品要求统一为 JPEG 格式，不低于 3000 像素，文件不小于 5MB。作者必须保持摄影作品的基本性质，不得使用改变作品真实性的合成制作手法，作品画面中不得添加任何文字、水印和边框。可以提供组照（按顺序编号，4～6 张为一幅）。

（3）短视频作品。

短视频作品以记录劳动场景、劳动过程的内容为主，也可以包括歌曲、诗朗诵、曲艺（除小品外），歌曲时间在 4 分 30 秒以内，诗朗诵时间在 6 分钟以内，曲艺时间在 8 分钟以内。

（4）海报类作品。

以"新时代劳动者之歌"为主题设计制作海报，海报内容主题鲜明、颜色搭配和谐、尺寸设置准确（常用的横版海报尺寸为 900 像素×500 像素，长图海报尺寸为 800 像素×2000 像素）。海报表达的具体内容要精练，要求突出政治性、思想性、纪实性和艺术性，充分发挥海报作品积极向上的导向作用。海报版面以图片为主，以文案为辅。

【成果展示】

学习与借鉴国内高校开展劳动教育主题教育活动、劳动教育系列实践活动等方面的优秀成果，了解或探析所在学校在劳动教育主题教育活动和系列实践活动等方面的典型经验，通过多种途径总结与推广所在学校的相关经验。

【成果 5-1】河海大学物联网工程学院开展"赞劳动·致青春"劳动主题教育活动

【成果概要】

河海大学物联网工程学院组织开展了"赞劳动·致青春"劳动主题教育活动,以引导学生向劳动者致敬,传承新时代劳动精神,牢固树立马克思主义劳动观,在实践中不断培养同学们形成正确的劳动价值观和良好的劳动品质。

(1) 开展"劳动最崇高"主题学习活动。
(2) 开展"重温老电影,劳动最伟大"露天观影活动。
(3) 开展"劳动最光荣"主题实践活动。
(4) 开展实验室清扫活动。
(5) 开展美化校园行动。
(6) 开展"劳动最伟大"主题校园文化活动。
(7) 开展"劳动最美丽"线上主题分享活动。

【成果应用】

（1）请扫描二维码 5-37，认真阅读并熟知电子活页"河海大学物联网工程学院开展'赞劳动·致青春'劳动主题教育活动"的具体内容。

（2）探析河海大学物联网工程学院组织开展"赞劳动·致青春"劳动主题教育活动有哪些创新点。

（3）总结河海大学物联网工程学院在劳动教育实施中有哪些经验值得其他院校借鉴和推广。

【成果 5-2】西南财经大学"弦歌润桃李，耕读育新人"

【成果概要】

芒种时节果蔬飘香，西南财经大学"耕读田园"劳动实践基地迎来了第四届"丰收季"。学校以丰收季劳动实践系列活动为抓手，引领青年学生扎实开展学习贯彻习近平新时代中国特色社会主义思想主题教育，引导广大青年学生在劳动课堂中感悟思想伟力，领悟"两个结合"的深刻内涵。2023 年 6 月 6 日下午，"弦歌润桃李，耕读育新人"果蔬采摘和"SWUFE 劳动集市"系列活动举行，同学们走进责任田动手体验，感受劳动之美，谱写了新时代西财青年的"劳动赞歌"。

（1）"耕读田园"丰收忙。

（2）"劳动集市"享成果。

（3）"劳动育人"亮底色。

【成果应用】

（1）请扫描二维码5-38，认真阅读并熟知电子活页"西南财经大学'弦歌润桃李，耕读育新人'"的具体内容。

（2）探析西南财经大学开展的丰收季劳动实践系列活动有哪些创新点。

（3）总结西南财经大学在劳动教育实施中有哪些经验值得其他院校借鉴和推广。

模块 6

培养劳动习惯，保障劳动安全

习惯是一种自主、自动的行为，养成劳动习惯的人，不劳动反而不舒服，他们眼里总有可干的事情。这样的习惯不通过长期训练、培养是形不成的，不形成习惯就不叫热爱劳动。

精心设计劳动教育活动，在活动中培养劳动习惯，坚持劳动教育长效机制，强化实际体验，帮助当代大学生养成操作规范、认真细致的劳动习惯。

安全是人类生存与发展的基本要求，是生命与健康的基本保障。安全生产是保护劳动者安全健康、保证国民经济持续发展的基本条件。伴随经济发展而不断增加的安全生产事故，不仅造成了国家财产和人民生命的巨大损失，严重制约我国经济平稳发展，而且与我国构建和谐社会的目标相悖。

【知识学习】

【箴言金句】

安全知识让你化险为夷。
营造安全氛围，创造安全环境。
多看一眼，安全保险；多防一步，少出事故。
防火须不放过一点火种，防事故须勿存半点侥幸。

6.1 熟知劳动安全常识

1. 安全与劳动安全

（1）安全。

安全是指不使人体受到伤害，物体受到损伤或破坏，或者说不必为可能受到这种伤害或破坏而担心。安全是人类生存与发展的最基本要求，是生命与健康的基本保障。

（2）劳动安全。

劳动安全又称职业安全，是指在生产劳动过程中防止中毒、车祸、触电、塌陷、爆炸、火灾、坠落、机械外伤等危及劳动者人身安全的事故发生。

劳动安全是劳动者享有的在职业劳动中人身安全获得保障、免受职业伤害的权利。劳动安全问题，一方面受到生产技术手段制约，另一方面可以通过适当的制度规范和经济投入有效减少其危害性。

2. 安全技术规程与劳动卫生规程

（1）安全技术规程。

为了保护劳动者的劳动安全，防止和消除劳动者在劳动和生产过程中的伤亡事故，以及防止生产设备遭到破坏，《中华人民共和国劳动法》和其他相关法律、法规制定了劳动安全技术规程。安全技术规程包括以下内容。

① 机器设备的安全规程。
② 电气设备的安全规程。
③ 锅炉、压力容器的安全规程。
④ 建筑工程的安全规程。
⑤ 交通道路的安全规程。

企业必须按照这些安全技术规程使各种生产设备达到安全标准，切实保护劳动者的劳动安全。

（2）劳动卫生规程。

为了保护劳动者在劳动和生产过程中的身体健康，避免有毒、有害物质的危害，防止、消除职业中毒和职业病，我国制定的有关劳动卫生方面的法律、法规有《中华人民共和国劳动法》《中华人民共和国环境保护法》《工厂安全卫生规程》《国务院关于加强防尘防毒工作的决定》《工业企业设计卫生标准》《工业企业厂界环境噪声排放标准》《中华人民共和国尘肺病防治条例》等。这些法律、法规都制定了相应的劳动卫生规程，主要包括以下内容。

① 防止粉尘危害。
② 防止有毒、有害物质的危害。
③ 防止噪声和强光的刺激。
④ 防暑降温和防寒取暖。
⑤ 通风和照明。
⑥ 个人保护用品的供给。

企业必须按照这些劳动卫生规程的要求，达到劳动卫生标准，才能切实保护劳动者的身体健康。

3. 劳动场所的安全事项

不同的劳动场所有不同的安全事项，下面是具体内容。

（1）劳动场所应当保持整洁，原材料、半成品、成品必须码放稳固，废料、废物应当及时清除，工具应当在固定位置存放。

（2）厂（场）区道路应当平坦、畅通；拐弯、交叉口和作业地段必须设置明显的交通标志和警告标志。在通道上空架设管、线、栈桥，应当符合国家标准。固定式的钢直梯、斜梯和固定式工业平台应当符合国家标准。厂（场）区内绿化应当符合安全生产的有关规定。

（3）生产需要的坑、井、壕、池必须设置固定盖板或者围栏。施工挖掘的坑、沟应当设置护栏，在夜间和能见度差的天气应当设置警示灯。

（4）建筑物必须坚固，结构应当符合安全规定。堆放物品的荷重不得超过建筑物设计负荷。禁止利用在设计上不允许起重的屋架或者屋面梁作为起重梁架。生产用房应当符合国家有关设计规范，禁止生产、仓储用房与居住用房合用或者连接。

（5）经常使用水、油脂或者其他液体的劳动场所，应当设有排水、防滑、防腐蚀、防渗透的设施。

（6）机器和工作台等设备、设施的布置，应当便于劳动者操作。通道宽度不得小于 1 米。走台应当设置围栏，围栏高度不得低于 1.05 米。机械设备或者流水作业线的危险空间，应当用栅栏封闭；因工作需要穿越时，应当搭设安全过桥。

（7）劳动场所的光线和工作地点局部照明，应当符合采光、照明的设计标准。

（8）室内劳动场所通风换气条件必须良好。室内工作温度达到国家规定的高温或者低温作业标准时，应当采取降温或者取暖措施。

（9）露天作业场所应当采取防晒、防寒、防雨、防风、防雷击等防护措施，并为长期从事露天作业的劳动者提供休息场所。

（10）在架空输电线路下，禁止起重机械作业；在一侧起重吊装时，必须保持规定的安全距离；从事其他作业，应当采取预防触电的措施。

（11）阵风风力 6 级以上，不得在露天高处作业或者进行起重作业。因故障、灾害急需抢修或者有特殊生产作业需要的必须采取相应的安全措施。

（12）爆破作业场所必须划定安全距离，设置警戒标志，并指定专人警戒。

（13）进入洞室、井坑、管道、容器和船舱等空气不畅通的场所作业，应当采取通风、排气、检测、专人监护等防护措施。

6.2 遵守安全操作规程与安全生产规范

1. 切削加工的安全操作规程

下面是切削加工的安全操作规程。

（1）被加工件的重量、轮廓尺寸应与机床的技术性能数据相适应。

（2）被加工件的重量大于 20 千克时，应使用起重设备。

（3）在工件回转或刀具回转的情况下，禁止戴手套操作。

（4）紧固工件、刀具或机床附件时要站稳，不要用力过猛。

（5）每次开动机床前都要确认对任何人无危险，机床附件、加工件及刀具均已固定牢靠。

（6）当机床已在工作时，不能变动手柄和进行测量、调整、清理等工作。操作者应观察加工进程。

（7）加工过程易形成飞起的切屑，为安全起见，应放防护挡板。从工作地和机床上清除切屑及防止切屑缠绕在被加工件或刀具上，不能直接用手，也不能用压缩空气吹，而要用专用工具。

（8）正确安放被加工件，不要堵塞机床附近通道，要及时清扫切屑，工作场地特别是在脚踏板上，不能有冷却液和油。

（9）当用压缩空气作为机床附件驱动力时，废气排放口应朝着远离机床的方向。

（10）经常检查零件在工作地或库房内堆放的稳固性，当将这些零件移到运箱中时，要确保它们的位置稳定及运箱本身稳定。

（11）当离开机床时，即使短时间离开，也一定要关闭电源。

（12）当电绝缘层发热并有气味、设备运转声音不正常时，要迅速停机检查。

2. 生产劳动或校外实习的安全生产行为规范

（1）服从安全、环保管理。

① 要求必须做的事（遵守事项），坚决要做。

② 规定不能做的事（禁止事项），坚决不做。

③ 制度没有修订前（原有制度），必须执行。

④ 安全专业管理人员的意见（没有相关制度时），必须服从。

（2）保持"5S"[①]状态：做好整理、整顿、清扫、清洁，提高素养。

① 忙而不乱，多而不脏。

② 完成现场作业，随时清理现场。

③ 自己负责的物料（品）有义务自己整理。

④ 自己产生的垃圾，有责任自己清理，并分类放入垃圾池。

（3）只能在指定场所吸烟，不乱丢烟蒂，严禁在易燃易爆场所吸烟。

（4）严格按要求穿戴和使用劳保用品。

① 工作服旧而不破，衣扣、衣袖、护腕要扣牢。

② 进入生产现场要穿戴安全帽、安全鞋、防尘口罩、防护眼镜、手套、耳塞等防护用具，安全帽带应系牢。

③ 登高要挂安全带。

④ 不穿拖鞋、短袖上衣进入生产现场。

⑤ 部门负责人、班组长有义务指导实习生的安全操作。

⑥ 对于不懂的和认为不安全的操作事项，必须找相关人员问清楚并做好安全防范；不蛮干，不冒险，不抱侥幸心理；看清标识，不盲目施工。

（5）遵守交通规则，不开（骑、乘）无牌、无证车辆；开（骑）车注意观察，行车注意避让行人；不乱停乱放，不超速行驶，不酒后驾驶，不疲劳驾驶，不无证驾驶。

（6）驾驶人上路行驶前，应对车辆的安全技术性能进行认真检查，不要驾驶安全设施不全等具有安全隐患的车辆。

（7）驾驶摩托车、电动车必须戴好安全帽。

（8）不进入与自己无关的场所，不摆弄与自己无关的设备；手上有水，不要操作电器设备。

（9）电器操作人员作业时必须戴绝缘手套，穿绝缘鞋；检查、维修机械设备时必须先停机、停电。

（10）按对应的作业标准从事对应的工作，严禁戴手套操作旋转的机械设备。

（11）在工作前预知危险，采取防范措施；发现隐患，及时报告。

（12）在生产或劳动区域走动请走正规通道，不翻越栏杆，不擅闯警（禁）区。

（13）在劳动或作业时相互监督，互相提醒，团结合作。

[①] "5S"是整理（Seiri）、整顿（Seiton）、清扫（Seiso）、清洁（Seiketsu）和素养（Shitsuke）。

6.3 警惕劳动安全隐患

1. 预防机械伤害事故

下面是预防机械伤害事故的主要措施。

（1）必须正确穿戴个人防护用品。该穿戴的必须穿戴，不该穿戴的就一定不要穿戴。例如，机械加工时要求女工戴防护帽，如果不戴就可能将头发绞进去；同时要求不得戴手套，如果戴了，机械的旋转部分就可能将手套绞进去，将手绞伤。

（2）操作前要对机械设备进行安全检查，而且要空车运转一下，确认正常后，方可投入运行。

（3）机械设备在运行中也要按规定进行安全检查。特别是检查紧固的物件是否由于振动而松动，以便重新紧固。

（4）机械设备严禁带故障运行，千万不能凑合使用，以防发生事故。

（5）机械设备的安全装置必须按规定正确使用，更不准将其拆掉不用。

（6）机械设备使用的刀具、工装夹具及加工的零件等一定要装卡牢固，不得松动。

（7）机械设备在运转时，严禁用手调整，也不得用手测量零件，或进行润滑、清扫杂物等。如果必须进行这些操作，就应关停机械设备。

（8）机械设备运转时，操作者不得离开工作岗位，以防发生问题时无人处置。

（9）工作结束后，应关闭开关，把刀具和工件从工作位置退出，并清理好工作场地，将零件、工装夹具等摆放整齐，搞好机械设备的卫生。

2. 作业场所预防触电

下面是作业场所预防触电的主要措施。

（1）未经电工特种作业培训考核合格并取得上岗证的人员，不得从事电工作业。

（2）车间内的电气设备不得随意乱动。如果电气设备出了故障，就应请电工修理，不得私自修理，更不能带故障运行。

（3）电工进行作业前必须验电。任何电气设备在未验明无电之前，应一律认为有电，不要盲目触及；对"禁止合闸""有人操作"等标牌，无关人员不得移动。

（4）电气设备必须有保护性接地、接零装置，并经常对其进行检查，以保证连接的牢固。

（5）需要移动某些非固定安装的电气设备，如照明灯、电焊机等时，必须先切断电源再移动，同时防止导线被拉断。

（6）作业人员经常接触和使用的配电箱、配电板、闸刀开关、按钮开关、插座、插头及导线等必须保持安全完好，不得有破损或使带电部分裸露。

（7）在雷雨天切忌走近高压电线杆、铁塔、避雷针等处，应至少远离 20 米，以免发生跨步电压触电。

（8）发生电气火灾时，应立即切断电源，用黄沙或二氧化碳、四氯化碳灭火器灭火，切不可用水或泡沫灭火器灭火。

3. 高温作业预防中暑

下面是高温作业预防中暑的主要措施。

（1）高温作业应尽量缩短工作时间，可采用小换班、增加工作休息次数、延长午休时间等方法。休息地点应远离热源，应备有清凉饮料、风扇、洗澡设备等。有条件的可在休息室安装空调或采取其他防暑降温措施。

（2）高温作业人员应适当饮用合乎卫生要求的含盐饮料，以补充人体所需的水分和盐分。增加蛋白质、热量、维生素等的摄入，以减轻疲劳，提高工作效率。

（3）高温作业的工作服应结实、耐热、宽大、便于操作，应按不同作业需要，佩戴工作帽、防护眼镜、隔热面罩及穿隔热靴等。

（4）高温作业人员应进行就业前和入暑前体检，有心血管系统疾病、高血压、溃疡病、肺气肿、肝病、肾病等疾病的人员不宜从事高温作业。

6.4 发生劳动灾害时的紧急救治

劳动灾害时有发生，尽管人们已经万分小心，但仍不可避免。劳动灾害一旦发生，造成的伤害将是不可逆转的，甚至会影响劳动者的生命安全。所以，在劳动灾害发生后，进行有效紧急救治，将会大大降低因劳动灾害带来的影响。

当意外发生时，生命千钧一发。此时，赢得时间就意味着留住生命。所以，掌握一定的急救知识，能够在紧急情况下及时自救、防止二次损伤就尤为重要。这也将为随后的专业医务人员争取宝贵时间。

1. 触电的急救

触电急救的基本原则是动作迅速、方法正确。

（1）脱离电源。发现有人触电时，应立即正确关闭开关，切断电源。同时，用木棒、皮带、橡胶制品等绝缘物品挑开触电者身上的带电物体，立即拨打报警求助电话。防止触电者脱离电源后摔伤，特别是在触电者身处高处的情况下，应考虑采取防摔措施。

（2）就地抢救。解开妨碍触电者呼吸的紧身衣服，检查触电者的口腔，清理口腔黏液，如有假牙，则应取下。

当触电者脱离电源后，应根据触电者的具体情况，迅速对症施救。现场应用的主要救护方法是人工呼吸法和胸外心脏按压法。急救要尽快进行，不能等候医生到来，在将触电者送往医院的途中，也不能终止急救。

触电者有电烧伤的伤口，应包扎后到医院就诊。

2. 机械伤害的急救

机械伤害造成的受伤部位可以遍及全身各个部位，如头部、眼部、颈部、胸部、腰部、脊柱、四肢等，有些机械伤害会造成人体多处受伤，后果非常严重。

当发现有人受到机械伤害时，首先要使伤者取中凹位（抬高头部和躯干20°～30°，抬高下肢 15°～20°），并注意保暖，尽量不要搬动伤者。有条件时应让伤者吸氧，保持呼吸道通畅，并联系医生治疗。

（1）骨折。当发生骨折时，应注意骨渣不能回纳，还应及时固定伤处。一定要采取正确的固定方法，可临时用木棍、硬纸板等硬物绑在伤处当固定器材。如果伤在四肢，木棍长度就要超过伤处上下两个关节。如果手头没有木棍，就可以将报纸、杂志等卷紧代替。材料长短要以能固定骨折上下两个关节或不使断骨错位为好。实在找不到合适的物品，可将受伤肢体与健侧肢体或胸部绑在一起，起固定作用，以防神经、血管受到二次损伤。对于有脊柱或颈部骨折的伤者，不能随意搬动，应尽快联系医生，等待携带医疗器材的医护人员搬动。

（2）止血。受到创伤后，人体失血量达到 1/4，伤者就会出现休克。止血方法有六种，分别是一般止血法、指压止血法、加压包扎止血法、止血带止血法、绞紧止血法、堵塞止血法。其中，填塞止血法只在四肢使用，严禁填塞腹腔、胸腔，止血带止血法在万不得已的情况下才使用。止血具体操作方法详见下文内容。

（3）断肢（指）的急救。在发生断肢（指）时，在急救的同时，要保存好断肢（指）。具体方法是将断肢（指）用清洁纱布包好，不要用水冲洗，也不要用其他溶液浸泡。若有条件，可将包好的断肢（指）置于冰块中，冰块不能直接接触断肢（指）。将断肢（指）随同伤者一同送往医院进行修复。

3. 现场急救止血

血液是维持生命活动的重要物质，血液是在心脏和血管腔内循环流动的一种组织，成年人血容量约占体重的 8%，出血是创伤后主要并发症之一。

（1）失血量的判断。

① 失血量超过全身血容量的 20%（约 800 毫升）以上时，伤者可能出现轻度休克症状：口渴，面色苍白，出冷汗，脉搏快而弱，可达每分钟 100 次以上。

② 出血量为总血量的 20%～40%（800～1600 毫升）时，伤者可能出现中度休克症状：呼吸急促，烦躁不安，脉搏可达每分钟 100 次以上。

③ 出血量达总血量的 40%（1600 毫升）以上时，伤者可能出现重度休克症状：表情淡漠，脉搏细弱，或摸不到、测不到血压，随时可能危及生命。

因此，止血是抢救出血伤者的一项重要措施，它对挽救伤者生命具有特殊意义。

（2）出血部位的判断。

根据出血部位的不同，出血分为皮下出血、内出血和外出血。

① 皮下出血。多因跌伤、撞伤、挤伤、挫伤造成，皮下软组织内出血，形成血肿、瘀斑，可短期自愈。

② 内出血。在体表见不到出血，血液由破裂的血管流入组织、脏器或体腔内（如胸腔、腹腔和颅腔），只能根据伤病者的全身或局部症状来判断，如果面色苍白、吐血、腹部疼痛、便血、脉搏快而弱等，情况较严重，现场无法处理，就需要紧急送医院处理。

③ 外出血。在体表可见到，血液经皮损处流出体外。

（3）不同血管类型的出血。

血管分为动脉、静脉和毛细血管三种类型，出血根据损伤的血管类型可分为动脉出血、静脉出血和毛细血管出血。

① 动脉出血。动脉血含氧量高，血色鲜红。动脉内血液流速快，压力高，一旦动脉受到损伤，出血可呈涌泉状或随心搏节律性喷射。大动脉出血可导致循环血容量快速下降。

② 静脉出血。静脉血含氧量低，血色暗红。静脉内血液流速较慢，压力较低，但静脉管径较大，存有较多的血液，当曲张的静脉或大的静脉损伤时，血液也会大量涌出。

③ 毛细血管出血。任何出血都包括毛细血管出血。毛细血管开始出血时，出血速度比较快，血色鲜红，但出血量一般不大。身体受到撞击可引起皮下毛细血管破裂，导致皮下瘀血。

（4）六种有效的止血方法。

直接压迫是最直接、快速、有效、安全的止血方法，可用于大部分外出血的止血。所以，直接压迫是首选方法，用力持续按压，适用于皮肤较小伤口的出血。

① 一般止血法。

一般止血法针对小的创口出血，需用生理盐水冲洗消毒患部，然后覆盖多层消毒纱布，用绷带扎紧。注意：患部有较多毛发，在处理时应剪去、剃去毛发。

具体步骤如下：
- 将清洁的布块或者毛巾等垫在伤口外，直接按压 10~20 分钟。
- 血止住后，用绷带轻轻包住，不要包得太紧。
- 不要将脱脂棉或草纸垫在伤口处，可在伤口涂抹药物。
- 如果伤口没有被脏东西污染，就使用清水进行冲洗，不要使用肥皂。
- 出血伤口周围的血块、血浆不要擦掉，伤口内的玻璃片等异物不要拔出，应立即到医院就医。

② 指压止血法。

指压止血法一般适用于较大动脉出血的情况，如头面颈部与四肢动脉出血，为短暂采取的应急止血措施。出血后用拇指压住出血的血管上方（近心端），将动脉压迫到骨面上，使血管被压闭，中断血液流动。注意：压迫的时间不能过长。
- 头顶部出血：在伤侧耳前，对准下颌耳屏上方 1.5 厘米处，用拇指压迫颞浅动脉。
- 头颈部出血：将四根手指并拢对准颈部胸锁乳突肌中段内侧，将颈总动脉压向颈椎。注意：不能同时压迫两侧颈总动脉，以免造成脑缺血坏死；压迫时间不能太久，以免造成危险。
- 前臂出血：用一根手指压迫上臂内侧肱二头肌沟处的搏动点。
- 肩腋部出血：用食指压迫同侧锁骨中点后方的锁骨下动脉搏动处，将其压向深处的第一肋骨。
- 手掌出血：将患肢抬高，用两手拇指分别压迫手腕部的尺、桡动脉。
- 大腿出血：在腹股沟中部稍往下的地方，用双手拇指重叠向后用力压股动脉。
- 足部出血：用两手拇指分别压迫足背动脉和内踝与跟腱之间的胫后动脉。

③ 加压包扎止血法。

加压包扎止血法适用于四肢、头顶、躯干等体表血管外伤时的出血处。当前臂或小腿出血时，可在肘窝、膝窝内放以纱布垫、棉花团或毛巾、衣服等物品，屈曲关节，用三角巾做"8"字形固定，但骨折或关节脱位者不能使用。

④ 止血带止血法。

止血带止血法适用于四肢伤大出血，而且其他的办法无法控制的情况。充气止血带最好，常用的止血带是三尺左右长的橡皮管。在紧急情况下可用橡皮管、布条、绷带代替止血带，但应在止血带下增加衬垫，千万不能用细的布条、绳索、电线等直接捆绑。止血带宜绑在患肢的根部，如上臂根部、大腿根部等部位，因为前臂由尺骨、桡骨组成，小腿由胫骨、腓骨组成，血管、神经走行在中间。

操作方法：掌心向上，将止血带一端用虎口拿住，一手拉紧，绕肢体2圈，用中指、食指将止血带的末端夹住，顺着肢体用力拉下，压住"余头"，以免滑脱。

注意：使用止血带时要加垫，不要将其直接扎在皮肤上。每隔45分钟放松止血带2～3分钟。松开止血带时慢慢用指压法代替止血。

此外，抬高肢体和冷敷的办法也可以帮助止血。当手臂划伤出血时，可以将胳膊抬起来，流经伤处的血液由于重力作用而减少；也可以冷敷，皮肤血管遇冷会产生收缩效应，进一步减少出血。

⑤ 绞紧止血法。

绞紧止血法的操作方法是，把三角巾折成带形，打一个活结，取一根小棒插在带子外侧绞紧，将绞紧后的小棒插在活结小圈内固定。

⑥ 填塞止血法。

填塞止血法一般适用于软组织内血管损伤出血的情况，主要是颈部、臀部或其他部位较大而深的伤口。在出血后，将消毒的纱布、棉垫、急救包填塞、压迫在创口内，外用绷带、三角巾包扎，松紧度以成功止血为宜。通常3～5天缓慢取出填塞的纱布，过早取出纱布可能引发出血，过晚取出纱布可能发生感染。

根据具体情况，选择以上所述其中一种止血方法，也可以把几种止血方法结合在一起应用，以达到快速、有效、安全止血的目的。

4. 使用绷带包扎伤口

包扎伤口的目的是保护伤口，减少污染，固定敷料，帮助止血。包扎时要掌握好"三点一走行"，即绷带的起点、止血点、着力点（多在伤处）和行走方向的顺序，既包扎牢固，又不能太紧。先在伤口覆盖无菌纱布，然后从伤口低处向上，左右缠绕。包扎伤臂或伤腿时，要尽量暴露手指尖或脚趾尖，以便观察血液循环情况。使用绷带包扎一般用于四肢和头部伤。常见的绷带有两种，即纱布绷带和弹力绷带。使用绷带包扎伤口有以下几种方法。

（1）环形包扎法。

当腕部、小腿等粗细相近的部位受伤，且伤口较小时，可使用环形包扎法。

以腕部为例：首先，用纱布块覆盖伤口；其次，用绷带连续缠绕，每一圈都压住前一圈进行包扎；接着，重复缠绕，最后将绷带尾端撕开打结固定，或用别针、胶布将绷带尾端固定。

（2）螺旋包扎法。

当下肢、前臂等粗细相近的部位受伤，且伤口较大时，可使用螺旋包扎法。

以上臂为例：首先，用纱布块覆盖伤口，并用环形包扎法包扎2～3圈，第一圈应在伤口远端包扎，不要压住敷料；其次，斜向上缠绕，每圈盖过前一圈1/3至2/3，且呈螺旋状；最后，以环形包扎结束。

（3）螺旋反折包扎法。

若伤口出血量较多，可使用螺旋反折包扎法，以增加包扎力度。

首先，用纱布块覆盖伤口，并用环形包扎法包扎2～3圈。其次，用一只手的拇指按住绷带上面，用另一只手将绷带自此向下反折，此时绷带上缘变成下缘。接着，斜向上缠绕，每圈都进行反折并盖过前一圈1/3至2/3。最后，以环形包扎结束。此法主要用于粗细不同的四肢，如前臂、小腿或大腿等。

（4）"8"字形包扎法。

在关节上下将绷带一圈向上、一圈向下呈"8"字形来回缠绕。这种方法适用于四肢各关节处的包扎。

以肘关节为例：首先，用纱布块覆盖伤口，并在肘关节正中环形包扎两圈。其次，将绷带从右下越过关节向左上包扎，绕过肘关节上方，再从右上（近心端）越过关节向左下包扎，使其呈"8"字形，每圈覆盖上一圈1/3至2/3。最后，环形包扎2圈后固定。

（5）回返式包扎法。

回返式包扎法多用于包扎没有顶端的部位，如指端、头部或截肢残端。

操作方法：用环形包扎法缠绕数圈，由助手在后部将绷带固定；将绷带反折后由后部经肢体顶端或截肢残端向前，也可由助手在前部将绷带固定，再反折向后；如此反复包扎，每一来回均覆盖前一圈的 1/3～1/2，直到包住整个伤处顶端；最后，将绷带再环绕数圈，把反折处压住固定。

下面是包扎注意事项。

（1）根据伤口大小和具体部位选择不同的包扎方式。

（2）包扎松紧度以能插入一根手指为宜。

（3）包扎后注意观察伤处远端感觉、皮肤颜色，以及皮肤温度变化。

5．现场心肺复苏

心搏骤停一旦发生，若得不到及时的抢救，4～6分钟后便会造成患者脑和其他重要器官组织不可逆的损害。当发现患者意识丧失，且无呼吸和脉搏时，便应立即拨打急救电话，同时实施心肺复苏。

现场心肺复苏是指救护员在现场为心搏骤停患者实施胸外心脏按压与人工呼吸操作。心肺复苏可分为四个步骤，即胸外按压、开放气道、人工呼吸、心脏电击除颤。

（1）胸外按压。

① 将患者放置于平整硬地面上，呈仰卧位，其目的是进行胸外按压时，有足够的按压深度。

② 跪立在患者一侧，两膝分开。

③ 开始胸外按压，找准正确的按压点，保证按压力量、速度和深度。

按压点为患者胸骨中下段（胸骨中下 1/3 处），右手（或左手）掌根紧贴患者胸部中点，双手交叉重叠，右手（或左手）五指翘起，双臂伸直；利用上身力量，用力按压30次，按压的频率是每分钟100～120次，按压深度为5～6厘米。在按压过程中，掌根部不可离开胸壁，以免引起按压位置波动而导致患者肋骨骨折。

（2）开放气道。

开放气道常用仰头抬颏法，即将一只手放在患者前额，将另一只手放在患者颏部（下巴），使患者头部后仰，双侧鼻孔朝正上方，呼吸道充分打开。然后，将患者的头偏向一侧，看患者口腔中是否有分泌物和异物，若有则进行清理；若患者有活动假牙，则需将其取出。

（3）人工呼吸。

在患者口部放置呼吸膜，进行隔离；若无呼吸膜，则可以用纱布、手帕、一次性口罩等透气性强的物品代替，但不能用卫生纸巾这类遇水即碎的物品代替。用手捏住患者鼻翼两侧，用嘴完全包裹住患者嘴部，吹气两次。每次吹气时，注意观察患者胸廓起伏，保证有效吹气，每次吹气应持续 1～2 秒，不宜时间过长，也不可吹气量过大。吹气后，松开紧捏患者鼻翼的手指。

注意：以上步骤按照 3∶2 的比例，重复进行胸外按压和人工呼吸，直到医护人员赶到。30 次胸外按压和 2 次人工呼吸为一个循环，每 5 个循环检查一次患者呼吸、脉搏是否恢复，直到医护人员到场。当进行一定时间感到疲劳时，及时换人持续进行，确保按压深度与力度。

（4）心脏电击除颤。

可以使用自动体外除颤器（Automated External Defibrillator，AED）进行心脏电击除颤。首先，打开 AED 电源，按照语音提示进行操作；根据电极片上的标识，将一个电极片贴在右胸上部，将另一个电极片贴在左侧乳头外缘（可根据 AED 上的图片指示贴）；与患者脱离接触并按下心电分析键，如果提示室颤，就按下电击按钮；如果一次除颤后未恢复有效心率，就立即进行 5 个循环的心肺复苏，直至专业医护人员赶到。

6.5　重视劳动权益保护

1. 劳动防护用品及其作用

劳动防护用品是指劳动者在生产过程中为免遭或者减轻事故伤害和职业危害所配备的个人防护用品。正确使用劳动防护用品，是保障从业人员人身安全与健康的重要措施。

劳动防护用品供劳动者个人随身使用，是保护劳动者不受职业危害的最后一道防线。当劳动安全卫生技术措施不能消除生产劳动过程中的危险及有害因素，达不到国家标准、行业标准及有关规定，也暂时无法进行技术改造时，使用防护用品就成为既能完成生产劳动任务，又能保障劳动者安全与健康的一种手段。

劳动防护用品有以下主要作用。

（1）隔离和屏蔽作用。

隔离和屏蔽作用是指使用隔离体或屏蔽体使肌体免受有害因素的侵害，如劳动防护用品能很好地隔绝外界的某些刺激，避免皮肤发生皮炎等病态反应。

（2）过滤和吸附（收）作用。

过滤和吸附（收）作用是指借助防护用品中某些聚合物本身的活性基或多孔物质对毒物进行吸附。

2. 从业人员佩戴和使用劳动防护用品的要求

从业人员在劳动生产过程中应履行按规定佩戴和使用劳动防护用品的义务。按照法律、法规的规定，为保障人身安全，用人单位必须为从业人员提供必要的、安全的劳动防护用品，以避免或者减轻作业中的人身伤害。但是，在实践中，由于一些从业人员缺乏安全知识，心存侥幸或嫌麻烦，往往不按规定佩戴和使用劳动防护用品，由此引发的人身伤害事故时有发生。另外，有的从业人员不会或者没有正确使用劳动防护用品，同样难以避免受到人身伤害。因此，正确佩戴和使用劳动防护用品是从业人员必须履行的法定义务，这是保障从业人员人身安全和生产经营单位生产安全的需要。

《个体防护装备配备规范》规定如何根据作业选用防护用品。例如，高处作业（如建筑安装、架线、高崖作业、货物堆砌）应选用安全帽、安全带和防滑工作鞋，存在物体坠落、撞击的作业（如建筑安装、桥梁建设、采矿、钻探、造船、起重、森林采伐）应选用安全帽和安全鞋。

3．劳动防护用品的分类

（1）按照用途与防护部位分类。

劳动防护用品可以分为以防止伤亡事故为目的的防护用品、以预防职业病为目的的防护用品、以防护人体指定部位为目的的防护用品，具体分类及典型劳动防护用品如表 6-1 所示。

表 6-1　劳动防护用品按照用途与防护部位分类及典型劳动防护用品

类　型	细　分　类　型	典型劳动防护用品
以防止伤亡事故为目的的防护用品	防坠落用品	安全带、安全网等
	防冲击用品	安全帽、防冲击护目镜等
	防触电用品	绝缘手套、绝缘鞋、等电位工作服等
	防机械外伤用品	防刺、割、绞、碾、磨损用的防护服、鞋、手套等
	防酸碱用品	耐酸碱手套、防护服和靴等
	耐油用品	耐油防护服、鞋和靴等
	防水用品	雨衣、雨鞋和雨靴、防水保险手套等
	防寒用品	防寒服、防寒鞋、防寒帽、防寒手套等
以预防职业病为目的的防护用品	防尘用品	防尘口罩、防尘服等
	防毒用品	防毒面具、防毒服等
	防放射性用品	防放射性服、铅玻璃眼镜等
	防热辐射用品	隔热防护服、防辐射隔热面罩、电焊手套、有机防护眼镜等
以防护人体指定部位为目的的防护用品	防噪声用品	耳塞、耳罩、耳帽等
	头部防护用品	防护帽、安全帽、防寒帽、防昆虫帽等
	呼吸器官防护用品	防尘口罩（面罩）、防毒口罩（面罩）等
	眼面部防护用品	焊接护目镜、炉窑护目镜、防冲击护目镜等
	手部防护用品	防护手套、绝缘手套等
	足部防护用品	防尘、防水、防油、防滑、防高温及电绝缘鞋等
	躯干防护用品	通常称为防护服，如一般防护服、防水服、防寒服、防油服、防电磁辐射服、隔热服、防酸碱服等

（2）按照劳动防护用品目录是否由应急管理部确定并公布分类。

劳动防护用品可以分为特种劳动防护用品与一般劳动防护用品。

特种劳动防护用品是由应急管理部（原国家安全生产监督管理总局）确定并公布的在劳动过程中预防或减轻严重伤害和职业危害的劳动防护用品；未列入目录的劳动防护用品为一般劳动防护用品。

4．使用劳动防护用品的注意事项

在工作场所必须按照要求佩戴和使用劳动防护用品。劳动防护用品是根据生产工作的实际需要发给个人的，每个职工在生产工作中都要好好地使用劳动防护用品，以达到预防事故、保障个人安全的目的。

下面是使用劳动防护用品的注意事项。

（1）选择防护用品应针对防护目的，正确选择符合要求的用品，绝不能错选或将就使用，以免发生事故。

（2）对使用防护用品的人员应进行教育和培训，使其充分了解使用防护用品的目的和意义，并正确使用。对于结构和使用方法较为复杂的防护用品，如呼吸防护器，应反复训练，以熟练使用。用于紧急救灾的呼吸器，要定期严格检验，并妥善存放在可能发生事故的地点附近，方便取用。

（3）妥善维护保养防护用品，不仅能延长使用期限，还能保证防护效果。耳塞、口罩、面罩等用后应用肥皂和清水洗净，并用药液消毒、晾干。过滤式呼吸防护器的滤料要定期更换，以防失效。防止皮肤污染的工作服用后应集中清洗。

（4）防护用品应由专人管理，负责维护保养，以充分发挥作用。

5．易燃、易爆场所防护用品选用的注意事项

易燃、易爆场所是指存在易燃、易爆物品，容易因人为因素而发生燃烧爆炸事故的场所。在易燃、易爆场所作业，除应建立健全严格的操作管理制度外，还必须为作业人员与作业现场选择一些防护用品，以进行防护。

易燃、易爆场所防护用品选用的注意事项主要有以下几点。

（1）选用防静电的防护用品，不选用纯化纤的防护用品。

（2）选用阻燃、抗熔融的防护服装，并配备必要的不产生纯氧的呼吸护具。

（3）在易燃、易爆场所应安装防爆设备，并设置灭火器具。

（4）应选用相应的监测仪器设备，及时监测并控制作业场所燃烧物的浓度，防止燃烧、爆炸事故的发生。

6．佩戴和使用劳动防护用品时防止发生的情况

在佩戴和使用劳动防护用品时，要防止发生以下情况。

（1）高空作业人员不系好安全带，导致坠落。

（2）电工作业（或手持电动工具）人员不穿绝缘鞋，导致触电。

（3）在车间或工地不按要求穿工作服，穿裙子或休闲衣服；虽然穿工作服，但衣着不整，敞着前襟，不系袖口，造成衣物被机械缠绕。

（4）长发没有盘入工作帽中，被机械卷入。

（5）不正确戴手套。该戴不戴手套，造成手被烫伤、刺破等伤害。不该戴而戴手套，手套被机器卷住，造成手或手臂受伤。

（6）不及时佩戴适当的护目镜和面罩，使面部和眼睛受到飞溅物伤害，或受强光刺激，造成视力伤害。

（7）不正确戴安全帽。当头部受撞击时，造成伤害事故。

（8）在工作场所不按规定穿用劳保皮鞋，造成脚部伤害。
（9）不正确选择和使用各类口罩、面具，不会熟练使用防毒护具，造成中毒伤害。

6.6 妥善解决劳动争议

劳动争议又称劳动纠纷，指劳动关系当事人之间因劳动的权利与义务发生分歧而引起的争议。其中有的属于既定权利的争议，即因适用劳动法和劳动合同、集体合同的既定内容而发生的争议；有的属于要求新的权利而出现的争议，是因制定或变更劳动条件而发生的争议。

1. 劳动争议的处理原则

《中华人民共和国劳动法》第七十八条规定："解决劳动争议，应当根据合法、公正、及时处理的原则，依法维护劳动争议当事人的合法权益。"

根据《中华人民共和国企业劳动争议处理条例》的规定，处理劳动争议时应当遵循着重调解、及时处理，在查清事实的基础上依法处理，当事人在适用法律上一律平等的原则。

（1）着重调解。

调解是处理劳动争议的基本手段，并且贯穿于劳动争议处理的始终。无论是调解、仲裁还是审判，都要贯彻先行调解的原则，能够达成调解协议的首先要达成调解协议，调解的前提是双方自愿，自愿达成的协议必须合法。

（2）及时处理。

劳动争议必须及时处理。调解是解决争议的重要手段，但不是万能的手段，当无法达成协议时不能久调不决。因此，《中华人民共和国劳动法》第八十三条与《中华人民共和国企业劳动争议处理条例》规定了关于调解、仲裁的期限。

（3）以事实为依据，以法律为准绳。

以事实为依据、以法律为准绳是我国法制的基本原则。在处理劳动争议时，调解委员会、仲裁委员会与人民法院都必须对争议的事实进行深入、细致、客观的调查、分析，查明事实真相，这是准确适用法律、公正处理争议的基础。在查清事实的基础上，应当依照法律规定进行调解、仲裁和审判。处理劳动争议是一项政策性很强的工作，既不能主观臆断，更不能徇私枉法。以法律为准绳要求处理劳动争议，判断是非、责任要以劳动法律、法规为依据；处理争议的程序要依法；处理的结果要合法，不得侵犯社会公共利益和他人利益。

2. 劳动争议的处理形式

劳动争议通常有四种处理形式，即协商、调解、仲裁和诉讼。

（1）协商。

劳动争议发生后，劳动者应当首先尝试与用人单位进行协商。例如，对于工作时间、加班费、职工福利等不涉及工作变动和人事处理方面的争议，劳动者并不想与用人单位撕破脸，用人单位一般也不想把事情扩大化，双方协商的可能性较大，程序比较简单。因此，协商是最简便易行的解决方法。

（2）调解。

劳动者与用人单位可在自愿的前提下申请企业劳动争议调解委员会进行调解。企业劳动争议调解委员会是用人单位根据《中华人民共和国劳动法》和《中华人民共和国企业劳动争议处理条例》的规定在本单位内部设立的专门处理与本单位劳动者之间的劳动争议的群众性组织。除此之外，劳动者也可向依法设立的基层人民调解组织或在乡镇、街道设立的具有劳动争议调解职能的组织申请调解。

调解是处理企业劳动争议的基本方法或途径之一。事实上，调解可以贯穿整个劳动争议的解决过程。它既指在企业劳动争议进入仲裁或诉讼以后由仲裁委员会或法院所做的调解工作，也指企业劳动争议调解委员会所做的调解活动。这里所说的调解指的是后者。企业劳动争议调解委员会所做的调解活动主要是指其在接受争议双方当事人调解申请后，首先要查清事实、明确责任，在此基础上根据有关法律和集体合同或劳动合同的规定，通过说服、诱导，最终促使双方当事人在相互让步的前提下自愿达成解决劳动争议的协议。

（3）仲裁。

劳动者可以直接向劳动争议仲裁委员会申请仲裁，也可以将未达成调解协议或协议达成后反悔的劳动争议提请仲裁。劳动者应当自劳动争议发生之日起60日内向有管辖权的劳动争议仲裁委员会提出书面申请，并提交相应文件和相关证据材料。

（4）诉讼。

劳动者如对仲裁裁决不服，可自收到仲裁裁决之日起15日内向人民法院提起诉讼。在劳动争议中，仲裁是诉讼的前置程序，即劳动争议发生后，劳动者不能直接到法院起诉，只有在不服劳动仲裁裁决的情况下，在法定期限内才可以诉诸法院，通过诉讼解决。劳动争议诉讼是解决劳动争议的最终程序，劳动者应当积极把握这一法律上的最后维权机会。

【专题探讨】

【专题6-1】违反安全操作规程造成安全事故的主要原因

【内容摘要】

某高校一位同学到电表配件公司实习。某日下午，车间的赵师傅不在岗，有一台机床处于空闲状态。该实习生想多学些技术，就违反安全操作规程，擅自操作空闲的机床。在操作时，因电表配件没有放正，该实习生贸然用手扶正配件，导致左手被机床轧成粉碎性骨折，最终丧失部分劳动能力。

【思考探讨】

本起生产安全事故是实习生操作时违反安全操作规程导致的，他因安全意识淡薄而付出了惨痛的代价。由此可见，遵守安全操作规程是保证生产实习安全的基本原则。

根据本模块"遵守安全操作规程与安全生产规范"的内容，分析该实习生操作空闲的机床时，违背了哪些操作规程和行为规范。

【专题6-2】因好奇产生安全事故的主要原因

【内容摘要】

刘师傅和张同学一起去工厂对钢管进行补焊作业。刘师傅刚拿出工具，张同学就走向要焊接的地方。刘师傅说："小张，机器还在运行，等一下我去停掉。"张同学说："哎，没事，我知道！"刘师傅又提醒道："安全操作规程上都说啦，这样很危险。"张同学说："好好好，你去弄吧。"结果，刘师傅刚要拉电闸，就听见"啊"的一声，原来张同学偷偷走到焊接的地方，被两根钢管夹伤了手。

【思考探讨】

有时候，我们在好胜心、好奇心、求知欲、偏见、对抗情绪等心理状态的影响下，会做出与常态相反的对抗行为，在行为上表现出"你让我这样，我偏要那样""越不许干，我越要干"。要知道，每一条关于安全生产的规定都是用血淋淋的教训换来的，无视管理规章制度最终会付出惨痛的代价。

根据本模块介绍的"遵守安全操作规程与安全生产规范"和"警惕劳动安全隐患"的内容，分析张同学走向要焊接的地方时，违背了哪些操作规程和行为规范。

【专题6-3】无保护接地或接零措施导致触电死亡事故的主要原因

【内容摘要】

小陈上班后清理场地。由于绝缘损坏，电焊机外壳带电，从而使工作台也带电。当小陈将焊接好的钢模板卸下来时，手与工作台接触，发生了触电事故。小陈被送往医院抢救，最终因抢救无效死亡。

【思考探讨】

（1）事故原因分析。

① 电焊机的接地线过长，在前一天下班清扫场地时断开，导致电焊机绝缘损坏，外壳带电，所以造成单相触电事故。

② 电气管理不严，缺乏定期检查。

（2）事故防范措施。

① 接地或接零线是保证用电人员安全的生命线。当移动电器的外壳带电时，如果采取了保护接地或保护接零措施，就能使线路上的漏电保护器、自动开关或熔断器工作或熔断，使电器自动脱离电源，从而保证人身安全。

② 在安装漏电保护器后，移动电器和线路也要采取保护接地或保护接零措施。

本案例对你有哪些启发？说一说在劳动现场应如何预防触电事故的发生。

培养劳动习惯，保障劳动安全　模块 6

【榜样激励】

【榜样 6-1】梁军：人民币壹元纸币上的女拖拉机手

【事迹简介】

20 世纪 60 年代，我国发行的第三套人民币壹圆纸币上印着一位女拖拉机手，迎风驾驶着拖拉机，笑得十分灿烂。这位女拖拉机手的原型就是梁军，她是新中国第一位女拖拉机手。

梁军（1930—2020），黑龙江明水人，新中国成立后第一批全国劳动模范，新中国成立初期女性的杰出代表。回忆起在北大荒的垦荒战斗，梁军说："那时我们以苦为乐，以苦为荣，也没想过要什么名和利。我们最大的光荣是用自己的劳动成果支援了祖国经济建设和抗美援朝战争。" 2019 年，梁军获得"最美奋斗者"称号。

1930 年 3 月，梁军出生于黑龙江的一个小山村。一个偶然的机会，梁军看到一部电影，电影里的女主人公开着拖拉机驰骋在田间，笑得十分开心。这一幕在梁军心里留下了很大的印象，在她的心底深深埋下了想要成为拖拉机手的梦想。

1948 年，北安农垦基地举办了一个拖拉机手培训班。梁军得知消息之后，立刻赶到培训班报名。因为当时的拖拉机体型较大，所以报名的几乎都是男生，梁军是唯一的女生。

梁军不在乎别人的眼光，她在培训班的时候积极学习关于拖拉机的知识。两个月后，作为新中国第一名女拖拉机手，梁军开着拖拉机回到了自己所在的学校。

梁军所在的学校开垦的荒地面积比较大，但拖拉机数量有限，所以梁军不得不和男同志一样连轴转，来完成荒地的开垦。梁军虽然是女性，但根本不娇气，技术非常过硬。很快，她凭借自己的本事赢得了同学们的敬佩。

梁军被当地评为先进工作者，她的事迹很快传遍了全国的大街小巷，所有人都将她视为自强自立的偶像和模范，很多人对梁军的长相十分好奇。1950 年，梁军作为全国劳动模范受到了毛主席的接见。

— 167 —

梁军在取得一定的成就之后并没有安于现状，而是不断学习新知识、了解新技能，这让她一直能够走在时代前端，成为对国家、对社会、对人民有用的人才。新时代的女性依然需要学习梁军身上这种不服输、不断学习和勇于创造的精神。

【思考探讨】

（1）请扫描二维码6-1，聆听来源于中央广播电视总台"中国之声"的音频"新中国第一位女拖拉机手梁军"。

（2）以小组为单位，使用思维导图梳理新中国第一位女拖拉机手梁军的先进事迹。

（3）梁军有哪些值得我们学习的精神品质和技术技能特长？

【榜样6-2】谭文波：二十五载，成就"土专家"

【事迹简介】

迎风沙，斗酷暑，为祖国献石油！

谭文波是中国石油西部钻探工程有限公司试油公司井下作业高级技师。1992年，他从四川石油管理局东观技校测试专业毕业，来到大漠戈壁工作，一干就是25年。谭文波被同事们称为石油一线"土专家"，先后完成技术论文20多篇，开展小改革30多项，获得实用新型专利8项、发明专利4项。他开办的工作室培养了一大批青年技术骨干。

调试电机、紧固工具、连接打压泵，电机工作正常，工具运转正常，坐封成功！2013年3月，为了摆脱传统火药作为动力源的坐封方式，谭文波连续十几天坚守在生产一线，最终使新型电动桥塞工具研发成功。在他的带动下，2014年顶驱队在217井次的电缆桥塞施工中，成功率达到100%，实现了对新工具应用的又一个突破。

几家企业找到谭文波，希望购买新工具的专利，有的甚至直接开出年薪200万元的条件，谭文波都拒绝了。"是企业成就了我，作为一名技术工人，最大价值就是把手头的活做细、做精、做好。金钱无法代替我的追求！"

谭文波从小喜欢动手捣鼓，参加工作后，他从小改革入手，设计、加工了一系列在试油现场实用的工具、工件。在油田作业中，环境保护是重中之重，防喷盒密闭不严会造成环境污染。2017年3月，谭文波先后尝试4种新型防喷盒改造方案，结果依然不尽如人意。

"既然围堵不行，疏浚行不行？"凌晨1点，在厂房外徘徊的谭文波突然灵光一闪，打开厂房灯，启动电焊机，按照新思路连夜对工具进行加工。经过反复试压和多次动态模拟试验，谭文波研制的新型抽汲防喷盒最终试验成功，从研发到应用不到10天时间。

（来源：《人民日报》）

【思考探讨】

（1）以小组为单位，使用思维导图梳理谭文波的先进事迹和主要贡献。

（2）谭文波有哪些值得我们学习的精神品质和技术技能特长？

【榜样 6-3】王中美：17 年，炼成"女焊将"

【事迹简介】

当"复兴号"动车组飞驰过南京大胜关长江大桥时，空气轰鸣，大地颤抖，桥梁上的每一条焊缝都在经受考验。

"焊缝是桥梁的生命。"中铁科工集团九桥公司"首席焊工"王中美如是说，而她就是守护桥梁生命的人。京广高铁武汉天兴洲公铁两用长江大桥、京沪高铁南京大胜关长江大桥、京福高铁铜陵长江大桥、沪通长江大桥……40 多座世界一流桥梁的前期焊接试验任务，都被王中美一一拿下。

毕业于武汉铁路桥梁职业学院的王中美还记得第一次进行电焊实习的情形，面对灼热的钢条、飞溅的火花、呛人的气味，晚上回去时眼睛已经肿成了一条缝。同是焊工的父亲担心女儿干不了这活，王中美却坚持要试一试，这一试就是 17 年。"我们焊接的不只是一条焊缝，更是对生命的责任。"王中美说。

对待工作，王中美负责是出了名的，焊缝可以达到一级，无缺陷。2005 年，中铁九桥工程公司承建沪渝高速四渡河桥。按照设计，钢梁主桁杆件拉索吊耳角接焊缝多、工艺要求高，很多老师傅望而却步。当时，王中美还是只有 4 年资历的新员工，她主动请战。结果，由她焊接的 30 多组高熔透焊缝均一次检验合格。

从业 17 年，王中美的重要技术创新达十几项。她探索出开单面坡口焊接工法，突破了传统焊接工法针对厚度 16 毫米以上的钢板熔透焊接必须开双面坡口的通行标准，被集团命名为"王中美焊接工法"，广泛应用于我国桥梁建设中。在鄱阳湖大桥钢梁制造中，她又创新使用自动焊接代替二氧化碳气体保护焊，解决了合格率低的问题。

在九桥公司的一间办公室门口，挂着王中美专家培训工作室和劳模创新工作室两块牌子。自 2016 年挂牌以来，工作室已经组织开展了 20 多次新材质试验和焊接攻关活动，开展的技能培训、考试等活动达 1600 多人次。

在获得荣誉的同时，王中美也会想起父亲："他们那一代创造了中国工人的辉煌。他们把重任交到我们这代人手上，我们要做得更好。"

（来源：《人民日报》）

【思考探讨】

（1）以小组为单位，使用思维导图梳理王中美的先进事迹和主要贡献。
（2）王中美有哪些值得我们学习的精神品质和技术技能特长？

【榜样6-4】梁庆莲：不服输的割胶神刀手

【事迹简介】

在海南农垦[①]，一提起割胶工梁庆莲，人们就会说是那个割胶"神刀手"。这不仅因为她多次在省级、国家级的割胶比赛中夺魁，而且因为她吃苦耐劳的精神和顽强意志也是出了名的。

梁庆莲割胶25年，手上却没有老茧。她说："使的是巧劲，轻巧持刀，不偏不倚，下刀讲究，用对了气力，就不容易长茧。"

1993年，20岁的广西妹子梁庆莲来到位于海南省乐东黎族自治县的国营山荣农场，当了一名割胶工。从未见过橡胶树的她，以为割胶就像在老家割取松香一样容易："把树皮切开，胶水就会流淌出来。"等拿起胶刀时，她才发现有劲无处使，一不留神就割伤了胶树。当月，她被定为级外割胶工。

她看到老割胶工割胶得心应手，既钦佩又愧疚，下决心掌握这门手艺。她每天跟在老割胶工身后，反复观摩。割完分内的橡胶树，别人回家了，梁庆莲继续留在升起雾气的橡胶林里，在被淘汰的残树桩上一遍遍地练刀。

"每棵橡胶树都有特点，要想每一刀都精准，就必须有耐心，要细心。"梁庆莲说。橡胶树产胶乳的水囊皮层只有指甲盖那么薄，稍有不慎，刀口处不仅长不出光滑的新皮，还会长疤，影响日后的产量。梁庆莲有时一个清晨割800多刀，刀刀精准，每株平均产量从原来的3.5千克提高到4.5千克。

【思考探讨】

梁庆莲有哪些值得我们学习的精神品质和技术技能特长？

【情怀涵养】

每当清晨上班时，看着凝聚建筑工人的智慧与汗水的一幢幢高楼时，我们的内心不由得发出一声赞叹。

偶尔，我抬头仰望，在数十米高的脚手架上，他们的身影仿佛在半空中飞舞，只能隐约看到五颜六色的安全帽在跃动。这是他们在辛勤地工作。每一处施工现场都能看到他们埋头苦干的身影，体现了他们对工作的尽职、对建筑事业的热爱。

他们衣着普通，朴实厚道。他们中的绝大多数人来自祖国各地。

阖家团聚没有多久，他们就已经开始打点简单的行李，带着父母的嘱托、带着妻儿的期盼，离开家乡，再次来到建筑工地，又开始了新的一年紧张忙碌而又辛苦的工作。

---

① 海南农垦创建于1952年，是全国第三大垦区。

【案例 6-1】致敬坚守岗位的城市建设者

  劳动最光荣，奋斗最美丽
  从机器轰鸣的重点项目施工现场
  到安全稳定的建筑工地、燃气场站
  再到整洁靓丽的市容环境一线
  来自住建领域的劳动者
  正用自己的实际行动
  诠释着劳动之美
  他们挥洒汗水
  用奉献和担当
  绘就节日里一道道动人的风景
  致敬每一位默默付出的城市建设者
  ……

  一座城市的发展与繁华，离不开建设者的辛勤付出与坚守。他们用朴实的劳动为时代注入活力，他们用辛勤的汗水浇筑城市生长。

  在"五一"这个礼赞劳动者的日子里，让我们一起致敬坚守岗位的劳动者，感受那份坚韧、温暖与力量！

【写与拍】

  （1）请扫描二维码 6-2，认真阅读电子活页"致敬坚守岗位的城市建设者"。

  （2）以"致敬坚守岗位的城市建设者"为主题撰写心得体会，表达自己的真情实感，并开展主题演讲活动。

  （3）将镜头对准劳动者的劳动场景，拍摄照片和视频，记录劳动者感人的瞬间。

【案例 6-2】不惧"烤"验，致敬高温下作业的建筑工人

  有这么一群人，在烈日下戴着安全帽，穿着长袖上衣，坚守阵地。他们在建设一线忙碌着，砌砖、焊接、吊装、加工钢筋，精心作业。他们就是奋战在施工一线的建筑工人。

  致敬建筑工人，在高温下的坚守。

  每天清晨，当太阳刚刚升起，许多人还沉浸在睡梦中的时候，他们早已来到了工地，与成堆的建筑材料和泥土为伴，开始了一天艰辛的工作。

  致敬建筑工人，精益求精的匠心。

  炎热的夏天到来了，在偌大的建筑工地上，烈日蒸腾，皮肤如火烧一般灼热，汗水在脸上流淌，衣服湿了又干，干了又湿……

  但是，为了项目如期完工，建造高品质的建筑，一年四季没有节假日，他们始终坚守在

工程第一线。

在烈日下的坚守，只为用汗水诠释责任与担当。

致敬在高温下作业的建筑工人。

他们不曾喊累，不曾叫停。这样的坚守让人动容，一个个忙碌的身影令人尊敬。

【写与拍】

（1）请扫描二维码6-3，认真阅读电子活页"不惧'烤'验，致敬高温下作业的建筑工人"。

（2）以"致敬建筑工人"为主题撰写心得体会，表达自己的真情实感，并开展主题演讲活动。

（3）将镜头对准劳动者的劳动场景，拍摄照片和视频，记录劳动者感人的瞬间。

【案例6-3】烈日炎炎，为奋战在一线的城市建设者点赞

炎炎夏日，高温酷暑，城市建设者还依然奋斗在一线，感谢他们在高温中挥洒汗水建造城市的一座座地标，为城市带来无尽的生机和美丽。他们默默地为我们的生活奉献汗水和辛劳，他们用勤劳和坚毅的脊梁支撑着城市快速发展。

他们是城市的造梦者，是引领未来的先行者。

让我们为那些在高温作业一线默默付出的城市建设者鼓掌致敬。

【写与拍】

（1）请扫描二维码6-4，认真阅读电子活页"烈日炎炎，为奋战在一线的城市建设者点赞"。

（2）以"点赞城市建设者"为主题撰写心得体会，表达自己的真情实感，并开展主题演讲活动。

（3）将镜头对准劳动者的劳动场景，拍摄照片和视频，记录劳动者感人的瞬间。

【案例 6-4】致敬劳动者——城市建设者

在城市建设和发展的背后,是成千上万的普通劳动者冒着酷暑,顶着烈日,栉风沐雨……这个默默奉献的群体与烈日较劲,与高温抗衡,用辛劳和汗水诠释责任与担当,用无言的坚守和挚诚为我们的城市日新月异奉献出自己的力量。

向他们致敬,说一声"辛苦了,师傅们"。

【说与讲】

请扫描二维码 6-5,认真浏览电子活页"致敬劳动者——城市建设者"。一幅幅"醉美"的照片定格每一个动人的瞬间,说一说观看这些照片后的感想,讲一讲身边城市建设者的动人故事。

【案例 6-5】致敬劳动者——高空作业者

他们将一根绳索系在腰间，在城市的高楼大厦上飞檐走壁，扮靓城市。他们就像电影里的蜘蛛侠，悬挂在他们身上的绳子与他们的生命紧紧连在一起。他们就是高空清洁工人，被称为"蜘蛛人"，是我们的"城市美容师"。

【说与讲】

请扫描二维码 6-6，认真浏览电子活页"致敬劳动者——高空作业者"。一幅幅"醉美"的照片定格每一个动人的瞬间，说一说观看这些照片后的感想，讲一讲身边高空作业者的动人故事。

【任务实战】

【任务 6-1】在生产现场中恰当使用安全色和安全标志

走进车间生产现场，会看到许多色彩。生产车间过道地面为什么使用绿色？警示色为什么多为红色或黄色？车间现场、建筑物与各项设施的颜色直接影响安全生产，影响劳动者的心理感受。这些场景的色彩设计应使劳动者心情愉快，不易产生疲劳，同时加强安全，这样才能达到操作准确、工作效率提高的目的。

色彩能使人产生大小、轻重、冷暖、明暗、远近等感觉，会使人产生兴奋、紧张、安全、烦躁、忧虑等心理效果，也会影响人的情绪和工作效率。色彩运用得当，能提高工作效率和满意度。

安全色和安全标志是生产现场最基本的元素。当危险发生时，它们能够指示人们尽快逃离或采取正确、有效的应对措施。

1. 安全色

安全色即传递安全信息含义的颜色，包括红、黄、蓝、绿四种。

（1）红色。

红色的波长最长，穿透力强，感知度高。它容易使人联想起太阳、火焰、热血、花卉等，让人感觉温暖、兴奋，产生积极向上的倾向。红色历来是我国传统的喜庆色彩。

在工业安全用色中，红色传递禁止、停止、高度危险或提示消防设备、设施等信息。在车间现场，红色往往用于危险警示和质量状况（缺陷、待检）标识。红色容易引起人的注意，在一些场合或物品上看到红色标示，不必细看内容，便能了解警示危险之意。

（2）黄色。

黄色是明度最高的色彩，会让人产生轻快、透明、活泼、健康等印象。但是，黄色因过于明亮而显得刺眼，与他色相混就容易失去原貌，故显得不稳定。

在工业安全用色中，黄色传递表示注意、警告的信息，如交通信号中的黄灯。在车间现场，黄色常被用作安全色，因为其极易被人发现，如室外作业的工作服、警示标识、通道线等通常为黄色。

（3）蓝色。

蓝色表示沉静、冷淡、理智、高深、透明等含义。随着人类对太空的不断开发，蓝色又有了象征高科技的强烈现代感。

在工业安全用色中，蓝色传递必须遵守的指令性信息。在车间现场，建筑外观顶部装饰通常为天蓝色，工具箱、周转筐外观常用蓝色。

（4）绿色。

在大自然中，除了天空和江河、海洋，绿色所占的面积最大，几乎到处可见。绿色象征生命、青春、和平、安详、新鲜等。绿色最适合人眼注视，有消除疲劳的功能。

在工业安全用色中，绿色传递提示性信息。在工厂中，为了避免工人操作时眼睛疲劳，许多机械也采用绿色。在生产现场，绿色应用得很普遍，常用于安全通道，也用于设备正常运行状态标识和合格品区域标识。

2. 安全标志

禁止标志	警告标志	指令标志	提示标志
禁止吸烟	注意安全	必须戴防护眼镜	紧急出口
禁止堆放	当心中毒	必须戴防护手套	避险处

（1）禁止标志。

禁止标志是禁止不安全行为的图形标志。禁止标志的几何图形是带斜杠的圆环，其中圆环与斜杠相连，用红色；图形符号用黑色，背景用白色。

（2）警告标志。

警告标志是提醒人们注意周围环境，以避免发生危险的图形标志。警告标志的几何图形是黑色正三角形、黑色符号和黄色背景。

（3）指令标志。

指令标志是强制人们做出某种动作或采取防范措施的图形标志。指令标志的几何图形是圆形，蓝色背景，白色图形符号。

（4）提示标志。

提示标志是向人们提供某种信息（如标明安全设施或场所等）的图形标志。提示标志的几何图形是方形，绿色背景，白色图形符号及文字。

在安全标志中，安全色传达特定的意义。

3. 安全标志设置规范

（1）安全标志应设置在与安全有关的明显地方，并保证人们有足够的时间注意其表示的具体内容。

（2）设立于某一特定位置的安全标志应当牢固安装，保证其自身不会产生危险，所有的标志均应具有坚实的结构。

（3）当安全标志被置于墙壁或其他现存结构上时，背景色应与标志上的主色形成对比色。

（4）对于显示的信息已经无效的安全标志，应立即取下。

（5）为了有效地发挥安全标志的作用，应对其定期检查、定期清洗，发现有变形、损坏、变色、图形符号脱落或亮度老化等情况，应及时更换。

【训练提升】

（1）针对表 6-2 中所列场合选用合理的安全色（红色、黄色、蓝色、绿色），填入对应场合的"安全色"单元格中。

表 6-2　生产现场安全色的选用

使　用　场　所	安　全　色	使　用　场　所	安　全　色
（1）不良品、废品、闲置设备； （2）消防器材、紧急按钮、配电箱、化学危险品； （3）限高线（需加限高说明）； （4）不可回收物品		（1）行车道、人行道、物流运输过道； （2）工作台、车辆停放位、设备定位； （3）门开闭线； （4）工作区域、检验区域	
（1）原材料或生产物料放置区域； （2）工作台面物品定位（不良品、废品除外）； （3）半成品放置区域； （4）物品暂存区		（1）急救用品、医药箱； （2）可回收物品； （3）合格品或成品放置区	

（2）在网上搜索常见的禁止标志、警告标志、指令标志和提示标志，分别将生产现场各类标志中常见的 10 种标志的名称填写在表 6-3 对应的单元格中，并且熟记其几何图形。

表 6-3 生产现场常见的安全标志

禁 止 标 志	警 告 标 志	指 令 标 志	提 示 标 志

（3）请扫描二维码 6-7，观看电子活页"分析生产现场的颜色标识"，分析文档中图片对应的多处生产现场不同区域的颜色使用特点，回答以下问题：生产车间主安全通道、人行道、工作区域、生产物料放置区域、物品暂存区、通道线、定置线等区域或场所分别使用了什么颜色？绿色、黄色、红色、蓝色用在哪些区域或场所？工作人员的工作服是什么颜色？

6-7

（4）实地调查两三处颜色标识和安全标志醒目且合理的生产现场，通过拍照或拍摄视频记录生产现场全景，然后说明绿色、黄色、红色、蓝色分别用在哪些区域或场所，并分析这些颜色标识是否合理。通过拍照或拍摄视频记录生产现场的安全标志，分析生产现场使用的安全标志是否合理，是否存在没有合理使用安全标志的场所。

【任务 6-2】劳动场所安全调研——身边的劳动场所安全吗

劳动场所关乎劳动者的生命安全，无论何时，我们都要有安全意识。你所在的劳动场所是否存在以下安全隐患？

1. 火灾安全隐患

在日常工作中要及时清理杂物，工作场所禁烟禁火，不要超负荷用电，易燃物品应远离电源和火源。

2. 物品使用安全隐患

在工作中常会使用一些尖锐物品，如剪刀、图钉、裁纸刀等文具，这些物品可能伤到人。在日常工作中，不用的文具要及时收好，以防扎伤、割伤。

3. 用电安全隐患

在日常工作中，要按时检查用电设备，及时更换老旧设施，不能多个设备共用一个电源，下班前应关闭电源，做好电器设备的散热。

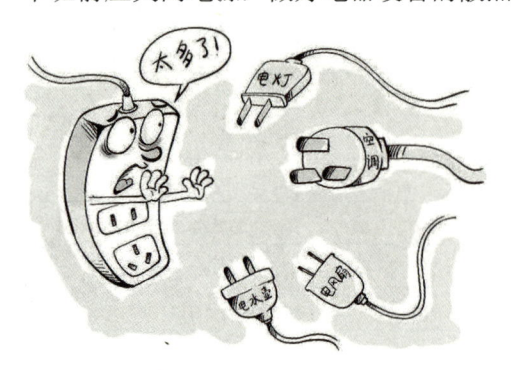

4. 工作环境安全隐患

地板湿滑防摔倒、上下楼梯防踩空、转角慢行防碰撞、登高取物防砸伤……这些细节也都需要注意。

5. 特殊职业安全隐患

高危行业和较大危险行业的从业人员，需要使用安全防护设备，注意观察安全警示标志，当心可能发生的危险。户外工作者还要注意天气情况，在恶劣天气下外出作业要格外谨慎。

【训练提升】

（1）以小组为单位，每组 4～5 人，自行选定一处劳动场所进行调研。调研主题为劳动场所是否安全，要求在调研过程中仔细查看各种机器设备、电气设备等的使用情况，查看通风、照明等是否符合标准，并提出需改进之处。

（2）调研结束后，各小组拟写一份劳动场所安全调研报告，在劳动成果展示平台中展示。

【任务 6-3】绷带包扎训练

绷带包扎是现场处置外伤的主要措施之一，及时正确地包扎，可以达到帮助止血、减少感染、保护伤口、减少疼痛等目的。

包扎是一个实际操作的工作，建议先在脑中模拟，再用绷带一遍一遍地尝试，在不同的身体部位用各种方式进行包扎，反复测试牢固程度、松紧程度，学习如何打结固定。用绷带包扎熟练以后，可以配合使用辅助材料，如将绷带和三角巾配合使用。不要着急，慢慢地练习，从慢到快，由浅入深。

【训练提升】

请扫描二维码6-8，认真阅读电子活页"外伤处理中 5 种绷带包扎方法"，熟悉绷带包扎方法。

请扫描二维码 6-9 和二维码 6-10，认真观看视频"绷带包扎法"和"肢端绷带包扎"中介绍的绷带包扎方法。

以小组为单位进行绷带包扎训练，每组 2 人，每位同学轮流进行绷带包扎操作。

【任务 6-4】快速止血训练

在日常生活中，意外伤害很难避免，如果不及时医治或操作不当，就可能造成伤害。发生大出血时，拖延几分钟就可能危及生命。

【训练提升】

请扫描二维码 6-11，认真阅读电子活页"突发事故受伤，紧急情况下如何快速止血"，熟悉在紧急情况下快速止血的方法。

请扫描二维码 6-12 和二维码 6-13，认真观看视频介绍的"紧急情况下如何快速止血"和"止血方法"。

以小组为单位进行快速止血训练，每组 2 人，每位同学轮流进行快速止血操作。

【任务 6-5】心肺复苏训练

心肺复苏是急救知识的一项重要内容。以小组为单位进行心肺复苏训练，每组 4～5 人，每位同学轮流对医学假人进行心肺复苏，每组活动时间为 30 分钟。活动结束后，评选出动作最标准的小组，并分析自己所在小组在进行心肺复苏时存在的问题。

【训练提升】

请扫描二维码 6-14，打开电子活页"跟我学急救——心肺复苏"，学习该文档讲述的心肺复苏操作步骤。

【任务 6-6】在宿舍推行 6S 管理

宿舍是学生学习和生活的重要场所，是学校教育学生的主要基地。为强化宿舍育人功能，应积极在宿舍推行 6S 管理，以创建幸福之家。

【训练提升】

（1）请扫描二维码 6-15，浏览并熟知电子活页"6S 管理"的相关内容。

（2）请扫描二维码 6-16，浏览并熟知电子活页"在宿舍推行 6S 管理"，并按要求在宿舍推行 6S 管理。

（3）参照表 6-4 所示的学生宿舍 6S 管理考核标准，对宿舍定期进行考核。

表 6-4　学生宿舍 6S 管理考核标准

项 目 名 称	考核内容及分值	考 核 评 价
宿舍整理 （要与不要，一留一弃） （10 分）	（1）及时清除杂物，宿舍内没有卫生死角，不脏不乱（3 分）	
	（2）不在空床上乱堆放杂物（4 分）	
	（3）不在宿舍内、外吊挂矿泉水瓶等杂物（3 分）	
内务整顿 （科学布局，摆放整齐） （18 分）	（1）将被子按军训要求折叠摆放好，将枕头放在床的另一头，床单平整（2 分）	
	（2）将床下鞋子按统一方向摆放，呈一线排开（2 分）	
	（3）漱口杯、毛巾、牙膏、牙刷等生活用品按规范放置（2 分）	
	（4）除被褥、床单、枕头外，床上不能放置其他物品（2 分）	

续表

项 目 名 称	考核内容及分值	考 核 评 价
内务整顿 （科学布局，摆放整齐） （18分）	（5）将衣物和其他小物件放在衣柜内（2分）	
	（6）将书桌上的物品摆放整齐（3分）	
	（7）桌、椅、行李箱等大件物品摆放整齐一致（2分）	
	（8）将宿舍内卫生工具统一放置在盥洗室门的后面（1分）	
	（9）不在宿舍内乱贴、乱挂、乱画（2分）	
卫生清扫 （清除垃圾，美化环境） （18分）	（1）地面干净整洁，大扫除时宿舍地面要见本色（3分）	
	（2）保持宿舍气味清新，无异味（3分）	
	（3）卫生间和洗漱间经常清洗，无污垢（3分）	
	（4）天花板、墙角无蜘蛛网，桌椅、门窗、纱窗、玻璃、柜顶、风扇、灯管无灰尘（2分）	
	（5）床下定时清扫，没有浮尘（2分）	
	（6）宿舍门口走廊区域卫生每天清扫，保持干净（3分）	
	（7）垃圾要及时倾倒（2分）	
宿舍清洁 （形成制度，保持整洁） （14分）	（1）在宿舍内张贴卫生值日表和宿舍长职责制度（3分）	
	（2）宿舍卫生管理有明确分工（4分）	
	（3）每天按值日安排打扫宿舍卫生，保持宿舍整洁（2分）	
	（4）宿舍成员讲卫生、讲文明礼貌，不向窗外和公共区域乱丢垃圾（5分）	
习惯素养 （养成习惯，遵守规则） （20分）	（1）严禁在宿舍内喂养宠物（2分）	
	（2）严禁浏览不文明或反动网站、观看并传播淫秽报刊及音像制品（4分）	
	（3）严禁在宿舍使用高分贝物品（如扩音器、音箱等）或大声喧哗（4分）	
	（4）严禁携带一次性饭盒进宿舍（4分）	
	（5）严禁查寝后强行冲撞门岗（3分）	
	（6）严禁就寝后未闩门，或人未在宿舍且未锁门（3分）	
宿舍安全 （重视安全，防患于未然）（20）	（1）宿舍不准留宿外人（2分）	
	（2）严禁使用电炉、电暖器、电热毯、电吹风等大功率电器（2分）	
	（3）严禁点蜡烛、赌博、打麻将、经销食品和推介服务（2分）	
	（4）严禁私拉乱接电源（2分）	
	（5）严禁在宿舍内喝酒或在宿舍内发现酒瓶（1分）	
	（6）不得坐在二楼以上的窗口或栏杆上，禁止出入楼顶（1分）	
	（7）严禁私藏或拥有任何危险物品或管制刀具、棍棒等（2分）	
	（8）宿舍内严禁出现斗殴、谩骂同学等现象（4分）	
	（9）严禁爬围墙、爬电缆、爬护栏等进出宿舍的危险行为（4分）	

【任务 6-7】在实训室（车间）推行 7S 管理

实训室（车间）是大学生学习和工作的重要场所，是学校教育学生的主要基地，为强化实训室（车间）的管理，应积极推行 7S 管理。

1. 整理

区分需要的和不需要的物品，对实训场地不必要的物品进行整理和清除，同时清除不正确的思想意识。

2. 整顿

将需要的物品配置齐全，并明确对其进行标识，按规定对物品进行科学定位、定量、整齐摆放，达到标准化放置要求。物品使用后应及时复位。

3. 清扫

各责任人将实训场地打扫干净，使场地无垃圾、无灰尘、无脏污、无异味，保持干净整洁，按照"谁使用谁负责"的原则，防止污染发生。

4. 清洁

维护整理、清扫的工作成果，并将相关做法标准化、制度化、持久化。

5. 素养

通过整理、清扫等合理化的改善活动，使全体学生养成守标准、守规定的良好习惯，进而促进学生素养全面提升。

6. 安全

遵守纪律，提高安全意识，每时每刻都树立"安全第一"的观念，做到防患于未然。

7. 节约

合理利用财物，并发挥其最大效能，讲究速度和效率，创造出物尽其用的实训环境。

【训练提升】

请扫描二维码6-17，浏览并熟知电子活页"实训室（车间）7S管理考核标准"，并按此标准在实训室（车间）推行7S管理，定期进行考核评比。

【任务6-8】实习实训时熟知并遵守安全操作规程

1. 机械设备安全操作规程

（1）操作旋转设备必须穿"三紧式"工作服，不能留长发（长发要盘在工作帽内），不能戴绒毛手套。

（2）操作机械设备要注意力集中，操作控制速度、压力、温度等指标时不要过快、过猛。

（3）按照相应的规程正确使用专用工具操作。

（4）开动机械设备前，要对机械设备认真检查，在"点动试机"正常后，再正式开机操作。特别注意安全防护装置是否可靠。

（5）发现机械设备不正常时，要及时报告，维修好后才能使用。

（6）不要开动不属于自己操作的机械设备和被查封停用的机械设备。

（7）未经许可不去危险岗位和场所。

（8）发现违章操作行为要及时制止。

（9）发现机械设备存在事故隐患要及时报告。

（10）做到不伤害自己、不伤害他人、不被他人伤害。

2. 钳工安全操作规程

（1）在操作前先检查场地与工具是否安全，发现不安全之处与损坏现象，应及时清理和维修。

（2）锯削安全操作规范。

① 锯条安装松紧要适当，锯削时速度不能过快，压力不能过大，要防止锯条突然绷断弹出发生伤人事故。

② 工件快要锯断时，要及时用手扶住被锯下的部分，防止工件落下砸伤脚或损坏工件。

（3）锉削安全操作规范。

① 没有装手柄或手柄裂开的锉刀不能使用。

② 不可将锉刀当作拆卸工具或锤子使用。

③ 锉刀不用时应放在台钳的右面，其手柄不可露出台钳外。

④ 不能用嘴吹铁屑，也不能用手摸工作台的表面。

3. 钻孔安全操作规程

（1）操作钻床时不可戴手套，袖口要扎紧，女生必须戴安全帽。

（2）钻孔前根据所需的钻削速度调节好钻床的速度。在调节时必须切断电源。

（3）工件必须夹紧，在孔将钻透时减少进给力。

（4）在开动钻床前，检查是否有钻夹头钥匙或斜铁插在转轴上，在工作台面上不能放置量具和其他工件杂物。

（5）不能用手、棉纱或用嘴吹来清除切屑，要用毛刷或棒钩清除切屑，而且尽可能在停机时清除。

（6）停机时应让主轴自然停止，严禁用手捏刹钻头，严禁在开机状态下拆装工件或清洁钻床。

4. 安全用电规程

（1）用电线路及电气设备绝缘必须良好，灯头、插座、开关等带电部分不能外露，以防触电。

（2）不要乱拉乱接电线，以防触电或发生火灾。

（3）不要站在潮湿的地面上移动带电物体或用潮湿的抹布擦拭带电的家用电器，以防触电。

（4）熔断丝选用要合理，切忌用铜丝、铝丝或铁丝代替，以防发生火灾。

（5）在检修或调换灯头时，即使开关断开，也不能用手直接触及，以防触电。

（6）如有电器发生火灾，要先切断电源，切忌直接用水扑灭，以防触电。

（7）发现有人触电，应先设法断开电源（若在高处触电，则要采取防止触电者跌落受伤的措施），然后进行急救。

5. 电工与电子安全操作规程

（1）在实训操作开始前，检查各种仪器设备是否完好，检查训练场地的电源插座及有关设备有无不安全因素。发现设备损坏或其他故障要立即停止使用，并及时报告指导教师。

（2）使用电器设备时，必须严格遵守操作规程，防止触电。发现有人触电时，不能慌乱，应立即切断电源进行抢救。使用有腐蚀性的物品时，必须戴安全手套，严禁裸手工作。

（3）必须熟悉设备的基本性能、注意事项和操作方法。调试用仪表接好线后，经指导教师检查无误后方可使用。设备通电后要坚守岗位，不得擅离，在必须离开时，必须切断电源。

（4）调节仪器旋钮时，力量要适度，严禁违规操作。

（5）测量电路元件电阻值时，必须断开被测电路的电源。

（6）使用万用表、毫伏表、示波器、信号源等仪器连接测量电路时，应先接上接地线端，再接上电路的被测点线端；测量完毕拆线时，应先拆下电路被测点线端，再拆下接地线端。

（7）使用万用表、毫伏表测量未知电压时，应先用最大量程挡进行测试，再逐渐下降到合适的量程挡。

（8）用万用表测量电压和电流时，不能带电转动转换开关。

（9）万用表使用完毕，应将转换开关旋至空挡或交流电压最高挡位。

（10）给直流供电设备接电源时，应把直流电源电压旋钮调到最低处，接好电源后再把电源开关打开，并将电压调至额定值。

（11）对电路进行焊接、跳线操作时应先切断电源。

（12）电烙铁一定要放在专用支架上，严禁放在工作台或其他物体上。使用电烙铁时不得乱甩焊锡，敲打烙铁。不用电烙铁时，必须拔掉插头。

（13）仪器设备在使用过程中出现异常情况，应立即切断电源并报告指导教师。

（14）在实训结束后，应先关闭仪器电源开关，再拔电源插头，避免仪器受损。

（15）在实训操作全部结束后，必须检查清点使用的仪器设备、工具和材料并将其归位，如有问题应及时报告指导老师。

（16）在离开实训室前，必须切断电源，全面检查安全防火情况，并搞好实训室的卫生。

【训练提升】

（1）说一说在劳动实践活动和实习实训时，自己和同学遵守各项操作规程的情况。

（2）如果在劳动实践活动和实习实训过程中发生过安全事故，那么说一说是什么原因导致的安全事故。

【成果展示】

学习与借鉴国内高校在制定劳动规程、保障劳动安全等方面的优秀成果，了解或探析所在学校在劳动安全、紧急救治等方面的典型经验，通过多种途径总结与推广所在学校的相关经验。

【成果6-1】渤海理工职业学院实训室 6S 管理效果显著

【成果概要】

实训室是重要的教学与训练场所，实训室管理还关乎教师和同学们的安全问题。

按照 6S 管理制度要求，各实训室进行了整理、整顿和清洁，教学设备、工具进行分类定位布置，科学摆放。实训室整齐划一，环境清洁明亮，旧貌换新颜，发生了根本的改变。这样既方便教师和同学们的技能实践，又保证教师和同学们的安全。

【成果应用】

（1）请扫描二维码 6-18，认真阅读并熟知电子活页"渤海理工职业学院实训室 6S 管理效果显著"的具体内容。

（2）探析渤海理工职业学院的实训室 6S 管理有哪些经验值得其他院校借鉴和推广。

培养劳动习惯，保障劳动安全　模块 6

【成果 6-2】大学别样劳动教育："劳动实训+急救技能"

【成果概要】

"践行急救使命，铸就医者仁心"项目依托赣南医学院急救平台，以急救技能为抓手，将专业技能实训与劳动实践相结合，把劳动精神融入育人全过程。

项目团队通过开展急救技能宣教、竞赛、下基层等技能实训与实践活动，积极打造"劳动实训+急救技能"实训平台，使广大师生有效掌握应急救护知识与技能，营造"人人会急救，急救为人人"的社会氛围，获得良好的育人成效与社会反响。

该项目自建设以来，完成急救培训 1200 余人次，培养急救救护员 700 多名，发放急救手册 3000 多份。

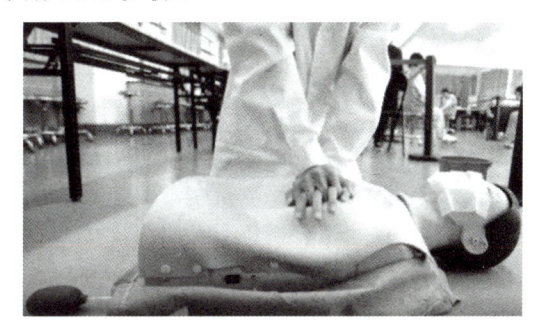

【成果应用】

（1）请扫描二维码 6-19 和二维码 6-20，认真观看视频"践行急救使命，铸就医者仁心"和"大学别样劳动教育带你'劳动实训+急救技能'"。

（2）探析赣南医学院打造的劳动教育"专业技能+劳动实训"技能实训平台有哪些创新点。

（3）总结赣南医学院在劳动教育实施中有哪些经验值得其他院校借鉴和推广。

模块 7　亲历劳动活动，锻造劳动品质

"一粥一饭，当思来处不易；半丝半缕，恒念物力维艰。"

劳动成果凝聚着劳动者的汗水、心血和智慧结晶。清洁的城市、便利的交通、快捷的物流、丰富的美食、畅通的网络，我们的幸福生活来自无数人的辛苦劳动。为珍惜劳动成果，大学生要厉行节约、反对浪费，在家庭和学校坚决杜绝铺张浪费的行为，做勤俭节约的行动派，在弘扬真善美的过程中传递青春正能量，努力为促进全社会形成以节约为荣的良好风尚出一份力。

劳动既强壮了我们的体魄，又培养了我们坚韧不拔的性格，以及全心全意为人民服务的思想。学校应通过劳动活动锻炼大学生勤学苦练、深入钻研、勇于创新、敢为人先的品质，培育大学生崇尚劳动、热爱劳动、辛勤劳动、诚实劳动的劳动精神，发扬以爱国主义为核心的民族精神和以改革创新为核心的时代精神。

【知识学习】

【箴言金句】

生活是如此美好，一切无不来自人们的艰苦劳动。
劳动使人聪慧，劳动使人快乐。
劳动能洗刷人思想上的灰尘，能除掉人灵魂上的污垢，使人变得崇高，使人变得伟大。

7.1　什么是劳动品质

劳动品质是指劳动者在生产劳动过程中表现出来的劳动态度、劳动能力等方面的素质，它是企业衡量员工劳动质量和生产效益的重要指标之一。

7.2　培养大学生的劳动品质

劳动是脑力劳动和体力劳动的统一，当代大学生需要培养专心致志、吃苦耐劳、诚实守信、团结协作等劳动品质。

1. 专心致志

在劳动过程中，要让专心致志成为一种自然的习惯，而这种习惯的养成，需要培养和树立正确的劳动价值观，让大学生真正认识到劳动改变人生、改变世界的价值内涵，并发自内心地尊重劳动、热爱劳动、享受劳动。

2. 吃苦耐劳

吃苦耐劳是劳动品质的核心内容。从当代大学生实际状况出发，培养大学生吃苦耐劳的精神，主要是强化意识培育。大学生只有不断实践，增强专业素养，磨砺吃苦耐劳的品质，才能真切感受到吃苦耐劳的品质带来的强大内驱力。

3. 诚实守信

诚实守信是社会和谐的基础。和谐的劳动关系建立在诚实守信的基础之上，建立在每位劳动者将其对社会的义务和责任落实到行动之中。同时，诚实守信也是经济发展的基础。诚实守信是企业立足之本，企业只有诚实守信才能提高生命力和竞争力。

在生产劳动和生活劳动中，始终要把诚实守信作为根本准则；在个人品质上，树立诚实守信的观念，秉持诚实守信的品质和意志；实事求是，言行一致，信守承诺，严格遵守规范，认真履行职责，勇于承担责任。

4. 团结协作

现代社会的劳动分工变得日益细化，有分工就有协作，分工越细，越需要团结协作。劳动分工和劳动协作是不可分割的整体。个人的力量是有限的，只有将个人的力量融入团队的力量，将个人的愿望结合团队目标，才能超越个体局限，真正发挥团队的作用。

7.3 常见的劳动教育活动

劳动教育活动有很多，以下是一些常见的劳动教育活动。

1. 校园清洁

通过校园清洁活动，让学生了解环境保护和卫生的重要性。

2. 养护花草

通过养护花草活动，让学生了解植物的生长过程，同时锻炼学生的细心和耐心。

3. 植树造林

通过植树造林活动，让学生了解保护环境的重要性，同时锻炼学生的劳动技能，培养学生的合作意识。

4. 义务劳动

通过义务劳动活动，让学生了解劳动的价值和意义，培养学生的劳动习惯和劳动精神。

5. 社区服务

通过社区服务活动，让学生了解社会的需要，增强学生的社会责任感和公益意识。

6. 实践技能

通过实践技能活动，让学生掌握一些实用的技能，如木工技能、电工技能。

【专题探讨】

【专题 7-1】提升劳动素养，锤炼人格品质

【内容摘要】

1. 劳动可以锤炼人的品格，教会学生热爱生活

劳动是成长成才的必修课，劳动教育是国民教育体系的重要内容。劳动教育在学生成长成才的过程中不可或缺，它可以锤炼人的品格，教会学生热爱生活。坚毅的品格只有在劳动中才能养成。通过劳动活动，让学生树立劳动光荣、劳动创造美好生活的理念，激发学生热爱劳动、热爱生活。

2. 劳动可以磨炼人的意志，教会学生自信乐观

人类的发展史其实就是一部劳动史，是劳动创造了历史，是劳动改变了世界。美好的梦想通过劳动才能实现，遇到的难题通过劳动才能破解，人生的辉煌通过劳动才能铸就。劳动教育内容，不单纯是为了培养学生的吃苦耐劳精神，更主要的目的是通过劳动体验培养学生的自信、乐观和豁达。劳动可以磨炼学生的抗挫折能力，作为培养学生坚毅品格的抓手，不仅可以让学生明白奋斗的艰辛、珍惜劳动成果，更可以提升学生的自信心，培养学生坚毅的人格品质。

3. 劳动可以锻炼人的心性，教会学生脚踏实地

劳动者用智慧和勤劳的双手不断推动社会发展，用辛勤的汗水让生活变得更加美好。让学生进行劳动锻炼，消除对家长或他人的依赖心理，将会促进学生独立意识的形成，这对培养学生的独立性、创造性具有巨大的作用。通过劳动教育，潜移默化地帮助学生树立正确的人生价值观、劳动观，引导学生脚踏实地做事、顶天立地做人。

奋斗成就梦想，劳动点燃希望。学校应激发学生的爱国情感，让学生感知劳动价值，以脚踏实地的努力、毫不懈怠的拼搏，实现德智体美劳全面发展，努力成长为担当民族复兴大任的时代新人。新时代的青少年，生逢其时，重任在肩。

（来源：苏州市相城区融媒体中心，作者丁静芳，内容有删减）

【思考探讨】

以小组为单位，使用思维导图梳理作者的主要观点。

【专题 7-2】培养学生良好的劳动习惯和劳动品质

【内容摘要】

开设劳动课很有意义，可以增强学生的劳动意识，提升学生的劳动能力，让学生养成良好的劳动习惯和劳动品质。

1. 尊重劳动不忘本

"饮水思源，缘木思本。"勤劳是中华民族的传统美德，中华民族向来重视对勤劳美德的培养，并将之看成是修身、齐家和治国的重要途径之一。正是劳动，创造了悠久灿烂的中华文明，创造了中国的发展奇迹。学生处在人生的"拔节孕穗期"，要通过劳动教育，为学生厚植劳动最光荣、劳动最崇高、劳动最伟大、劳动最美丽的观念，让劳动教育重新归位，让尊重劳动成为习惯。

2. 参与劳动不忘恩

"一粥一饭，当思来之不易。"如果父母只知道付出，却没有很好地教育子女，就会为子女未来的发展留下隐患。特别是在家庭生活中，由于家庭环境优越或父母溺爱，一些子女认为父母的付出理所应当，不懂得理解和感恩。家长要摒弃"保姆式"教育，培养子女对家庭的责任意识，让子女从简单的生活技能学起，增强其适应社会的能力和责任心。

3. 热爱劳动不忘责

"一室之不治，何以天下家国为？"幸福不会从天而降，梦想也不会自动成真。青少年是祖国的未来和希望，要成长为堪当民族复兴重任的时代新人，就要从小事做起、从身边事做起。要引导青少年在劳动中体验劳动的艰辛、感受劳动的喜悦、培养吃苦耐劳的意志，在劳动中丰富知识、丰厚阅历、锻炼品质，树立正确的劳动价值观。

无论时代如何发展，劳动教育的价值不会改变。只有把劳动的种子深植学生心中，才能激励学生在成长成才的过程中用诚实劳动、努力奋斗来成就梦想。

（来源：客家新闻网，作者肖小明，内容有删减）

【思考探讨】

以小组为单位，使用思维导图梳理作者的主要观点。

【专题 7-3】涵养劳动情怀，培育劳动品质

【内容摘要】

劳动教育是高等教育的重要组成部分，与德智体美教育相辅相成，密不可分。劳动可以

树德，可以增智，可以强体，可以育美。因此，高等教育要把劳动教育融入大学生德智体美教育之中，从而全面提高学生的综合素质。

劳动可以树德。劳动教育可以培养学生勤劳俭朴、吃苦耐劳的精神品质，使其养成艰苦奋斗、团结合作的奋斗精神，形成尊重劳动、热爱生活的优秀品格，这是中华民族的传统美德，也是社会主义核心价值观的重要内容。

劳动可以增智。劳动教育可以促进学生全面吸收人类优秀的文明成果，掌握基本的专业技能，形成初步的职业意向，这是大学生基本的生存本领，也是促进大学生全面成长的必修课程。

劳动可以强体。劳动教育可以促进学生强健体魄、健康身心，形成健全人格，锤炼意志品质，这是大学生的基础素质，也是大学生成才创业的根基。

劳动可以育美。劳动教育可以促进学生树立"幸福是奋斗出来的"劳动价值观，以劳育美、以美育人、以文化人，使学生能够陶冶情操，提高人文素养。

【思考探讨】

请扫描二维码 7-1，认真阅读电子活页"涵养劳动情怀，培育劳动品质"，以小组为单位，使用思维导图梳理作者的主要观点。

【专题 7-4】劳动教育：重在"育"，不可止于"劳"

【内容摘要】

自劳动课正式成为一门独立课程后，"中小学生学做饭"成为热点话题。但是，加强新时代劳动教育，不能简单将其理解为增加家务劳动，而应充分考虑劳动教育的全面性和有效性，让学生不仅能劳动、会劳动，更要愿劳动、爱劳动。

劳动教育要重视"劳育结合"，避免"以劳代育"的现象。

劳动教育要把握"整体育人"，超越"单一课程"的思维。

劳动教育要落实"劳以致用"，防止"本末倒置"的情形。

劳动教育要强调"以劳促全"，纠正"劳动负担"的观点。

劳动教育要倡导"体认劳动"，弘扬"崇尚劳动"的风尚。

"人生在勤，勤则不匮"，劳动是一切成功的必经之路。劳动教育的质量决定了新时代劳动人才的培养成效，关系到共同富裕的高质量建设水平和中国式现代化的高质量发展程度。做好劳动教育，要围绕为谁培养劳动者、培养什么样的劳动者、怎样培养劳动者等关键问题，有目的、有计划地组织学生参加日常生活劳动、生产劳动和服务性劳动，促进家庭劳动教育日常化、学校劳动教育体系化、社会劳动教育多元化，凝聚劳动育人合力，真正形成以学校劳动为主渠道、以家庭劳动为基础、以社会劳动为支撑的协同育人格局，使劳动最光荣、劳动最崇高、劳动最伟大、劳动最美丽的理念深入人心。

【思考探讨】

请扫描二维码 7-2，认真阅读电子活页"劳动教育：重在'育'，不可止于'劳'"，以小组为单位，使用思维导图梳理作者的主要观点。

【榜样激励】

【榜样 7-1】张秉贵："我们工作平凡，岗位光荣，责任重大！"

【事迹简介】

张秉贵（1918—1987），北京市人。作为北京百货大楼售货员，他是 20 世纪 50 年代至 80 年代我国商业系统最著名的全国劳动模范。

张秉贵从为国家争光、为人民服务的信念出发，在问、拿、称、包、算、收六个环节上不断摸索，刻苦练就售货"一抓准"和算账"一口清"的过硬本领，接待一个顾客的时间从三四分钟减为一分钟。他通过特有的眼神、语言、动作、表情、步伐、姿态等，为顾客提供热情周到的服务，几乎成了那个时代商业领域的服务规范。

20 世纪 50 年代，张秉贵总结出站好柜台要做到五点——精神饱满、思想集中、耳目灵敏、抬头售货、动作"三快"；20 世纪 60 年代，他总结出"接一、问二、联系三"的工作方法；20 世纪 70 年代，他将自己几十年如一日满腔热情的服务精神归纳概括为"一团火精神"，响亮地提出"心有一团火，温暖顾客心"。他被亲切地誉为"燕京第九景"，是新中国商业战线上的一面旗帜。他常说："售货员要用一团火来温暖顾客，使他们不仅在商店里感到热乎乎的，回家后热乎乎的，走上工作岗位还要热乎乎的，这才算我们对革命事业的一点贡献。"

张秉贵在 1979 年被授予全国劳动模范荣誉称号，在 2019 年荣获"最美奋斗者"称号。

【思考探讨】

（1）以小组为单位，使用思维导图梳理张秉贵的先进事迹和主要贡献。

（2）张秉贵有哪些值得我们学习的精神品质和技术技能特长？

【榜样 7-2】高凤林：为火箭焊接"心脏"

【事迹简介】

高凤林，河北东光人，中国航天科技集团有限公司第一研究院首都航天机械有限公司特种熔融焊接工，高级技师，长征三号甲系列运载火箭、长征五号运载火箭的第一颗"心脏"都在他手中诞生。他先后为 90 多发火箭焊接过"心脏"，攻克了航天焊接 200 多项难关，打破国际技术壁垒，让世人刮目相看。

高凤林曾说："我觉得，只有国家的需求和个人的成长结合在一起，才能更加施展自身的价值。"

2019 年 9 月，高凤林荣获"最美奋斗者"称号。

中华民族走进浩瀚宇宙，探索万千奥秘，离不开一代代航天人的接续奋斗和协同攻关。而在这些人中，就有被称为"金手指"的高凤林。

几十年来，高凤林只做了焊接一件事，可他的双手比机器还要精准，如今已经成为焊接界的"天花板"。

择一事，终一生，不为繁华易匠心，不舍初心得始终。怀着对工匠精神的信仰和传承，高凤林用坚守和执着、积淀和奋进，诠释了一位航天匠人以匠心筑梦、以匠艺强国的风范。

【思考探讨】

（1）请扫描二维码 7-3，认真阅读电子活页"为火箭焊接'心脏'"。
（2）以小组为单位，使用思维导图梳理高凤林的先进事迹和主要贡献。
（3）高凤林有哪些值得我们学习的精神品质和技术技能特长？

【榜样 7-3】马石光：做勤劳的"小蜜蜂"，守护美好生活

【事迹简介】

2014 年 4 月，马石光进入湖南长沙圆通速递高桥分公司，从一名基层员工开始，成长为一名优秀的技术和管理人才。马石光牢记"快递小哥是美好生活的创造者、守护者"，团结带领团队成员刻苦钻研业务，尽心服务客户，不断创新技术和管理，甘于奉献、乐于助人，得到了行业、客户和公司的普遍认可，曾获"湖南省技术能手""湖南省五一劳动奖章"等荣誉。2023 年 4 月，他又荣获"全国五一劳动奖章"。

马石光是一名不折不扣的快递"老兵"——这些年来，他累计派送包裹 100 余万件，走过的快递之路超过 20 万千米，相当于绕地球 5 圈。"以前一辆两轮的电动车，要拖 100 多千克的包裹，遇上下雨路滑，摔跤受伤是常有的事。"马石光说，他撩起裤脚，露出膝盖上留下的不少伤疤。

随着工作的不断深入，马石光越发体会到加强自身修养对提升工作质量的重要性。哪怕平时的工作任务再重，他总要挤出时间给自己充电，报名参加各种培训课程，碰到不懂的问题就虚心向其他同事请教，不放过任何一个提升自己的机会。

多年的汗水浇灌出累累硕果。凭借扎实的业务能力，马石光很快升任公司营运经理。在他任职圆通速递高桥分公司的 8 年间，分公司业务量翻了三番，实现了"零投诉"。

2023 年，在荣获"全国五一劳动奖章"后，来北京领完奖的马石光马不停蹄地回到高桥继续工作。马石光说："荣誉和光环从来不是奋斗的最终目的，怎么让荣誉和光环为行业和快递小哥创造更大的价值，这更重要。"他表示，今后会更加努力做好工作，继续做美好生活的创造者、守护者。

2023 年，马石光当选为党的二十大代表。他说："要把党的路线、方针、政策带给一线快递从业人员，坚持做勤劳的'小蜜蜂'，做美好生活的创造者和守护者。"

【思考探讨】

（1）请扫描二维码 7-4，认真观看视频"做勤劳的'小蜜蜂'，守护美好生活"。
（2）以小组为单位，使用思维导图梳理马石光的先进事迹。
（3）思考与探讨马石光值得我们学习的精神品质和技术技能特长？

【榜样 7-4】郭玉全：独门秘籍就是下苦功

【事迹简介】

飞灰是垃圾焚烧发电厂烟气净化系统收集的残余物，属于危险废弃物。如何处理好飞灰，被视作控制生活垃圾焚烧污染的"最后一公里"。飞灰中含有很高的盐分，是飞灰资源化利用的一大瓶颈。有一家企业，其飞灰处置工业生产线可有效解决北京市目前 70% 以上生活垃圾焚烧飞灰处置的难题。这些成绩离不开全国劳动模范、北京金隅琉水环保科技有限公司高级技师郭玉全。郭玉全从头开始学习基本盐化工知识，熟悉整个制盐工业的生产工艺，用了整整一年时间。

郭玉全还带领团队承担设备改造任务，成功突破多个技术节点。他连续观察一个多月后，推断设备进料口管道存在设计缺陷，带领技术研发团队做研究，带着飞灰样本考察设备厂家，自行研发设计工艺路线，组织单台浆液分离机实验，与厂家一道进行设备改进，最终研制出符合飞灰处置工艺特性的浆液分离机，真正实现了飞灰的无害化、减量化与资源化处置。2017 年，北京金隅琉水环保科技有限公司又建成飞灰处置二期工程，两条飞灰处置线年处置飞灰 7 万吨，成为北京市唯一一家实现"三化"处置飞灰的企业。郭玉全从一名技校毕业生成长为企业的技术创新领军人物，许多人问他有什么独门秘籍，他说："哪有什么秘籍，再高超的技术都需要积累，不下苦功夫是绝对不行的。"

【思考探讨】

郭玉全有哪些值得我们学习的精神品质和技术技能特长？

【情怀涵养】

【案例 7-1】致敬外卖小哥

　　诚实勤勉的你们，无论刮风下雨、严寒酷暑，辛苦走路、辛苦骑车，勇敢奔跑，把美食送到每一位客户的手中，让每个人都能够体验到美食带来的满足感。外卖员，你们是最可敬的存在，你们辛苦的付出值得所有人赞美。

　　外卖小哥每天奔波穿梭于城市之中真的很辛苦，他们值得被世界温柔以待。请善待我们身边的每一位外卖小哥。

　　外卖小哥是值得尊敬的一群人，请给他们一个微笑、一个好评、一句谢谢。

　　他们是儿子，是父亲，是丈夫。为了给孩子买个玩具，为了给爸妈买双鞋子，为了给爱人买身衣服，他们起早贪黑，全年无休，走最远的路，赚最干净的钱。夏天汗流浃背，冬天寒风刺骨，他们穿梭在城市的大街小巷，摔倒了，第一反应是客户的餐有没有洒、车子有没有坏，最后才想到自己有没有受伤。

　　他们不是不想骑得慢一点，更安全，只是怕晚了点，凉了餐。

　　他们也想走得慢一点，脚上起了泡，涂了药，还没有见好。

　　他们也想歇歇脚，可孩子的学费还没有交。

　　他们也想陪爸妈，在异乡的街头，只能匆忙挂掉电话。

　　他们风餐露宿，却为你送去美味佳肴。

　　让我们给他们一杯热水，给他们一个微笑，为他们让一下道。

【写与拍】

（1）请扫描二维码 7-5，认真阅读电子活页"致敬奔波坚守的外卖小哥"。

（2）以"致敬外卖小哥"为主题撰写心得体会，表达自己的真情实感，并开展主题演讲活动。

（3）将镜头对准劳动者的劳动场景，拍摄照片和视频，记录劳动者感人的瞬间。

【案例 7-2】致敬快递员，你们辛苦啦

　　用辛勤劳动

　　助力美好生活

　　大街小巷

　　清晨日暮

我们总能看到一群忙碌的身影
他们就是快递员
被亲切地称为
——"勤劳的小蜜蜂"
……
他们的敬业奉献
传递出一份份爱与温暖
他们的执着付出
勾勒出一道道城市风景线
让我们向每一位快递员致敬

【写与拍】

（1）请扫描二维码 7-6，认真阅读电子活页"致敬快递员，你们辛苦了"。

（2）请扫描二维码 7-7，认真观看视频"致敬快递小哥"。

（3）以"致敬快递员"为主题撰写心得体会，表达自己的真情实感，并开展主题演讲活动。

（4）将镜头对准劳动者的劳动场景，拍摄照片和视频，记录劳动者感人的瞬间。

【案例 7-3】致敬劳动者——外卖员、快递员

在我们的生活中，离我们最近的，莫过于那些穿着黄色或者蓝色制服，戴着头盔，提着外卖盒子，来去匆匆的外卖小哥了。

一辆普通的电动车、一个送餐箱、一部用来时刻关注订单的手机，他们带着这些装备，穿梭于城市的每个角落，为他人准时送上三餐。

与此同时，快递员早出晚归，风雨无阻，往返于仓库、网点、收件地，用脚步丈量着城市的每个角落。

【说与讲】

请扫描二维码 7-8，认真浏览电子活页"致敬劳动者——快递员、外卖员"。一幅幅"醉美"的照片定格每一个动人的瞬间，说一说观看这些照片后的感想，讲一讲身边快递员和外卖员的动人故事。

【案例 7-4】致敬劳动者——服务人员

奔波于城市间的骑行者、风雨无阻的环卫工人、车流中的交通守护者、美丽城市的建设者，平凡的岗位铸就不平凡，每一种劳动都应该得到尊重，每一位劳动者都值得敬佩，致敬每一个努力生活、努力奋斗的人。劳动让人生充实，让生命有了价值，人生因劳动而精彩，致敬所有的劳动者！

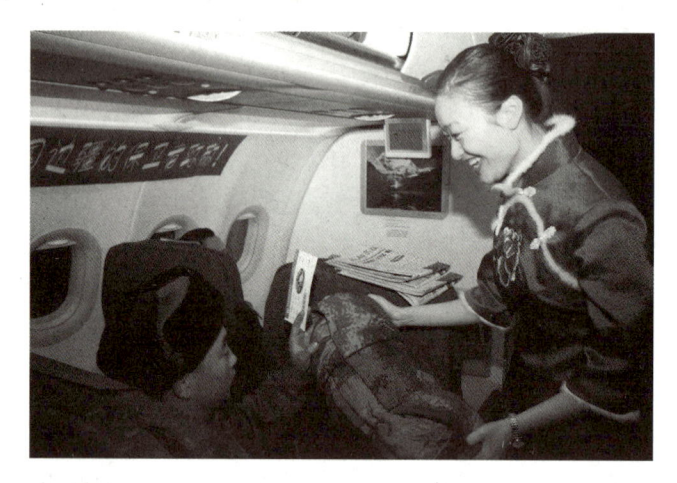

用你们的真诚去关心每一位乘客，用你们的微笑去服务每一位乘客。

真诚的微笑是你们的手，温暖的服务是你们的嘴，用你们的双手为顾客遮阳，用你们的心为顾客排忧。

【说与讲】

请扫描二维码 7-9，认真浏览电子活页"致敬劳动者——贴心服务"。一幅幅"醉美"的照片定格每一个动人的瞬间，说一说观看这些照片后的感想，讲一讲身边劳动者贴心服务的动人故事。

【案例 7-5】致敬劳动者——电力工作者

在我们的生活里，有这样一群人
从春耕春灌到迎峰度夏
从秋季安全大检查到战风雪、保供电
总有他们奋战在一线的身影
用坚守诠释劳动之美
用初心与使命守护万家灯火
他们有一个共同的名字——电力工作者
炎热的夏天，在我们舒服地吹着空调、吃着冰西瓜的时候
有一群战士，他们上天入地、披荆斩棘，迎热浪、战酷暑
测温仪、工具钳是他们的剑，安全帽、防护服是他们的盾
他们为人们的夏日清凉而战、为人们的寒冬温暖而战

【说与讲】

请扫描二维码 7-10，认真浏览电子活页"致敬劳动者——电力工作者"。一幅幅"醉美"的照片定格每一个动人的瞬间，说一说观看这些照片后的感想，讲一讲身边电力工作者的动人故事。

二、【任务实战】

【任务 7-1】组织开展劳动教育月或劳动教育周系列主题活动

劳动的汗水凝成甘露，青春伴随着劳动自强不息。劳动教育对大学生有着重要影响，是创造物质文明和精神文明最直接的因素。开展劳动教育月或劳动教育周活动，通过劳动教育月或劳动教育周活动深化大学生对劳动观念的理解，丰富大学生的劳动技能，让其在劳动实践中取得收获，体会劳动的乐趣，在劳动中丰富自我认知，提升实践能力。

【任务 7-1-1】 了解重庆工程学院组织开展的大学生"劳动月"系列教育活动

重庆工程学院组织开展的大学生"劳动月"系列教育活动分为日常生活劳动、生产性劳动、服务性劳动、创造性劳动和劳动培训五大模块。

1. 日常生活劳动

开展"劳动创造美，感恩父母情"家庭生活劳动。组织学生利用"五一"假期，完成美食制作、卫生打扫、整理收纳等系列家庭劳动，体悟"劳动创造美好生活"，同时感恩家人的辛苦付出，增进与家人之间的情感交流。

"劳动月"系列教育活动的成果呈现形式及要求如表 7-1 所示。

表 7-1　"劳动月"系列教育活动的成果呈现形式及要求

成果呈现形式	相 关 要 求
照片	劳动过程照片和（或）成果照片、见证者合影，要求上交原图，格式为 JPEG 或 PNG
心得体会	突出主题，内容积极健康向上，表达真情实感，字数在 200 字以上
劳动教育简报	简报突出主题、内容丰富、图文混排、版面布局合理，真实记录劳动教育过程、反映劳动教育成果
劳动学时统计表	客观、真实统计学时

2. 生产性劳动

（1）开展"粒粒盘中餐，皆是辛苦换"农业生产劳动。
（2）筹备一批专业性劳动实践岗位，供学生假期外出开展劳动实践。

3. 服务性劳动

（1）开展"劳动创造美，服务暖人心"服务性劳动。
（2）开展"树劳动之风，建美丽校园"卫生劳动。

4. 创造性劳动

（1）开展"心灵手巧，变废为宝"创意手工大赛。
（2）开展"发现身边最美劳动者"微视频大赛。
（3）开展"中国梦，劳动美"主题艺术作品征集活动。
（4）开展"中国梦，劳动美"主题征文比赛。
（5）开展"中国梦，劳动美"主题演讲比赛。

5. 劳动培训

（1）开展"劳动模范进校园"活动。
（2）开展"绿色校园，你我共建"垃圾分类主题培训与实践。
（3）开展"节约粮食，从我做起"光盘行动。
（4）举办"身边的楷模，榜样的力量"优秀学生先进事迹报告会。

【参考借鉴】

（1）请扫描二维码 7-11，浏览电子活页《重庆工程学院 2022 年大学生"劳动月"实施方案》的具体内容，梳理重庆工程学院大学生"劳动月"系列教育活动的教育内容、时间安排、工作要求等方面的具体内容。

（2）请扫描二维码 7-12，浏览电子活页《关于开展重庆工程学院 2022 年"中国梦 劳动美"主题艺术作品征集活动的通知》的具体内容，了解重庆工程学院"中国梦 劳动美"主题艺术作品征集活动的活动主题、征集题材、作品要求、奖项设置、成果呈现等方面的具体内容。

（3）归纳与总结重庆工程学院大学生"劳动月"系列教育活动的典型做法，供本校（院）开展大学生"劳动教育月"活动时借鉴。

【任务 7-1-2】了解长江大学组织开展的"劳动教育月"系列活动内容

下面是长江大学组织开展的"劳动教育月"系列活动的主要内容。

1. 活动主题

让青春在劳动中闪耀。

2. 活动内容

（1）理论知识我来学。
（2）清洁校园我争先。
（3）精美宿舍我装扮。
（4）主题作品我设计。
（5）志愿服务我参与。
（6）社区实践我来做。
（7）劳动模范我来当。

【参考借鉴】

（1）请扫描二维码 7-13，浏览电子活页《长江大学关于开展 2023 年"劳动教育月"系列活动的通知》的具体内容，梳理长江大学"劳动教育月"的活动主题、活动内容、活动要求等方面的具体内容。

（2）归纳与总结长江大学"劳动教育月"系列活动的典型做法，供本校（院）开展大学生"劳动教育月"活动时借鉴。

【任务 7-1-3】了解中国石油大学（北京）组织开展的"劳动教育月"系列活动内容

下面是中国石油大学（北京）组织开展的"劳动教育月"系列主题活动的主要内容。

1. 活动主题

耕育桃李七十载，劳育力行向未来。

2. 活动内容

（1）聆听一次主题报告。
（2）学习一项专项技能。
① 急救知识技能专项培训。
② 消防基本技能实操实训。
③ "厨艺学堂"劳动实践课。
（3）清洁一间最美净室。
① "'寓'你同行"宿舍卫生大扫除。
② "爱上实验室"实验室清洁日。
（4）参加一次劳动实践。
① "一院一品"劳动教育实践特色项目。
② 志愿服务和社会实践。
③ "勤满校园"劳动实践岗。
（5）展示一项劳动成果。

【参考借鉴】

（1）请扫描二维码 7-14，浏览电子活页《中国石油大学（北京）关于开展劳动教育月系列主题活动的通知》的具体内容，梳理中国石油大学（北京）"劳动教育月"系列主题活动的活动主题、活动内容、工作要求等方面的具体内容。

（2）归纳与总结中国石油大学（北京）"劳动教育月"系列主题活动的典型做法，供本校（院）开展大学生"劳动教育月"活动时借鉴。

【任务 7-1-4】了解河北环境工程学院组织开展的"劳动教育月"活动内容

下面是河北环境工程学院组织开展的"劳动教育月"活动的主要内容。

1. 活动主题

劳动勤于行，美德践于心。

2. 活动内容

（1）"劳动最光荣"——思想引领活动。
① 开展劳动教育主题班会。
② 主题观影活动。
③ 开展大讲堂活动。
（2）"劳动勤于行"——习惯养成活动。
① 宿舍安全卫生大检查。

② 争做劳动达人。

(3)"奉献利于民"——志愿服务系列活动。

① 致敬劳动者。

② 志愿服务。

【参考借鉴】

(1)请扫描二维码 7-15,浏览电子活页《河北环境工程学院关于开展 2023 年劳动教育月活动的通知》的具体内容,梳理河北环境工程学院"劳动教育月"活动的活动主题、活动内容、工作要求等方面的具体内容。

(2)归纳与总结河北环境工程学院"劳动教育月"活动的典型做法,供本校(院)开展大学生"劳动教育月"活动时借鉴。

【任务 7-1-5】了解河海大学组织开展的"劳动教育周"系列活动内容

河海大学组织开展的"劳动教育周"系列活动的主要内容如下:

1. 活动主题

赞劳动·致青春

2. 活动内容

(1)思想铸魂,开展"劳动最崇高"主题学习活动。
(2)身体力行,开展"劳动最光荣"主题实践活动。
(3)凝心聚力,开展"劳动最伟大"主题校园文化活动。
(4)张扬风采,开展"劳动最美丽"线上主题分享活动。

【参考借鉴】

(1)请扫描二维码 7-16,浏览电子活页《关于开展河海大学 2022 年度"劳动教育周"系列活动的通知》的具体内容,梳理河海大学"劳动教育周"活动的活动主题、活动内容、活动要求等方面的具体内容。

(2)归纳与总结河海大学"劳动教育周"活动的典型做法,供本校(院)开展大学生"劳动教育月"活动时借鉴。

【任务 7-1-6】了解郑州轻工业大学组织开展的"劳动教育周"活动内容

郑州轻工业大学组织开展的"劳动教育周"活动围绕"礼赞劳动,赋能成长"主题,结合学校实际,持续开展重点突出、内容丰富、形式多样、切实可行的宣传和实践活动,做好大学生劳动教育主题宣传,大力弘扬劳动精神、劳模精神和工匠精神,充分利用现代信息技术、人工智能等现代技术手段,通过丰富多彩和身体力行的劳动体验,让学生动手实践、出力流汗,接受锻炼、磨炼意志,培养大学生正确的劳动价值观和良好的劳动品质,提升劳动教育水平和质量。活动具体内容包括:

(1)劳动教育专题讲座。
(2)专业创新型劳动。
(3)实习实训。

(4)志愿服务性劳动。

(5)其他劳动实践活动。

【参考借鉴】

(1)请扫描二维码 7-17,浏览电子活页《郑州轻工业大学关于组织开展 2023 年劳动教育周活动的通知》的具体内容,梳理郑州轻工业大学"劳动教育周"活动的指导思想、活动主题、活动内容、相关要求等方面的具体内容。

(2)归纳与总结郑州轻工业大学"劳动教育周"活动的典型做法,供本校(院)开展大学生"劳动教育月"活动时借鉴。

【任务 7-1-7】了解山东青年政治学院组织开展的"劳动周"的主题活动内容

下面是山东青年政治学院组织开展的"劳动周"劳动教育实践主题活动的主要内容。

1. 活动主题

唱响劳动之歌,铸魂时代新人。

2. 活动内容

(1)劳动启迪心灵——举办"劳模工匠大讲堂"劳动榜样进校园活动。

(2)劳动塑造品格——召开"新时代劳动精神大家谈"主题班会。

(3)劳动提升素养——深化"一站式"学生社区劳动实践。

(4)劳动致敬榜样——开展"致敬最美劳动者"主题征集活动。

(5)劳动淬炼成长——"挖掘劳动之美"劳动成果展示活动。

【参考借鉴】

(1)请扫描二维码 7-18,浏览电子活页《山东青年政治学院关于开展"劳动周"大学生劳动教育实践主题活动的通知》的具体内容,梳理山东青年政治学院"劳动周"劳动教育实践主题活动的活动主题、活动内容、工作要求等方面的具体内容。

(2)归纳与总结山东青年政治学院"劳动周"活动的典型做法,供本校(院)开展大学生"劳动教育月"活动时借鉴。

【任务 7-1-8】了解河南建筑职业技术学院组织开展的"劳动教育周"系列活动内容

下面是河南建筑职业技术学院组织开展的"劳动教育周"系列活动的主要内容。

1. 活动主题

礼赞劳动,赋能成长。

2. 活动内容

(1)开展集体劳动实践活动。

(2)开展劳动教育主题班会。

(3) 开展集中宣传活动。
(4) 开展专业特色劳动实践活动。
(5) 开展"最美劳动者"摄影比赛活动。

【参考借鉴】

(1) 请扫描二维码 7-19，浏览电子活页《河南建筑职业技术学院关于开展学生"劳动教育周"系列活动的通知》的具体内容，梳理河南建筑职业技术学院"劳动教育周"活动的指导思想、活动主题、活动内容、活动要求等方面的具体内容。

(2) 归纳与总结河南建筑职业技术学院"劳动教育周"活动的典型做法，供本校（院）开展大学生"劳动教育周"活动时借鉴。

【任务 7-1-9】策划与实施"劳动教育月（周）"系列活动

多所院校"劳动教育月（周）"系列主题活动的典型做法归纳总结如表 7-2 所示。

表 7-2　多所院校"劳动教育月（周）"系列主题活动的典型做法

序　号	院　校　名　称	"劳动教育月（周）"系列主题活动的典型做法
1	重庆工程学院	
2	长江大学	
3	中国石油大学（北京）	
4	河北环境工程学院	
5	河海大学	
6	郑州轻工业大学	
7	山东青年政治学院	
8	河南建筑职业技术学院	
9	其他高校	

【训练提升】

参考借鉴表 7-2 所示多所院校"劳动教育月（周）"系列主题活动的典型做法，因地制宜地策划与实施"劳动教育月（周）"系列活动，制订适合本校实际情况的大学生"劳动教育月（周）"系列主题活动的实施方案，然后面向全校（院）发布"劳动教育月（周）"活动通知，开展各项劳动教育主题活动。

【任务 7-2】劳动教育活动调查访谈

针对开展"劳动教育月（周）"系列主题活动进行调查访谈，访谈对象为参加劳动教育活动的相关人员。

1．参加劳动之前拟访谈的问题

(1) 你是否愿意参加本次劳动教育活动？

（2）你对这次劳动教育活动有什么期待？
（3）针对本次教育活动，你做好了哪些准备？

2. 参加劳动之后拟访谈的问题

（1）本次劳动教育活动，你有哪些收获？
（2）本次劳动教育活动，在以劳树德、以劳增智、以劳强体、以劳育美、以劳创新五个方面，哪些方面的成效更明显一些？
（3）本次劳动教育活动，你认为是否达到了预期的教育目的？
（4）以后组织类似的劳动教育活动，你认为哪些方面还可以进一步完善？

【训练提升】

调查访谈完成后，对访谈结果进行统计分析，并对劳动教育活动进一步完善，使参加活动的人员收获更多、成效更突出。

【任务 7-3】组织开展"劳动教育"专题活动

【任务 7-3-1】组织开展"五一"国际劳动节专题劳动活动

"五一"国际劳动节是全世界劳动者的节日，在"五一"国际劳动节来临之际，为了使学生认识到没有劳动人类就无法生存，社会就不能发展的道理，帮助学生树立"劳动最光荣"的观念。劳动是财富的源泉，也是幸福的源泉。劳动造就了中华民族的辉煌历史，也必将创造出中华民族的光明未来。

下面是哈尔滨学院组织开展"五一"劳动主题教育活动的主要内容。

1. 活动主题

弘扬劳动精神，争做时代新人。

2. 活动内容

（1）召开一场主题班会。
（2）开展一次主题宣讲活动。
（3）掌握一项劳动新技能。
（4）展示一个劳动新成果。
（5）参加一次公益劳动。

【参考借鉴】

（1）请扫描二维码 7-20，浏览电子活页《哈尔滨学院关于开展"五一"劳动主题教育活动的通知》的具体内容，梳理哈尔滨学院"五一"劳动主题教育活动的活动主题、活动内容、活动要求等方面的具体内容。

（2）归纳与总结哈尔滨学院"五一"劳动主题教育活动的典型做法，供本校（院）开展"五一"国际劳动节专题劳动活动时借鉴。

【任务 7-3-2】了解西南财经大学会计学院组织开展的寒假劳动教育活动内容

下面是西南财经大学会计学院组织开展的寒假劳动教育活动的主要内容。

1. 活动主题

以劳动锤炼青春，用奋斗追逐梦想。

2. 活动内容

（1）"学"：学习习近平总书记在全国劳动模范和先进工作者表彰大会上的讲话，以及全国脱贫攻坚模范人物先进事迹。

（2）"思"：感悟劳动教育，提升劳动品质。

（3）"行"：践行劳动精神。

鼓励个人或团队借助新媒体等工具，自行开展主题丰富、形式多样的实践活动，并以图片、视频、文章等形式记录活动过程，旨在通过参与家庭劳动、志愿服务、社会实践活动和文体活动等，增强同学们的劳动意识，充实同学们的寒假生活。

① 居家劳动活动。
② 志愿服务活动。
③ 社会实践活动。
④ 文体活动。

（4）"创"：定格劳动之美，致敬身边劳动者。

【参考借鉴】

（1）请扫描二维码 7-21，浏览电子活页《西南财经大学会计学院关于开展寒假劳动教育活动的通知》的具体内容，梳理西南财经大学会计学院寒假劳动教育活动的活动主题、活动内容、活动要求、评优表彰与典型宣传、提交方式、材料要求、评优细则等方面的具体内容。

（2）归纳与总结西南财经大学会计学院寒假劳动教育活动的典型做法，供本校（院）开展寒假劳动教育活动时借鉴。

【任务 7-3-3】了解西南财经大学组织开展的"发现西财 劳动之美"手机摄影摄像活动内容

为创新劳动教育形式，引领广大学子积极参与劳动、热爱劳动、歌颂劳动，西南财经大学组织开展"发现西财 劳动之美"手机摄影比赛活动，引导西财学子树立正确劳动观念和劳动意识，大力弘扬劳模精神，营造尊重劳动、热爱劳动、崇尚劳动的良好氛围。

下面是手机摄影摄像活动的活动主题。

（1）手机摄影大赛："发现西财 劳动之美"。

（2）宿舍风貌展示活动："西财宿舍 ROOM TOUR"。

【参考借鉴】

（1）请扫描二维码 7-22，浏览电子活页《西南财经大学关于开展"发

现西财 劳动之美"手机摄影摄像活动的通知》的具体内容，梳理西南财经大学组织开展"发现西财 劳动之美"手机摄影摄像活动的活动主题、活动参与方式、奖项设置等方面的具体内容。

（2）归纳与总结"发现西财 劳动之美"手机摄影摄像活动的典型做法，供本校（院）开展手机摄影摄像活动时借鉴。

【任务 7-4】开展劳动教育活动，锻造劳动品质

根据所在学校提供的劳动清单和自身情况，从表 7-3 中选择合适的劳动教育活动项目，在"拟选用项目"处标识"√"，以达到锻造劳动品质的目的。

表 7-3 拟选用的劳动教育活动项目

序 号	劳动教育活动项目名称	拟选用项目
1	茶树鲜叶采摘与加工	
2	剪纸	
3	冲泡铁观音	
4	学习盖碗茶艺	
5	调制长岛冰茶	
6	智慧健康养老照护	
7	插花	
8	农业种植	
9	蔬菜播种	
10	汽车日常维护	
11	编织中国结	
12	木刻版画	
13	雕刻金属印章	
14	陶艺	
15	无人机模拟飞行	

【任务 7-4-1】开展"茶树鲜叶采摘与加工"劳动教育活动

下面是"茶树鲜叶采摘与加工"劳动教育活动的实施方案。

1. 学习目标

（1）劳动观念。

① 体验茶树鲜叶采摘的劳动环节，了解手工采茶与机械采摘的差异，体验以科技手段辅助农业生产。

② 树立尊重劳动、尊敬普通劳动者的观念。

（2）劳动技能。

① 了解茶树鲜叶采摘的基本要求，并进行实际采摘。

② 了解传统手工制茶的操作流程，包括烧柴、热锅、杀青、揉捻、干燥等环节。

③ 根据工厂要求进行鲜叶的拣剔，挑选出符合生产要求的不同等级的鲜叶。

(3) 劳动精神。

① 在采摘过程中体会认真专注、精益求精的劳动精神。

② 树立艰苦奋斗、无私奉献的精神。

(4) 劳动习惯与品质。

① 自觉养成遵守劳动纪律、规范劳动、安全劳动的习惯。

② 养成工完场清的劳动习惯，树立环保理念。

③ 养成团队协作的良好品质。

2. 准备物品

采茶篓、摊青架、竹匾、电炒锅、牛皮纸等。

3. 活动内容

(1) 讲解说明，布置任务。

① 介绍茶园与工厂设施设备。

② 采摘茶树鲜叶与初试传统制茶方法。

(2) 核对物料，明确要求。

① 核对材料和工具数量，明确时间节点。

② 强调关键环节的技术标准及实践安全，树立劳动安全意识。

(3) 掌握方法，初探采摘。

① 了解鲜叶采摘标准、采摘方法等基本知识，结合课程实践场地，明确相关标准。

② 教师示范正确使用工具的方法。

③ 学生代表尝试进行手工采摘，教师对学生采摘时出现的问题进行纠正。

(4) 项目实践，体验采茶与手工制茶。

① 根据任务要求合理分工，认识公平的劳动关系的重要性。

② 按要求进行鲜叶采摘、鲜叶拣剔和制茶（生火、杀青、揉捻、干燥），培养规范劳动、安全劳动的良好习惯。

③ 在生产的过程中，出力流汗，树立不怕困难、艰苦奋斗的劳动品质。

(5) 经验交流，评价总结。

① 分享在采摘茶树鲜叶与手工制茶中出现的问题，交流解决方法，巩固珍惜劳动成果、尊重劳动的劳动观念。

② 结合采摘茶树鲜叶与制茶过程中团队合作及劳动表现，评选优秀小组及个人，并让其介绍经验。

(6) 工完场清，总结提高。

按要求整理收纳工具，清理场地，塑造良好的劳动习惯。对劳动进行总结，提高认识。

【训练提升】

根据"茶树鲜叶采摘与加工"劳动教育活动的实施方案，组织开展"茶树鲜叶采摘与加工"劳动教育活动。

【任务 7-4-2】开展"剪纸"劳动教育活动

下面是"剪纸"劳动教育活动的实施方案。

1. 学习目标

（1）劳动观念。

让学生了解剪纸这一民间艺术之美，发扬我国优秀的民间艺术传统，增强学生的民族自豪感。

（2）劳动技能。

① 了解剪纸的发展历史和剪纸技法。

② 了解民间剪纸种类及其造型特点。

③ 了解并学会剪一些简单的图案。

（3）劳动精神。

① 激发学生对我国丰富多彩的民间艺术的喜爱之情。

② 使学生热爱祖国的传统文化，振奋民族精神。

（4）劳动习惯与品质。

① 唤起学生对民间剪纸艺术的热爱，培养学生的创造性思维能力和动手能力。

② 进一步提高对形式美的认识和感知美、创造美的能力，能够在实际生活中发现美、欣赏美、创造美。

2. 准备物品

红纸、剪刀、示范剪纸作品若干。

3. 活动内容

（1）讲解说明，布置任务。

① 介绍民间剪纸艺术，包括剪纸的发展、形式、分类等内容。

② 展示简易剪纸方法，布置制作主题、任务、样式。

（2）核对物料，明确要求。

① 确认材料和工具数量。

② 明确工具使用注意事项，树立安全意识。

（3）掌握方法，熟悉技巧。

① 观看教师展示剪纸的基本技法，熟悉剪纸基本操作。

② 跟随教师示范，熟悉剪纸要领，练习技巧，培养细心、耐心的良好品质。

（4）开展实践，独立制作。

根据场地、人数等条件分组。教师引导学生制作剪纸作品，让学生在制作中感受到剪纸这一传统艺术的独特魅力，培养动手能力，提高审美水平。

（5）展示作品，分享经验。
① 展示作品，结合评价标准进行自评、互评。
② 结合教师点评，评选最佳作品，进一步提高学生对美的认识和感知美、创造美的能力。师生共同总结、交流技术经验，培养学生的创造性思维和动手能力。
（6）工完场清，总结提高。
收纳工具，清理场地，养成工完场清的劳动习惯。对劳动进行总结，提高认识。

【训练提升】

（1）请扫描二维码 7-23，阅读电子活页，熟知一些劳动教育活动的实施方案。
（2）根据学校的实际情况，选择可行的劳动教育活动项目，然后参考相关劳动教育活动的实施方案，组织开展对应的劳动教育活动。

【成果展示】

学习与借鉴国内高校开展劳动教育活动、锻造学生劳动品质等方面的优秀成果，了解或探析所在学校在开展劳动教育活动等方面的典型经验，通过多种途径总结与推广所在学校的相关经验。

【成果 7-1】江苏旅游职业学院在生产生活中培养学生的劳动品质

【成果概要】

江苏旅游职业学院高度重视劳动教育，在人才培养、实验实训、社会实践、创新创业、校园文化五个方面全方位融入劳动教育，推行理实一体化教学方式，强调在做中学、在学中做，让学生树立崇尚劳动、尊重劳动的劳动观，在生产、生活和社会劳动服务中接受教育，养成劳动习惯，掌握劳动技能，培养劳动品质。

将劳动教育融入人才培养方案，培养学生正确的劳动观。
将劳动教育融入实验实训，提高学生的实践动手能力。
将劳动教育融入社会实践，增强学生的职业荣誉感和幸福感。
将劳动教育融入创新创业，提高学生的创新创业能力。
将劳动教育融入校园文化，营造劳动光荣的文化氛围。

【成果应用】

（1）请扫描二维码 7-24，认真阅读并熟知电子活页"江苏旅游职业学院在生产生活中培养学生的劳动品质"的具体内容。
（2）探析江苏旅游职业学院在培养学生的劳动品质方面有哪些创新点。
（3）总结江苏旅游职业学院在劳动教育方面的主要成果，有哪些经验值得其他院校借鉴和推广。

【成果 7-2】西南财经大学"耕读田园"劳动实践基地又迎丰收季

【成果概要】

2022年6月,西南财经大学"耕读田园"劳动实践基地的玉米、茄子、黄瓜、辣椒相继迎来了收获的季节,果园内桃树和梨树上硕果结满枝头。同学们抢抓农时,加紧采摘,田间地头一片繁忙。为充分发挥劳动实践育人功能,学校精心组织开展"耕读田园"丰收季劳动实践系列活动,开设"SWUFE 劳动集市",打造"共享劳动果实,传承劳动精神"劳动教育系列活动,让劳动的种子深植学生心中。

亲历劳动活动，锻造劳动品质 模块 7

"耕读田园"劳动实践基地丰收季系列活动是学校贯彻落实"5+4+4"大学生劳动教育体系的品牌活动之一。学校通过组织开展丰富多样的劳动实践活动，引导学生在"做中学""学中做"，体味劳动的艰辛，收获劳动的快乐，理解劳动的内涵，共享劳动的成果，不断在劳动中提升综合素质、促进全面发展，努力成长为堪当民族复兴重任的时代新人。

【成果应用】

（1）请扫描二维码 7-25，认真阅读并熟知电子活页"西南财经大学'耕读田园'劳动实践基地又迎丰收季"的具体内容。

（2）探析西南财经大学组织开展的"耕读田园"劳动实践活动有哪些创新点。

（3）总结西南财经大学在劳动教育实施中有哪些经验值得其他院校借鉴和推广。

【成果7-3】河海大学的劳动教育从脚下这片土地开始

【成果概要】

同学们在疲惫中思索，在辛勤劳作中感悟，寻找属于他们的劳动答卷。

这堂劳动教育课带给同学们许多感悟。

1. 活动背景

劳动教育课程以千百园环境教育基地为基础，充分结合河海大学学科特色开设，引导学生树立劳动观念，增长劳动知识，提升劳动技能，享受劳动成果。

2. 活动安排

活动为期五天，第一天在河海大学进行劳动教育宣讲并开展活动前的准备工作，后四天集中在千百园劳动教育基地进行劳动实践。

3. 劳动教育宣讲

劳动教育周第一天，千百园导师为同学们讲解劳动教育的意义与本次劳动教育的目标及安排等内容。千百园基地常驻导师为同学们讲解劳动工具的使用，并带领同学们走访调研活动场地。

4. 劳动过程

（1）修复茶园沟渠生态。
（2）修复池塘生态。
（3）修复农田生态。
（4）进行生物多样性调查。
（5）清除入侵物种。

5. 成果展示

同学们将本次劳动实践的内容与感悟用 PPT 和标识牌等形式分享。在一周的劳动实践中，同学们一同出力流汗、动手实践，在汗水与欢笑中磨炼意志、感悟劳动之美。

6. 活动总结

李大钊在《现代青年活动的方向》一文中写道："我觉得人生求乐的方法，最好莫过于尊重劳动。一切乐境，都可由劳动得来，一切苦境，都可由劳动解脱。"

本次劳动教育，同学们在劳动中锻炼体魄，感悟代代相传的劳动精神，树立正确的劳动价值观和良好的劳动品质。愿当代青年弘扬劳动精神，赓续劳动文明，以青春之我、劳动之我、奋斗之我实现自身价值，成就人生梦想。

【成果应用】

（1）请扫描二维码 7-26，认真阅读并熟知电子活页"河海大学的劳动教育从脚下这片土地开始"的具体内容。
（2）探析河海大学在劳动教育基地开展的劳动体验活动有哪些创新点。
（3）总结河海大学在劳动教育实施中有哪些经验值得其他院校借鉴和推广。

模块 8

传习劳动技能，锤炼劳动素养

劳动技能是指在生产过程中对劳动者素质方面的要求，主要反映劳动岗位对劳动者智能要求的程度。劳动技能伴随人的一生，让人一生受用。劳动最光荣，技能更可贵，高素质人才是社会物质财富的直接创造者和技术创新的直接推动者。通过劳动教育帮助大学生掌握实际的劳动技能，对于大学生的日常生活和未来的职业发展都有很大的帮助。

当我们在餐厅大快朵颐时，厨师正围着炉火不停翻炒；当我们徜徉在公园、商业街时，环卫工人正忙着清扫；当我们开车行驶在路上时，交警正顶着烈日为我们保驾护航……其实，每个人都是劳动者，虽然岗位各不相同，但都在各自所在的领域倾情付出、默默奉献，用辛勤的汗水诠释着劳动创造美好生活的深刻含义。

【知识学习】

【箴言金句】

人生理想因劳动而实现，国家民族繁荣富强同样因劳动而实现。

每一个伟业，都需要千万小事来填充；每一次成功，都需要用实干和担当来创造。

8.1 手工制作

手工制作是一种复杂的创造活动，从材料的选择到制作方法和步骤的确定，从动手制作到不断修改和完善的全过程，都充满了创造精神、形象思维和逻辑思维，在素质培养上有着独特的优势。手工技艺是在手工制作中产生的，分为传统手工技艺和现代手工技艺。

1. 传统手工技艺

传统手工技艺是我国传统文化的一个重要组成部分，是指以手工劳动为主的具有独特艺术风格的工艺，有别于以工业机械化方式批量生产规格化产品的现代工艺。出自传统手工技艺的艺术品（简称"手工艺术品"）种类繁多，包括剪纸、泥塑、宋锦、刺绣、蜡染和草编等。因为各地区、各民族的文化和审美观点不同，所以各地的手工艺术品具有不同的风格和特色。手工艺术品充满创意，能够满足人的物质与精神生活需要。

2. 现代手工技艺

现代手工技艺是指在传统手工技艺的基础上，根据消费者的需求和最新的科技发展，将新技术、新材料、新工艺合理运用到手工艺术品中的一种技艺。

古老的手工艺结合现代技术，成就现代手工技艺，它是社会发展的必然产物。传统文化只有与现代要素重新组合，才能融入现代社会。

现代手工技艺是艺术与技术的结合体，是科技与美的结合，它不仅以技术为特征，还融入了现代的科技成果，其创新意识很强，具有多元化的发展趋势。如果说传统手工技艺以手工为基础，那么现代手工技艺就是建立在工业化的基础之上的。

8.2 让垃圾分类成为新时尚

垃圾分类一小步，低碳生活一大步！
让垃圾分类成为新时尚！
垃圾扔前分一分，绿色生活一百分！

你知道吗？
一颗1号电池烂在泥土里，
会使1平方米的土壤
永远失去利用价值。

在生活中产生的大量垃圾
正在严重侵蚀我们的生存环境。

习近平总书记强调："实行垃圾分类，关系广大人民群众生活环境，关系节约使用资源，也是社会文明水平的一个重要体现。"新时代的大学生是社会文明的示范者和引领者，做好垃圾分类是每一位大学生应尽的责任与义务。

习近平总书记指出，推行垃圾分类，关键是要加强科学管理、形成长效机制、推动习惯养成。要加强引导、因地制宜、持续推进，把工作做细做实，持之以恒抓下去。近年来，我国加速推行垃圾分类制度，全国垃圾分类工作由点到面，逐步启动，成效初显。

1. 关于垃圾分类

垃圾分类，一般是指按一定规定或标准将垃圾分类储存、分类投放和分类搬运，从而将其转变成公共资源的一系列活动的总称。垃圾分类的目的是提高垃圾的资源价值和经济价值，力争物尽其用。

垃圾分类的目的是提高垃圾的资源价值和经济价值，减少垃圾处理量和处理设备的使用，有效降低处理成本，减少土地资源的消耗，具有社会、经济、生态等多方面的效益。

垃圾在分类储存阶段属于公众的私有品，垃圾经公众分类投放后成为公众所在小区或社区的区域性公共资源，垃圾在被分类搬运到垃圾集中点或转运站后成为没有排除性的公共资源。

垃圾分类的目的是变废为宝，也是让各类垃圾各归其位，让我们的生活环境更加干净卫生，减少细菌滋生，守护健康。大学生做好垃圾分类，是卫生健康习惯的一种习得养成。在此过程中，大学生只有坚持不懈地做好垃圾分类，我们的校园才能更加文明。

2. 垃圾分类标准

随着人们生活质量的不断提高，垃圾成分也日趋复杂，合理准确地进行垃圾分类可以极大限度地防止二次污染。根据国家标准，生活垃圾一般可以分为可回收物、厨余垃圾、有害垃圾和其他垃圾四大类。

（1）可回收物。

可回收物就是再生资源，指生活垃圾中未经污染、适宜回收循环利用的生活垃圾，主要包括废弃的纸张、塑料、玻璃、金属、纺织品、电子产品等。

① 纸张：主要包括报纸、期刊、图书、各种包装纸等。但是，纸巾和厕所纸水溶性太强，不可回收。

② 塑料：各种塑料袋、塑料泡沫、塑料包装（快递包装纸是其他垃圾/干垃圾）、一次性塑料餐盒餐具、硬塑料、塑料牙刷、塑料杯子、矿泉水瓶等。

③ 玻璃：主要包括各种玻璃瓶、碎玻璃片、保温瓶等。但是，镜子是其他垃圾/干垃圾。

④ 金属：主要包括易拉罐、罐头盒，各类金属厨具、餐具，以及其他民用金属制品等。

⑤ 纺织品：主要包括废弃衣服、桌布、洗脸巾、书包、鞋等。

⑥ 电子产品：主要包括报废的电视机、冰箱、洗衣机、手机等。这些垃圾通过综合处理和回收利用，可以减少污染，节约资源。

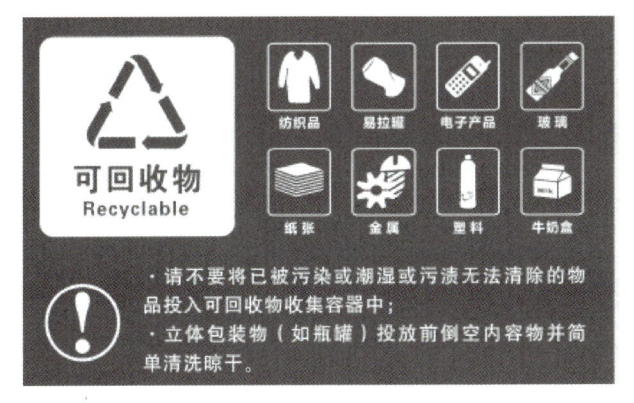

（2）厨余垃圾。

厨余垃圾（上海称"湿垃圾"）包括剩菜剩饭、骨头、菜根菜叶、果皮、肉类和鱼虾废弃部分、蛋壳等食品类废物。厨余垃圾经生物技术处理，每吨可以生产 0.6～0.7 吨有机肥料。但是，纸巾、牙签等不可生化降解，需与厨余垃圾分开投放。

(3) 有害垃圾。

有害垃圾指生活垃圾中对人体健康有害的重金属、有毒物质，或者对人体健康、自然环境造成直接危害与潜在危害的废弃物，包括电池、荧光灯管、灯泡、水银温度计、油漆桶、部分家用电器、过期药品及其容器、过期化妆品等。这些垃圾必须单独收集、运输、存贮，由环保部门认可的专业机构进行特殊安全处理。

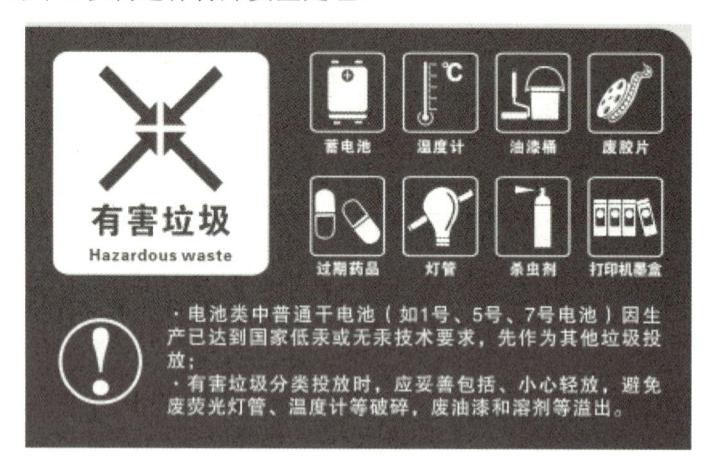

(4) 其他垃圾。

其他垃圾（上海称"干垃圾"）包括除上述几类垃圾之外难以回收的废弃物。对这类垃圾，通常根据垃圾特性采取焚烧或者填埋的方式处理，可以有效减少对地下水、地表水、土壤及空气的污染。

① 纸类、塑料类、玻璃类、金属类废弃物中不可回收的部分。

② 纺织类、木竹类废弃物中不可回收的部分，如拖把、抹布、牙签、一次性筷子、树枝等。

③ 灰土、渣土、砖瓦、陶瓷类废弃物。

④ 其他混合垃圾，如清扫出的渣土、陶瓷碗碟、大块骨头、植物硬壳等。

3. 垃圾分类标识与垃圾收集容器的颜色

垃圾分类是环保的第一步。要将垃圾正确分类，就要认识垃圾分类标识。可回收物的标识是三个相互循环连接箭头形成的三角图标，代表此类垃圾都可以循环利用并处理，寓意保护地球资源，减少对地球资源的消耗。有害垃圾的标识是四个面向中心的箭头，如同一个大大的"叉"符号，代表不能重新利用，并且要集中处理的有害垃圾。厨余垃圾最大的用途就是制作肥料或生成沼气，厨余垃圾标识如同一个发酵池。其他垃圾是一种不可回收的垃圾，其标识也是一个三角形，两个箭头想要循环，但最终相互分开朝下方，代表此类垃圾不可循环利用，最终要处理掉。

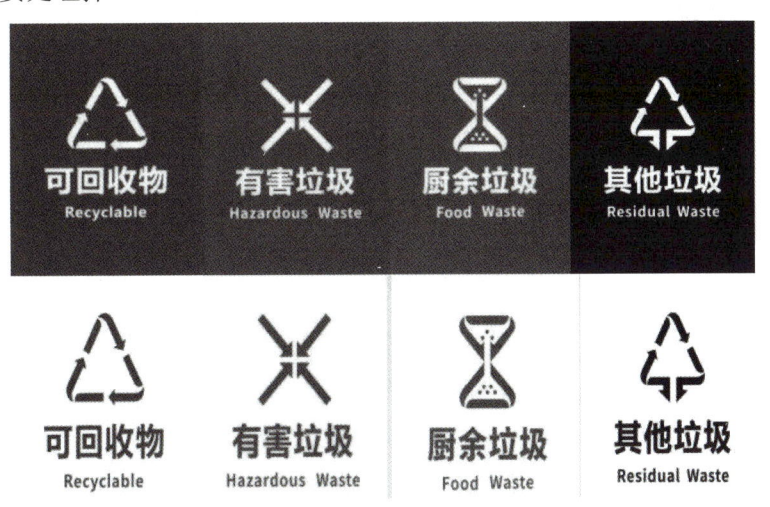

可回收物收集容器为蓝色，有害垃圾收集容器为红色，厨余垃圾收集容器为绿色，其他垃圾收集容器为黑色。

4．垃圾分类的三大原则

（1）分而用之原则。

分类的目的就是将废弃物分流处理，利用现有生产制造能力，回收利用可回收物，包括物质利用和能量利用，填埋处置暂时无法利用的无用垃圾。分类就是要提高物质利用比例，减少焚烧、填埋处理垃圾的数量，如果没有后续利用能力，垃圾分类便失去了意义。

（2）因地制宜原则。

各地的地理情况、经济发展水平、企业回收利用废弃物的能力，以及居民来源、生活习惯、经济与心理承受能力等各不相同，需要结合实际情况，因地制宜，向公众提供便捷适用的软件、硬件设施，起到便民及引导公众正确进行垃圾分类的作用。

（3）自觉自治原则。

社区和居民，包括企事业单位，应逐步养成减量、循环、自觉、自治的行为规范，创新垃圾分类处理模式，成为垃圾减量、分类、回收和利用的主力军。

8.3　了解食物功效与烹饪菜肴的技巧

1．食物功效

（1）常见食材的功效。

① 辣椒。辣椒含有丰富的维生素C，在补充营养的同时，还能刺激唾液与胃液的分泌，有健胃和消除体内不良气体的作用。辣椒外用能促进局部血液循环，治疗冻疮。

② 木耳。木耳有清肺益气、补血活血、镇痛的作用。

③ 鸭肉、鹅肉。鸭肉、鹅肉虽然富含脂肪，但其分子结构接近橄榄油，故不会使血脂升高，能降低胆固醇。

④ 带鱼。带鱼鱼鳞含有较多的卵磷脂和不饱和脂肪酸，有增强记忆力和美肤的作用。

⑤ 鲤鱼。鲤鱼的营养价值很高，含有多种蛋白质、游离氨基酸、维生素、钙、铁等，有开胃健脾、利尿消肿、消热解毒、止咳平喘的作用。

（2）常见水果的功效。

① 苹果。苹果富含维生素 B、维生素 C、镁、钙等，能够增强免疫力，降低血压。

② 柚子。柚子清香、酸甜、凉润，营养丰富，药用价值很高，富含胡萝卜素、B 族维生素、维生素 C 及各种矿物质，能够起到增强免疫力的作用，有降血糖、降血脂、化痰止咳、健胃消食、消肿止胀等功效。

③ 杨梅。杨梅有助于痢疾、胃气痛、中暑等病症的治疗。

2. 烹饪菜肴的技巧

烹饪菜肴时，注意以下几点可以使其更美味。

（1）烧肉不宜过早放盐。盐的主要成分是氯化钠，易使肉中的蛋白质发生凝固，使肉块缩小、肉质变硬，且不易烧烂。

（2）油锅温度不宜过高。经常食用温度过高的油炒的菜，易导致胃酸少和胃溃疡。

（3）肉、骨烧煮忌加冷水。肉、骨中含有大量蛋白质和脂肪，在烧煮时突然加冷水会使蛋白质和脂肪迅速凝固，其空隙也会骤然收缩，不易变烂。

（4）红烧菜和汤菜主要在于焖和炖，必须掌握好火候；炒菜主要在于快，不能长时间盖锅盖。

（5）酸碱食物不宜放味精。酸性食物在高温时放味精会使味精失去水分而变成焦谷氨酸二钠，碱性食物在高温时放味精会使味精转变成谷氨酸二钠，均会使食物失去鲜味。

【专题探讨】

【专题 8-1】新时代呼唤大学劳动教育新作为

【内容摘要】

新时代赋予大学劳动教育新内涵，体现了劳动教育的时代价值。大学要切实开展好劳动教育，着重在劳动教育环境营造、人才培养体系构建和师资队伍建设等方面开展工作，开创大学劳动教育新局面。

1. 新时代赋予大学劳动教育新内涵

（1）新时代劳动教育更加凸显时代价值。

（2）新时代劳动教育更加凸显大学生全面发展。

（3）新时代劳动教育更加凸显立德树人的育人任务。

2. 新时代切实开展好大学劳动教育

（1）营造大学劳动教育校园文化氛围。
（2）完善大学劳动教育人才培养体系。
（3）建设大学劳动教育师资队伍。

劳动教育是新时代中国特色社会主义教育制度的重要内容，大学劳动教育要结合时代特征和所在区域实际，积极探索并实践中国特色的大学劳动教育模式，培养大学生形成正确的世界观、人生观、价值观，促进大学生德智体美劳全面发展。大学要探索把劳动教育纳入"三全育人"的体制机制，不断完善劳动教育制度，全面推动劳动教育开展好、落实好，营造尊重劳动、热爱劳动的良好氛围，在劳动和实践中育人，为大学践行立德树人根本任务注入新活力。

【思考探讨】

请扫描二维码8-1，认真阅读电子活页"新时代呼唤大学劳动教育新作为"，以小组为单位，使用思维导图梳理作者的主要观点。

【专题8-2】劳动创造历史，劳动成就未来

【内容摘要】

在全社会弘扬劳动精神，让劳动最光荣、劳动最崇高、劳动最伟大、劳动最美丽蔚然成风，努力推动形成适应新时代要求的思想观念、精神面貌、文明风尚、行为规范，是建设社会主义文化强国的重要任务。

劳动是人类文明的基石。
中国共产党始终重视劳动的价值。
劳动是未来成功的必经之路。
劳动是经济社会发展的动力，是民族复兴的基石，是通往理想的桥梁。只要坚持梦想、不懈奋斗、拼搏实干，就一定能创造美好的明天。

【思考探讨】

请扫描二维码8-2，认真阅读电子活页"劳动创造历史，劳动成就未来"，以小组为单位，使用思维导图梳理作者的主要观点。

【专题8-3】新时代劳动教育的内涵、特征与价值

【内容摘要】

1. 新时代劳动教育的内涵

劳动教育是一个动态、发展的概念，其内涵随着时代的变化而不断丰富、发展和完善。
（1）新时代劳动教育体现了社会主义办学方向。

（2）新时代劳动教育坚持综合育人理念。
（3）新时代劳动教育强调教育与劳动相结合。
（4）新时代劳动教育兼顾传统劳动和新型劳动。
（5）新时代劳动教育关注劳动素养的培养。

2. 新时代劳动教育的特征

新时代劳动教育作为中国特色社会主义教育制度的重要内容，在目标定位、内容体系、实施途径、落实方式、保障机制等方面进行系统设计和规划，形成全员、全方位、全过程育人的劳动教育新格局。

（1）加强纵向衔接，大中小学一体化系统设计。
（2）促进横向贯通，独立设课与学科渗透教学有机结合。
（3）拓宽实施渠道，强化家庭、学校、社会综合实施。
（4）深化产教融合，创新劳动教育模式。
（5）依据各地实际，因地制宜，常态化实施。

3. 新时代劳动教育的价值

（1）培养有崇高理想的时代新人。
（2）培养有专业本领的时代新人。
（3）培养有责任担当的时代新人。

只有理解新时代，适应新时代，才能引领新时代。站在新的历史方位，精准把握新时代劳动教育的内涵、特征和价值，增强劳动教育的实效性，促进学生在热爱劳动、尊重劳动的社会氛围中健康成长，是顺应时代发展变化的应然之举，是培养德智体美劳全面发展的社会主义建设者和接班人的应有之义。

【思考探讨】

请扫描二维码 8-3，认真阅读电子活页"新时代劳动教育的内涵、特征与价值"，以小组为单位，使用思维导图梳理作者的主要观点。

【专题 8-4】礼赞劳动，致敬技能

【内容摘要】

劳动创造价值，技能成就梦想。

奋斗是劳动者的底色。在奔涌向前的时代大潮中，广大劳动者化身弄潮儿，凭技能勇立潮头，以技能驭浪前行。

在激励广大青年走技能成才、技能报国之路的同时，也需要为他们提供精进技能、施展拳脚的平台，为他们搭建展现技能、人生圆梦的舞台。当更多劳动者学技能、练技能、用技能时，当更多技能人才在劳动中逐梦圆梦时，高素质技术技能人才、能工巧匠、大国工匠就会持续涌现，就能为高质量发展注入澎湃动力，为民族复兴汇聚磅礴力量。

【思考探讨】

请扫描二维码 8-4，认真阅读电子活页"礼赞劳动，致敬技能"，以小组为单位，使用思维导图梳理作者的主要观点。

【榜样激励】

【榜样 8-1】吴运铎：中国的保尔·柯察金

【事迹简介】

《把一切献给党》是一部在 20 世纪 50 年代脍炙人口的自传体小说，写的是一个普通工人成长为无产阶级战士的感人故事。自问世以来，该书不仅在我国多次再版，教育影响了几代人，而且被译成多种文字，在世界各地广为流传。这本书的主人公和作者就是抗日战争时期革命根据地兵工事业的开拓者、新中国第一代工人作家吴运铎。

吴运铎，祖籍湖北武汉，1917 年生于江西萍乡。抗战爆发后，他奔向皖南云岭，1938 年参加新四军，1939 年加入中国共产党。在抗日战争和解放战争中，吴运铎历任新四军司令部修械所车间主任，淮南抗日根据地子弹厂厂长、军工部副部长，华中军工处炮弹厂厂长，大连联合兵工企业引信厂厂长，株洲兵工厂厂长。

1947 年，吴运铎奉命去大连建立引信厂并担任厂长。在一次试验弹药爆炸力的时候发生意外，他被炸得浑身是伤。在几个月的治疗中，吴运铎阅读苏联小说《钢铁是怎样炼成的》，从中得到鼓舞和激励。为了伤愈后更好地工作，他努力学会了日文；当能下地时，他便请示领导买来化学药品和仪器，把病房变成实验室，研制出一种高效炸药。

在战争年代，吴运铎多次负伤，失去了左眼，左手、右腿致残，经过 20 余次手术，身上仍留有几十块弹片。他以顽强的毅力战胜伤残，坚持战斗在生产、科研第一线。他说："只要我活着一天，就一定为党、为人民工作一天。"

吴运铎用自己顽强的毅力甚至生命为兵工事业奋斗终生，为新中国的成立立下了功勋。他对党和人民是忠诚的，在祖国需要时，便毫无保留地将自己的所有精力都投入到工作实践中去。

【思考探讨】

（1）以小组为单位，使用思维导图梳理吴运铎的先进事迹和主要贡献。

（2）吴运铎有哪些值得我们学习的精神品质和技术技能特长？

【榜样 8-2】徐立平：火药整容师

【事迹简介】

徐立平，江苏溧阳人，国家高级技师、航天特级技师，中国航天科技集团有限公司第四研究院固体火箭发动机装药总厂固体火箭发动机燃料药面整形组组长。30 多年来，徐立平立足航天固体发动机整形岗位，不惧危险、执着坚守、勇于担当，练就一身绝技，为火箭上天、导弹发射、"神舟"遨游"精雕细刻"，让一件件"大国重器"华丽绽放，被誉为新时代"雕刻火药、为国铸剑的大国工匠"，先后获得"全国五一劳动奖章""感动中国人物""时代楷模"等荣誉。

1987 年，19 岁的徐立平选择了火药雕刻师的工作。在火药雕刻中，有一点静电就会发生爆炸，根本没有逃生的机会。这个工作他干了 34 年。

自从进入车间，徐立平一直负责航天固体燃料的微整工作。火药整形在全世界都是一个难题，没有流水线式的生产设备，只能靠人工操作。

由于材料的特殊性，这项工作难度很高。雕刻全靠人工，力道全凭经验判断，而且是一个不可逆的过程。也就是说，如果雕刻和设计不符，火箭在运行的时候就会发生偏离，甚至引起爆炸，所以对精度的要求十分高，国际标准的精度是误差在 0.5 毫米以内。

徐立平为了提高精度，想了很多办法。他最后从工具入手，发明了很多刀具。其中有一种半自动刀具被命名为"立平刀"。

在认真钻研之下，徐立平将误差控制在 0.2 毫米以内。徐立平说，精度还可以提高，他会在这条路上继续努力。

1989 年，有一台即将进入试验运行阶段的发动机火药出现了裂痕，专家组决定采取就地挖药的方式解决问题。这种补救方式没有先例，也没有经验可循。徐立平凭借精湛的技术和过人的胆量，加入挖药小组。

发动机管道十分狭窄，一个成年人在里面翻身都没办法实现。在这种条件下，徐立平带领小组成员想尽办法完成这次任务。

在挖药的过程中，身材高大的徐立平只能采取半躺半跪的姿势进行工作。在管道内听不到外界的任何声音，只能听到挖火药时的"沙沙"的声音，还有自己的心跳声，每下一刀都需要高度集中精神。这对工作人员的身体和精神都是非常严峻的考验。

在徐立平与小组成员的努力下，两个月后，他们总共挖出 300 多千克的推进剂，终于找到了问题所在。但是，由于长期在满是火药的密闭空间工作，受火药毒性影响，徐立平的双腿失去了知觉。后来，他做了大量的物理康复训练，才得以恢复。

由于长期低头操刀作业，徐立平的身体发生了严重的倾斜，甚至大腿也变得一粗一细。

当初一起工作的同事陆陆续续离开了这个岗位,只有徐立平一直坚守在这里。当有人问起他为什么不换一个工作时,他说:"危险的工作总得有人来做啊!"

尽管现在科技发展迅速,但依然有一些行业离不开匠人的付出。徐立平几十年如一日坚守在岗位上,为国家的发展做出了并不为人知的巨大贡献,正是这种无私奉献、专注的匠人精神使我们的祖国发展得越来越好!

【思考探讨】

(1) 以小组为单位,使用思维导图梳理徐立平的先进事迹和主要贡献。
(2) 徐立平有哪些值得我们学习的精神品质和技术技能特长?

【榜样8-3】刘中华:一"丝"不苟的"时光匠人"

【事迹简介】

坐在工作台前,刘中华身着一套白色工作服,戴着放大镜,双手拇指、食指、中指裹着白色橡胶指套,一手捏住手表机芯,一手举着镊子稳稳夹住细小零件,一个一个放进机芯……

嘀嗒,嘀嗒……机芯"跳动"了。刘中华将修好的机芯放在耳边,闭着眼睛,听着动人的旋律。"就像心脏跳动的声音,而我就是赋予它生命的医生,很有成就感。"从钟表维修员、维修组组长到装配部技术线长、技术顾问,刘中华如今已是深圳市飞亚达精密科技股份有限公司(以下简称"飞亚达")技能大师工作室的主任技师,有国内航天表润滑油点油工艺第一人之称。

一"丝"不苟

1990年4月,高中毕业的刘中华赶上飞亚达在广东揭西招工,成为一名钟表装配工。

"装手表得用巧劲,我刚开始连最基本的夹零件都会手抖。"刘中华回忆道。

一方操作台成了刘中华打磨技能的地盘,他每天超过10小时在操作台练习夹零件,折断了不少针轴。随着经验的积累,他的技术越来越娴熟——从常见的石英表到价格不菲的大师款名表,装配起来都游刃有余。

2002年,在深圳第四届职工技术运动会手表装配工比赛上,刘中华只用3分钟就完成了两块石英机芯的拆装,获得个人和团体冠军。同年,他参加全国机械手表维修比赛,获得银奖。

"机械表走得准不准,关键看师傅的调试水准。"刘中华告诉记者,钟表精确度的计量单位不是毫米,而是"丝"。1丝有多细?大约是一根头发直径的八分之一。捏着镊子一拎一推,凭着手感,他就能判断手中的机械表零部件移动了1丝还是2丝。

"一名好表匠,在调试中每一丝都要精准拿捏,做到一'丝'不苟,丝丝入扣。"刘中华说。

航天表点油第一人

2003年,飞亚达承接研制中国载人航天工程的航天服用表任务,刘中华参与其中,主要负责机芯调校和成表组装。为了将零零散散的上千个零件组装成一块完整的表,他反复测验、调试。

航天表是提供给航天员计时用的,要能适应航天员起飞、着陆、飞行、出舱行走等多种使用场景。完成"神舟五号""神舟六号"舱内航天表组装任务后，2005 年刘中华团队再次面临挑战——制作"神舟七号"任务的航天表。这次，航天表将完全裸露在太空环境下，必须扛得住零下 80 摄氏度的超低温环境。

"寻找适应超低温环境的润滑油是关键。"刘中华说。为找到合适的润滑油，研发团队进行了大量试验。在钟表油中试验了几十种润滑油后，他们只找到耐受零下 50 摄氏度的润滑油。后来，刘中华与其他研发成员意识到，必须跳出钟表油这一局限，开始研究航天工业涉及的所有润滑油，综合比较分子量、表面张力、黏稠度、挥发时间等指标。经过多次尝试，他们最终找到了合适的润滑油。

"这种特殊油料，点油需要特别的工艺，难度很高。"刘中华介绍，航天表机芯的轴承钻呈碗状开口，开口就是储油的地方，点油的量要恰到好处——少了起不到润滑作用，多了会溢出来。经过反复打磨，刘中华练就了独家点油工艺，成为国内航天表润滑油点油第一人。

培养新一代"表匠"

攻克了"神舟七号"润滑油难关之后，刘中华在飞亚达陆续承担了与"神舟"系列航天任务有关的航天表机芯改造、装配调试等关键工作，成功交付航天表共 18 批次。入行 33 年的他，已是一名顶尖级的老表匠，获得了"深圳市劳动模范""南粤工匠""全国技术能手"等荣誉。

在锤炼技术的同时，刘中华还全力投入培养新一代"表匠"的工作中。2016 年，"深圳市刘中华精密计时制造技能大师工作室"设立，在年轻人到大师工作室学习交流时，他总是毫无保留地传授经验和技艺；平时，他还会进入车间督导装配工人实际操练，进行现场教学。在刘中华的带领下，公司技能队伍形成了良好的学习风气，一批技能骨干快速成长。据统计，刘中华为公司和行业培养了 3 名高级维修员、10 名中级维修员和 14 名初级维修员。

2023 年，刘中华获得了"全国五一劳动奖章"。"时代在变，工匠精神不能变，需要始终坚持。"他说。

（来源：《工人日报》）

【思考探讨】

（1）以小组为单位，使用思维导图梳理刘中华的先进事迹。
（2）刘中华有哪些值得我们学习的精神品质和技术技能特长？

【榜样 8-4】孙晓霞：立足本职，廿载"续火"

【事迹简介】

2008 年 5 月 8 日，奥运火炬首次在珠穆朗玛峰峰顶燃起，这一时刻被永载奥运史册。对于在电视机前认真观看的孙晓霞来说，除了兴奋，还有成就感。

作为中国兵器工业集团有限公司北方特种能源集团有限公司辽宁北方华丰特种化工有限公司火工品技术研究所正高级工程师，回想起当年参与研制奥运珠峰固体火炬的场景，孙晓霞仍然历历在目。珠峰峰顶低温、缺氧、风速大，孙晓霞和同事们需要研制出一种火工药剂，不仅要让火焰在恶劣条件下稳定燃烧，还要保证火焰形态美观、在燃烧后无污染。

"不同的原材料组合，相同组合的不同配比……在一年多的研发过程中，我们调整了近百种药剂配方。"孙晓霞回忆。当时，时间紧，任务重，为了保证药剂操作安全和按时交付，她白天装配药剂，晚上整理数据。

与火打交道，就是孙晓霞每天的工作。火工品是装有火药或炸药，受外界刺激后产生燃烧或爆炸，以引燃火药、引爆炸药或做机械功的一次性使用的元器件和装置的总称，在国防军事、航空航天等领域应用广泛。

打开孙晓霞的文件柜，半个柜子装的都是各项科技攻关的手写笔记。工作20多年来，孙晓霞攒了厚厚的20余本这样的手写笔记。翻开笔记本，里面记录着各种工艺参数、试验条件和改进思路。

"火工品的安全性、可靠性直接影响装备整体的稳定性，这就要求我们必须关注每一个细节。"孙晓霞说。

孙晓霞耗费时间最长的一次科研活动持续了10余年。孙晓霞带领团队开展技术攻关，光资料就写了上千页。

"在科研中遇到问题就会装在脑子里，忍不住一直想，白天想还不够，连晚上做梦都在演算，直到问题解决。"孙晓霞说。20多年来，孙晓霞先后完成10余项国家重点型号项目火工品研制、30余项火工品关键技术攻关；27项国防发明专利得到授权或受理。2023年，孙晓霞荣获"全国五一劳动奖章"。

现在，孙晓霞手中同时进行的科研项目有十几个，每年要完成的试验多达上千次。"我们要立足本职工作，加快打造火工品原创技术策源地。"孙晓霞说。

【思考探讨】

孙晓霞有哪些值得我们学习的精神品质和技术技能特长？

【情怀涵养】

在酷暑下，有一群人坚守户外岗位，维持城市运转；还有一群人肩扛责任担当，在盛夏守护家园。他们奔波忙碌，工作的热情丝毫不减；他们备受"烤"验，不忘心中的职责……

高温酷暑天气"烤"验着广大一线建筑工人。在建筑工地上，工人们头戴安全帽，在暑热中将各项建设工作有条不紊地向前推进。

焊枪顶端火花四射，一股热浪扑面而来……现场，穿长袖、戴头盔的焊接工人们忙着焊接钢筋，而焊枪顶端温度极高，人体距离这一"热源"只有不到半米。不一会儿，工人身上的工作服就湿透了。

【案例8-1】以汗水诠释担当，致敬高温下的一线员工

"炎炎日正午，灼灼火俱燃"，尽管立秋已过，8月的厦门依旧是"烧烤模式"，滚滚热浪

让生产交付工作变得更加辛苦。在做好安全防暑降温措施的基础上,一线员工在各自的岗位上以饱满的热情、昂扬的精神状态投入生产之中。

(1)焊装车间:高温与火花。
(2)涂装车间:汗水与奉献。
(3)总装车间:执着与坚守。
(4)完备车间:用坚守致敬品质。

【写与拍】

(1)请扫描二维码 8-5,认真阅读电子活页"以汗水诠释担当,致敬高温下的一线员工"。
(2)以"致敬,高温下的一线员工"为主题撰写心得体会,表达自己的真情实感,并开展主题演讲活动。
(3)将镜头对准劳动者的劳动场景,拍摄照片和视频,记录劳动者感人的瞬间。

【案例 8-2】无惧"烤"验拼"炎"值,他们不服"暑"

炎炎烈日,滚滚热浪!
连日来,39 摄氏度的高温持续"霸屏",
让人感到酷暑难耐。
然而,依旧有这样一群人,
默默坚守岗位,
为城市的正常运转挥洒汗水。
他们冒酷暑、战高温,
在烈日暴晒下咬牙坚持。

让我们把镜头对准他们,
向他们致以最崇高的敬意!
……
每一滴汗水
都是奋斗的见证。
高温"烤"验,"暑"你最美。
每一个平凡的坚守
都值得赞美!

【写与拍】

(1)请扫描二维码 8-6,认真阅读电子活页"无惧'烤'验拼'炎'值,他们不服'暑'"。
(2)请扫描二维码 8-7,认真观看视频"不惧'烤'验为城市添砖加瓦"。

(3) 以"致敬，高温下的奋斗者"为主题撰写心得体会，表达自己的真情实感，并开展主题演讲活动。

(4) 将镜头对准劳动者的劳动场景，拍摄照片和视频，记录劳动者感人的瞬间。

【案例 8-3】致敬，高温下的坚守

柏油路上热浪蒸腾，十字路口烈日当头，持续的高温天气让整座城市犹如蒸笼一般。然而，有这么一群人，他们坚守在自己的岗位上，战高温、迎"烤"验，用忙碌和汗水，让城市更有序、更整洁、更美好。

在高温红色预警下，每一位户外劳动者都是城市最美的风景线。

你们，辛苦啦！

在高温下，"暑"你最美！

【写与拍】

(1) 请扫描二维码 8-8，认真阅读电子活页"致敬，高温下的坚守"。

(2) 以"致敬，高温下的坚守"为主题撰写心得体会，表达自己的真情实感，并开展主题演讲活动。

(3) 将镜头对准劳动者的劳动场景，拍摄照片和视频，记录劳动者感人的瞬间。

【案例 8-4】高温下，致敬他们的坚守

盛夏时节，迎来了酷热难耐的"三伏天"，"炙烤"模式给户外工作者带来了严峻"烤"验。他们有在工地辛勤作业的建筑工人，有在树林里穿梭的护林防火队员，有在城市大街小巷中清扫的环卫工，有在马路上执勤指挥的交警……不同的岗位，同样的坚守，他们用汗水诠释着责任与担当，用劳动为建设幸福美丽中国添砖加瓦。

每一位坚守的劳动者都值得尊敬。连日来，气温持续攀升，户外骄阳似火，当不少人在空调房内享受清凉时，有这样一群人，顶热浪、战高温，奋战在户外一线，保障民生、维护秩序、提供方便……用坚守与责任，用汗水和奉献保障着城市的正常运行。一个个躬身前行的背影共同构成了这座城市最美的剪影。

让我们向劳动者致敬，

向他们道一声："你们辛苦啦！"

【写与拍】

(1) 请扫描二维码 8-9，认真阅读电子活页"高温下，致敬他们的坚守"。

(2) 请扫描二维码 8-10，认真观看视频"坚守无惧'烤'验"。

(3) 以"高温下，致敬他们的坚守"为主题撰写心得体会，表达自己的真情实感，并开展主题演讲活动。

（4）将镜头对准劳动者的劳动场景，拍摄照片和视频，记录劳动者感人的瞬间。

【案例 8-5】致敬劳动者——高温工作者

有这样一群人，他们不畏酷暑，坚守岗位，为各自行业的正常运行保驾护航。

高温酷暑，当人们都在想方设法避暑纳凉的时候，在烈日下依然有许多劳动者坚守在自己的岗位上，用责任和担当直面高温"烤"验，为城市的安宁、幸福和"颜值"默默奉献。

他们或头顶烈日守护市民平安出行，或埋头苦干保障居民"清凉"用电，或挥汗如雨提升城市"颜值"……

阳光很烈，他们可敬。

【说与讲】

请扫描二维码 8-11，认真浏览电子活页"致敬劳动者——高温工作者"。一幅幅"醉美"的照片定格每一个动人的瞬间，说一说观看这些照片后的感想，讲一讲身边高温工作者的动人故事。

【任务实战】

【任务 8-1】垃圾正确分类

【训练提升】

1. 有效区分四类垃圾

熟悉垃圾分类常识，避免出现以下错误认识。

（1）大块骨头是厨余垃圾。

事实上，大块骨头因为难腐蚀被列入其他垃圾。玉米核、坚果壳、果核、鸡骨等则是厨余垃圾。

（2）厕纸是纸，可以回收。

厕纸、卫生纸遇水即溶，不算可以回收的纸张，类似的还有陶器、烟盒等，这些都属于其他垃圾。

（3）塑料制品都是其他垃圾。

泡沫塑料、塑料瓶、硬塑料、橡胶及橡胶制品，都属于可回收物。常用的塑料袋，即使可以降解的也远比厨余垃圾更难腐蚀。正确做法应该是将厨余垃圾倒入垃圾桶，将塑料袋扔进可回收垃圾桶。

（4）保温瓶胆和废旧灯管一样，属于有毒有害品。

保温瓶胆本身是玻璃，有一层很薄的水银，应该划为其他垃圾。另外，像修正液之类的东西，毒性不强，也可以归为其他垃圾。一般来说，有危害性、传染性、易燃易爆的物品才被划为有害垃圾。例如，摩丝瓶里面有压力容器，易燃易爆；用剩的香水里面的酒精成分多，易挥发；这些可以作为有害垃圾处理。

（5）果壳是其他垃圾，尘土是厨余垃圾。

在垃圾分类中，"果壳瓜皮"属于厨余垃圾。家里用剩的废弃食用油也归类为厨余垃圾。尘土属于其他垃圾，残枝落叶属于厨余垃圾，包括枯萎的花草等。

请判断以下说法是否正确？

（1）竹制品、大块骨头、硬贝壳、椰子壳、榴莲壳、核桃壳、甘蔗皮、玉米衣、粽叶、硬果核等不是厨余垃圾。

（2）塑料袋、一次性餐具、卫生用纸、土、头发、玻璃碎片等都属于其他垃圾，无论多湿的卫生纸都属于其他垃圾。

（3）剩饭剩菜、瓜果、花卉植物、过期食品等都属于厨余垃圾，因为这些垃圾都是容易腐烂的垃圾，腐烂的垃圾对环境也没有好处。

（4）药品、电子产品、灯管、胶水、汽油、油漆、温度计等都属于有害垃圾。

2. 模拟垃圾分类练习

请扫描二维码 8-12 和二维码 8-13，认真阅读电子活页"120 种常见垃圾分类图"和电子活页"上海版常见垃圾分类图"；请扫描二维码 8-14，认真观看视频"轻松看懂垃圾分类（上海版）"。将下面列举的垃圾正确区分类型，放入表 8-1 对应的垃圾类型中。

待分类的垃圾：

饮料瓶、棒棒糖包装袋、旧报纸、塑料瓶、玻璃酒瓶、易拉罐、衣物面料、塑料、木质玩具、插座、废旧手机、废旧小家电、香蕉皮、吃剩的蛋糕、剩饭剩菜、瓜果皮核、鱼刺鸡骨、虾皮蟹壳、花卉绿植、茶叶、中药残渣、废电池、废灯管、打火机、水银温度计、油漆、过期药物、化妆品、杀虫剂、一次性餐具、用过的纸巾、尿不湿、面膜、外卖包装物、塑料袋、穿过的旧内衣、椰子壳、榴莲壳、核桃壳、贝壳、大块骨头、玉米棒、粽子叶。

表 8-1　模拟垃圾分类

序　号	垃圾类型	垃圾名称
1	可回收物	
2	厨余垃圾（湿垃圾）	
3	有害垃圾	
4	其他垃圾（干垃圾）	

3. 制作推广垃圾分类的宣传片

请扫描二维码 8-15，认真观看视频"垃圾分类顺口溜"，然后以小组为单位自编、自导、自演，制作推广垃圾分类的宣传片。

4. 垃圾分类天天打卡

对待垃圾分类，当代大学生应该坚持以下的正确观念。

（1）爱护环境，人人有责。

在生活中产生的各种垃圾难以处理，只能最大限度地减少垃圾、综合利用垃圾。参与垃圾分类，是实现这些目标的最佳选择。

（2）聚沙成塔，集腋成裘。

个人力量弱小，但只要汇聚全社会力量共同进行垃圾分类，必将推动"美丽中国"建设大步前进。

（3）垃圾分类，造福人民。

推行垃圾分类会产生良好的生态效益、社会效益、经济效益，这些效益由全民共享。

垃圾分类贵在坚持，每个人应该每天坚持垃圾分类，从身边做起、从点滴做起，提高环境保护意识，争当垃圾分类的践行者，推动垃圾分类从"新时尚"成为"好习惯"。

下载与安装"垃圾分类打卡程序"，利用打卡程序记录自己在学校或家里坚持垃圾分类的天数，监督自己养成垃圾分类的好习惯。

【任务 8-2】传习劳动技能，锤炼劳动素养

根据所在学校提供的劳动清单和自身情况，从表 8-2 中选择合适的劳动技能专项训练项目，在"拟选用项目"处标识"√"，以达到传习劳动技能、锤炼劳动素养的目的。

表 8-2　拟选用劳动教育活动项目

序　号	劳动技能专项训练项目名称	拟选用项目
1	学做荔枝虾球	
2	学做猪手花卷	
3	学做蒜蓉粉丝蒸大虾	
4	学做梅花酥	

续表

序　号	劳动技能专项训练项目名称	拟选用项目
5	学做戚风蛋糕	
6	认知茶具与布置茶席	
7	学习中华茶礼	
8	学习手摇拿铁咖啡	
9	学习调制红酒	
10	学习使用检测仪器检测火花塞	
11	学习汽车基本使用与养护	
12	学习焊接电子元器件	
13	学习肩颈按摩	
14	学习短视频剪辑	
15	学习养花	

【任务 8-2-1】训练"制作荔枝虾球"劳动技能

俗话说，"民以食为天"，可见饮食对人们的生活至关重要。随着生活水平的不断提高，人们对饮食的要求也越来越高。掌握健康的饮食习惯，合理膳食，是每一位大学生必备的生活技能。

随着我国经济不断发展和人们生活水平的提高，人们越来越重视生活质量，追求健康饮食。我国的饮食文化博大精深，源远流长。做饭既是基本生活需求，又是一门学问和一种艺术。一道色香味俱佳的菜肴，不仅令人赏心悦目，还能让人胃口大增，提升生活的幸福感。

下面是训练"制作荔枝虾球"劳动技能的实施方案。

1．学习目标

（1）劳动观念。

培养学生崇尚劳动的劳动意识和热爱劳动的生活态度，在实践中感受劳动带来的快乐，理解劳动创造美好生活的道理。

（2）劳动技能。

① 了解加热过程中的理化现象，能够鉴别和掌握火候。

② 了解制作本道菜品的材料种类，初步理解准备物品的特性。

③ 了解热菜烹调技法"炸"的方法。

④ 能够正确选择盛具，并完成菜品装盘。

（3）劳动精神。

在制作菜品的过程中，体会并践行吃苦耐劳、业精于勤、爱岗敬业、讲究质量、精益求精的劳动精神。

（4）劳动习惯与品质。

在初加工和改刀的过程中塑造节约环保、规范操作、安全生产的劳动习惯。在炸制和装盘的过程中要培养勤奋务实、专心致志、精益求精的劳动品质。

2. 准备物品

（1）原料调料。

虾、芝士碎、脆花粒、调料等。

（2）加工工具。

菜刀、手勺、漏勺、菜板、燃气灶。

（3）保护用品。

厨师服、厨师帽、围裙。

3. 训练内容

（1）熟悉材料，明确任务。

① 观察菜品，判断制作材料。

② 欣赏荔枝成熟之美，明确制作主题、任务、样式，激发兴趣，创设劳动创造美好生活的学习情境。

（2）认识食材，分析菜品造型。

① 认识常见食材，结合荔枝虾球菜品，明确任务选材——虾——的特点。

② 观察荔枝的特点，便于菜品造型。

（3）认识各种烹饪设备和工具，知晓操作规范。

① 确认食材和各种烹饪工具，强化严谨细致的工作态度。

② 认识烹饪实训室安全标志，明确安全事项，提升安全生产意识。

（4）熟悉烹饪技法，淬炼烹饪技巧。

① 观看菜品制作课件，明确基本工艺流程。

② 跟随教师示范，熟悉制作要领，逐步掌握制作技巧，在示范过程中养成规范操作和安全生产的习惯。

需要掌握的制作技巧有脆花粒制作方法、虾胶与挤丸子制作方法、辨别油温。

（5）分组实践操作。

根据场地、工位、人数条件分组，教师现场巡回指导。分步骤制作荔枝虾球，学生在操作中感受厨师的劳动特点，提升劳动意志和品质。

（6）展示作品，分享经验。

① 展示菜品，结合评价标准进行互评、自评及教师点评。

② 结合教师点评，评出 1 星、2 星、3 星作品，师生总结交流经验。

【训练提升】

根据"训练'制作荔枝虾球'劳动技能的实施方案"，组织开展制作荔枝虾球劳动技能专项训练活动。

【任务 8-2-2】训练"制作猪手花卷"劳动技能

面食种类繁多，常见的有面条、包子、花卷、饺子、馒头、油条等。下面是训练"制作猪手花卷"劳动技能的实施方案。

1. 学习目标

（1）劳动观念。
让学生参与家庭劳动实践，培养动手实践能力。
（2）劳动技能。
掌握发面团的和制，揉面排气，学习揉、擀等常用面食制作手法。
（3）劳动精神。
树立家庭劳动服务意识，积极参与家务劳动。
（4）劳动习惯和品质。
树立强烈的劳动意识，通过劳动为家人创造价值。

2. 准备物品

面粉、酵母、水、白糖、豆油。

3. 训练内容

（1）讲解说明，明确任务。
① 了解中国传统面点。
② 观看图片，明确制作流程。
（2）认识原料，分析造型。
① 认识主要原料：面粉、酵母等。
② 分析面点特点及与之匹配的加工方式。
（3）核对工具，知晓规范。
① 确认原料、工具数量，强化严谨细致的工作态度。
② 明确工具使用安全事项，提升安全意识。
（4）熟悉流程，淬炼技巧。
教师示范花卷制作流程，学生熟悉要领，逐步掌握制作技巧，养成规范操作和专注投入的习惯。
花卷制作流程如下：
和面→醒发→成型→二次醒发→制熟。
（5）分组实践，独立制作。
根据场地、工位、人数等条件分组，教师引导，学生分步制作，在制作中感受厨师劳动特点，提升加工能力，磨炼劳动意志。
（6）展示作品，分享经验。
① 展示成品，结合评价标准进行自评、互评。
② 结合教师点评，评选最佳作品，师生总结、交流技术经验。
（7）工完场清，总结提高。
整理工具、恢复工位、打扫卫生，塑造工完场清的劳动习惯。对劳动进行总结，提高认识。

请动手制作一种你最拿手的面食，并以班级为单位，进行成果评比大赛。此外，搜集"面食文化知多少"资料，并和同学们交流自己的感受。

【训练提升】

根据训练"'制作猪手花卷'劳动技能的实施方案",组织开展制作猪手花卷劳动技能专项训练活动。

【任务 8-2-3】训练"布置茶席"劳动技能

我国的茶文化具有丰富多彩的内涵,包含茶艺、茶文化等。茶艺是指泡茶的科学技术和艺术表现,是一门理、法、器、易、风五个方面的学问;茶文化是指泡茶环节中的言谈举止、礼仪规矩等,反映了文化与社会习惯。

下面是训练"布置茶席"劳动技能的实施方案。

1. 学习目标

(1)劳动观念。
① 体验制造茶具的流程,理解茶具的传承与发展。
② 树立尊重劳动、尊敬手工业制造人员的观念。
(2)劳动技能。
① 了解茶具的分类原则,根据材质、器型进行准确分类。
② 能够准确挑选出在茶艺实践操作过程中所需的器具,并进行茶席布置。
③ 能够根据挑选的茶具,进行一次茶叶冲泡练习。
(3)劳动精神。
① 在陶土茶具制作环节中体会认真专注、精益求精的劳动精神。
② 在茶具选配与冲泡环节中培养自敬与互敬的精神。
(4)劳动习惯与品质。
① 自觉养成遵守劳动纪律、规范劳动、安全劳动的习惯。
② 养成工完场清的劳动习惯,树立环保理念。
③ 养成团队协作的良好品质。

2. 准备物品

准备以下主要器具:茶盘、烧水壶、紫砂壶、瓷盖瓯、瓷茶壶、瓷茶海、茶滤、玻璃杯、闻香杯、品茗杯、茶荷、茶罐等,准备必需的辅助用具,如茶道组、杯垫、壶垫、茶滤架、茶巾等。

3. 活动内容

(1)讲解说明,布置任务。
① 介绍所学茶具的类型,介绍练习场地的布局。
② 练习识别茶具与布置茶席。
(2)核对物料,明确要求。
① 核对茶具的数量,明确时间节点。
② 强调关键环节的技术标准与操作安全要求,树立安全操作意识。

（3）掌握方法，初探茶具。

① 了解茶具历史、茶具分类、茶具操作方法等基本知识，结合课程实践场地，明确相关练习标准。

② 教师示范正确使用茶具的操作流程。

③ 学生代表模仿教师练习流程，教师对学生在操作过程中出现的常见问题进行纠正。

（4）项目实践，识别茶具与布置茶席。

① 根据任务要求合理分组。

② 按要求进行茶具的识别与操作练习，培养规范劳动、安全劳动的良好习惯。

③ 在练习的过程中树立勇于创新、善于思考的优良劳动品质。

（5）经验交流，评价总结。

① 分享茶具识别、茶具选配、茶席布置中出现的问题，交流解决方法，树立尊重劳动的劳动观念。

② 根据操作练习中团队合作与茶具选配的合理性，评选优秀小组及个人，让其介绍经验。

（6）工完场清，总结提高。

按要求整理收纳工具，清理场地，塑造良好的劳动习惯。对劳动进行总结，提高认识。

【训练提升】

（1）请扫描二维码 8-16，阅读电子活页的内容，熟知其他 13 个劳动技能专项训练项目的实施方案。

（2）根据学校的实际情况，选择可行的劳动技能专项训练项目，参考相关劳动技能专项训练项目的实施方案，组织开展对应的劳动技能专项训练活动。

【成果展示】

学习与借鉴国内高校传习劳动技能、锤炼劳动素养等方面的优秀成果，了解或探析所在学校在传习劳动技能、锤炼劳动素养等方面的典型做法，通过多种途径总结与推广所在学校的相关经验。

【成果 8-1】上海第二工业大学开展"3C"劳动育人

【成果概要】

亚博树莓派智能小车、机器人 NAO 等高科技智能专业产品，非遗剪纸、助农生态包装设计等作品，以及学生亲手制作的冷拼菜肴、师生电商直播间等十个展示区域通过劳动技能演示、现场操作、实物和平面展示、互动体验等形式，集中展现了上海第二工业大学结合产业新业态、劳动新形态开展"3C"劳动教育的丰硕成果。2023 年 4 月 26 日，上海第二工业大学"3C"劳动育人成果展示活动拉开帷幕，该活动旨在深入贯彻落实党的二十大精神，推动学习贯彻习近平新时代中国特色社会主义思想主题教育走深走实，推进构筑"大思政"格局下五育融合、学段贯通、学科交融、家校社协同的劳动教育一体化格局。

（1）让新时代劳动教育成为塑造时代新人的必修课。
（2）发布赋能中小学劳动教育的"3C"课程菜单。
（3）形成"一院一品"劳动育人特色品牌。

【成果应用】

（1）请扫描二维码 8-17，认真阅读并熟知电子活页"上海第二工业大学开展'3C'劳动育人"的具体内容。
（2）探析上海第二工业大学开展的"3C"劳动育人有哪些创新点。
（3）总结上海第二工业大学在劳动教育实施中有哪些经验值得其他院校借鉴和推广。

【成果 8-2】高校垃圾分类如何推进？北京林业大学提供了新经验

【成果概要】

北京林业大学一直特别重视培养学生的垃圾分类意识，将垃圾分类知识纳入新生第一课，日常要求同学们在宿舍内集中设置分类垃圾桶，在宿舍内建立垃圾轮流投放值日制度，做到将垃圾在宿舍门里分好类再投放到楼下。

"光会垃圾分类还不够，怎样可以减少垃圾产生呢？"

北京林业大学通过包括垃圾减量回收利用（Recycle）、重复使用（Reuse）、源头减量（Reduce）的 3R 原则有效减少垃圾产生。

北京林业大学为高校垃圾分类提供了新经验、新方法，希望广大青年学子积极响应"垃圾分类，青年先行"的倡议，践行垃圾分类。

垃圾分类，我们一起来！

【成果应用】

（1）请扫描二维码 8-18，认真阅读并熟知电子活页"高校垃圾分类如何推进？北京林业大学提供了新经验"的具体内容。
（2）探析北京林业大学推行垃圾分类有哪些创新点。
（3）总结北京林业大学在垃圾分类方面有哪些经验值得其他院校借鉴和推广。

【成果 8-3】高校里的垃圾箱长什么样？一起来看看"校园垃圾魔法师"

【成果概要】

"一个简单的垃圾分类行为就将我们避之唯恐不及的臭垃圾变成宝贵的资源。从源头进行垃圾减量是更厉害的垃圾魔法。你愿意接受我们的邀请，成为校园垃圾魔法师吗？"

这是秋季同济大学新生入学时收到的宣传折页，原创文案、彩绘设计，生动有趣。在新生入学第一周，学校就面向全体新生开展了有关垃圾分类的主题教育，让刚踏入校门的新生尽快掌握垃圾分类技能。

要搞好"垃圾分类",教育必不可少。除此之外,复旦大学、同济大学还有秘诀,那便是不一样的垃圾箱。让我们看一看高校里的垃圾箱长什么样吧!

1. 教室里的垃圾桶消失了

同济大学教学楼内的每间教室都没有垃圾桶。为了减少污染,让垃圾分类回收更科学,教室内原有的垃圾桶全部被撤除。而在教学楼一楼大厅的一角,统一设置了几个非常不同的垃圾箱。

2. 图书馆里的垃圾箱很有个性

奶茶杯怎么扔?矿泉水瓶怎么扔?草稿纸怎么扔?同济大学四平路校区图书馆里的垃圾箱也很有个性。

在图书馆一楼中央区域讨论角,摆放着红、蓝、黑、棕四色大小不一的垃圾箱,分别用于投放有害垃圾、可回收物(纸类专用)、可回收物(塑料瓶、易拉罐专用)、干垃圾、湿垃圾。这是同济大学师生团队为图书馆量身定制的个性化垃圾箱。

3. 生活区的垃圾箱很智能

在复旦大学北区生活区,共有 33 栋学生楼,学生总数达 1 万人,每日垃圾产生总量接近 200 桶。这么大的生活垃圾产量,怎么精准分类、分时投放呢?生活区里的智能垃圾箱功不可没。

【成果应用】

（1）请扫描二维码 8-19，认真阅读"高校里的垃圾箱长什么样？一起来看看'校园垃圾魔法师'"。

（2）请扫描二维码 8-20，认真观看视频"厉害了'校园垃圾魔法师'"。

（3）探析复旦大学、同济大学在垃圾分类方面有哪些创新点。

（4）总结复旦大学、同济大学有哪些设置垃圾箱的做法值得其他院校借鉴和推广。

模块 9　参加劳动实践，淬炼劳动能力

劳动教育是当代大学生成长成才的必修课程，随着劳动形态更为多元、更富变化，劳动的价值越来越彰显，劳动教育变得越来越重要。积极探索具有中国特色的劳动教育模式，齐心协力开展好劳动教育，一定能让莘莘学子在劳动中发现广阔的天地，在劳动中体现价值、展现风采、感受快乐。

热爱劳动，不懈奋斗，一切美好的东西都能创造出来。美好品德的陶冶、智慧潜能的激发、健康体魄的养成、审美水平的提升，往往都离不开特定的劳动场景和劳动实践。以劳树德，劳动能传递以辛勤劳动为荣、以好逸恶劳为耻的价值观；以劳增智，劳动有助于启发科学思维，探索事物奥秘；以劳强体，动动手，流流汗，可以强健体魄、增强体能；以劳育美，发挥聪明才智去设计创造，本身就是在提高美育素养。劳动教育并不是孤立的教育形态，而是促进学生素质全面发展的有力抓手。

青少年要成为担当民族复兴大任的时代新人，才智要强起来，身体也要强起来，精神更要强起来。把劳动的种子深植在青少年心中，有助于让其懂得"伟大出自平凡，平凡造就伟大"的价值理念，知晓"共和国的大厦是靠一块块砖垒起来的，人民是真正的英雄"的历史哲理，涵养"在新时代更好建功立业"的奋斗追求。

【知识学习】

【箴言金句】

劳动是平凡的，每一分付出都饱含着对幸福的渴望，每一滴汗水都透露出对美好的向往。

9.1　躬耕田野

《尚书》有云："不知稼穑之艰难，乃逸乃谚。"的确，一个人没有挥洒过劳动的汗水，没有体会过劳动的艰辛，就很难真正理解劳动的内涵、珍视劳动的价值。

1. 农事

农事是指耕地、施肥、播种、田间管理（除草、防倒伏、喷洒农药、防治病虫害、防寒、防冻、防旱、浇水、防涝、排灌）、收割、收获、贮藏、六畜管理（饲养、疾病预防）等农业生产活动。农业生产活动涵盖果蔬、花木、中草药、食用菌、粮油、水产、禽畜、农药、肥料、种子、农业机械与设施等行业。

2. 耕地

这里的耕地是指用犁翻地，以准备播种。

耕地时间是有讲究的，一般选择在前茬农作物收获后就要抓紧进行，大地封冻前（冻土层超过 5 厘米）耕完，这样可以延长风化时间，增强灭虫效果。大地封冻后再耕地，不仅耕作困难，耕地质量下降，而且灭虫效果较差。

耕地后再细耙碎土，可以蓄水保墒，并能耙死部分越冬虫蛹。

耕地时，深度应在 10 厘米以上，深度越深，灭虫效果越好。

因为害虫较耐干旱而不耐湿、耐冻，所以耕地后灌水，可以大大提高害虫的死亡率。此外，耕后灌水也能沉实、风化土壤。

3. 施肥

施肥是指当土壤里不能提供农作物生长发育所需的营养时，对农作物进行人为的营养元素补充的行为。增加土壤养分可用有机肥料和无机肥料。无机肥料大多数易于溶解，施用后除部分被土壤吸收保蓄外，农作物可以立即吸收。而有机肥料除少量养分可供农作物直接吸收外，大多数必须经微生物分解才能被农作物利用。

施肥时需要考虑的因素很多，如土壤条件、农作物生长情况、化肥情况、土壤环境等。

4. 播种

播种是指把农作物的种子播在地下或地表。播种时需要注意以下事项。

（1）覆土不要太厚，根据种子的大小，1～5 毫米即可。

（2）播种后通常要轻轻按压并覆盖。

（3）一般在播种前 1～2 天将坪床浇透水，待坪床表面干后，用钉耙疏松后再播种。

（4）播种后喷水，不可浇水，因为种子细小，大水会冲掉种子。

（5）播种间距尽量均匀，不要太密。

9.2 新时代高校大学生积极参与实习实训

1. 实习实训的概念

《职业学校学生实习管理规定》中对实习的定义为："由职业学校安排或者经职业学校批准自行到企（事）业等单位进行职业道德和技术技能培养的实践性教育教学活动，包括认识实习和岗位实习。"实训主要指在学校控制下，按照人才培养目标，对学生进行职业能力训练的教学过程。实训的目的主要在于在理论引导下锻炼并培养学生的实操能力。实训是培养高技能人才的关键教学环节，是对学生进行专业岗位技术技能培训与鉴定的重要的实践教学形式之一。实训的最终目的是全面提高学生的职业素质，最终达到学生满意就业、企业满意用人的目的。

2. 新时代高校大学生参与实习实训的主要途径

（1）企业实习实训。

为增强对大学生实践能力、创新精神和社会责任感的培养，学校通常会组织大学生到企业进行短期实习实训，一般时间在一个月以内，主要目的为深化课堂教学，让学生了解社会、接触生产实际，获取并掌握生产现场相关知识。同时，很多企业会招聘实习岗位人员，大学生可以利用假期、周末等空闲时间申请到企业实习，以锻炼、提升自己。

（2）政府部门、事业单位见习。

为促进就业，增强大学生实践能力，各地政府机关、事业单位通常在暑期、寒假组织大学生参加见习活动，使大学生通过实践学习，验证理论知识，培养灵活运用知识的能力，增加社会接触，扩充知识面，为毕业后顺利融入社会打下坚实的基础。

（3）创新创业实习实训。

近年来，国家为支持大学生创新创业出台了一系列政策措施。大学生在创业过程中最缺乏的往往不是资金，而是知识和技能，只有具备一定的能力才有成功的可能。目前，很多高校设立创新创业实训中心，开设创新创业课程，以引领、扶持大学生创新创业为核心。学校以组织大学生参加创业大赛、进行项目模拟等方式增强大学生的认知感和创业意识，对大学生的创新创业能力进行培养。

（4）海外研修实习实训。

有条件的高校和海外合作院校或海外知名企业合作，定期选拔一定数量的学生到海外进行短期实习实训，让学生了解、学习国外的先进知识和技术，了解海外文化，提升综合素质，提升就业竞争力。

【专题探讨】

【专题9-1】充分发挥劳动教育在职业院校中的育人作用

【内容摘要】

职业院校作为培养高素质技术技能人才的主阵地，必须充分发挥劳动教育的育人作用，培育学生精益求精的工匠精神和敬业乐业的职业精神，引导学生崇尚劳动、尊重劳动，感受劳动成果来之不易，进而更好地报效国家，奉献社会。

（1）深刻理解职业院校开展劳动教育的意义。
（2）正确认识劳动教育的深刻内涵。
（3）准确把握职业院校进行劳动教育的途径。

【思考探讨】

请扫描二维码9-1，认真阅读电子活页"充分发挥劳动教育在职业院校的育人作用"，以小组为单位，使用思维导图梳理作者的主要观点。

【专题9-2】新时代劳动教育的新立场、新要求、新内容、新标准

【内容摘要】

我们站在中国共产党成立100周年的重要历史时刻，迈向建设高质量教育体系的新征程，

必须全面认识新时代劳动教育的重大意义，扎实推进劳动教育的体系构建。

新时代劳动教育是立德树人之根，具有新立场。

新时代劳动教育是全面育人之本，具有新要求。

新时代劳动教育是启智增慧之需，具有新内容。

新时代劳动教育是人才评价之要，具有新标准。

我们要认真学习贯彻习近平总书记关于劳动教育的重要论述，弘扬劳动精神，引导全社会树立崇尚劳动、尊重劳动和敬畏劳动的时代理念，促进劳动教育回归教育场域，回归人才评价的初心，把劳动教育嵌入人才评价体系中，以劳动教育推动对人才的全面培养。

【思考探讨】

请扫描二维码 9-2，认真阅读电子活页"新时代劳动教育的新立场、新要求、新内容、新标准"，以小组为单位，使用思维导图梳理作者的主要观点。

【专题9-3】加强劳动教育，培育时代新人

【内容摘要】

1. 加强大学生劳动教育有利于培育时代新人

新时代培育时代新人需要加强德育、智育、体育、美育与劳动教育。新时代大学生劳动教育不仅具有德智体美"四育"不可替代的独特育人价值——提升学生的劳动素养，还具有树德、增智、强体、育美的综合育人价值。

加强大学生劳动教育有利于拓宽高校思想政治教育路径，有利于实现中华民族伟大复兴的中国梦。

2. 加强大学生劳动教育的具体要求

大学生劳动教育是以大学生为教育对象开展的劳动教育。

在劳动价值观教育方面，新时代大学生劳动教育应该在坚持以往劳动价值观教育的基础上，更加突出劳动幸福观教育和劳动使命观教育。

在劳动技能教育方面，新时代大学生劳动教育应该在坚持以往劳动技能教育的基础上，更加强调对创造性劳动技能的培养。

在劳动态度教育方面，新时代大学生劳动教育应该在坚持以往劳动态度教育的基础上，大力培养大学生精益求精的劳动态度。

【思考探讨】

请扫描二维码9-3，认真阅读电子活页"加强劳动教育，培育时代新人"，以小组为单位，使用思维导图梳理作者的主要观点。

【榜样激励】

【榜样 9-1】赵梦桃:"梦桃精神"代代相传

【事迹简介】

赵梦桃被称为"党的好女儿",从一名普通工人成长为全国劳动模范,她的事迹激励着一代又一代人。

赵梦桃(1935—1963),是中共党员,西北国棉一厂细纱挡车工,1956 年和 1959 年全国劳动模范,被树为全国纺织战线的一面红旗。1952 年 5 月,在学习"郝建秀工作法"活动中,赵梦桃以最优异的成绩第一个戴上了"郝建秀红围腰"。她第一个响应厂党委"扩台扩锭"的号召,看车能力从 200 锭扩大到 600 锭,生产效率提高了 3 倍。在她的影响和带动下,"人人当先进,个个争劳模"蔚然成风。她是中共八大代表,两次被授予"全国先进生产者"荣誉称号。2019 年 9 月 25 日,她被评选为"最美奋斗者"。

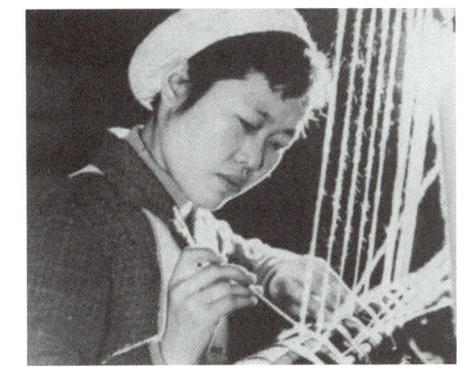

俗话说:"三百六十行,行行出状元。"赵梦桃虽然只是一名普通的纺织女工,但她的"梦桃精神"却影响了无数人。"梦桃精神"的核心是"高标准、严要求、行动快、工作实、抢困难、送方便,不让一个伙伴掉队。"60 多年以来,"梦桃精神"与祖国风雨同行,中国特色社会主义已进入新时代,"梦桃精神"展现出了新的时代内涵。

【思考探讨】

(1)以小组为单位,使用思维导图梳理赵梦桃的先进事迹和主要贡献。
(2)赵梦桃有哪些值得我们学习的精神品质和技术技能特长?

【榜样 9-2】徐川子:用青春守护万家灯火

【事迹简介】

徐川子,浙江杭州人,曾获得"全国劳动模范""全国五一劳动奖章""全国五一巾帼建功标兵""全国青年岗位能手"等荣誉。

2008 年,徐川子从浙江大学毕业,到富阳市供电公司客服中心计量班工作,成为一名装表接电工。"当时心里还是有点打鼓的,毕竟需要真刀真枪去操作,和之前自己了解的理论知识还是有不一样的地方。"徐川子说。

一顶安全帽、一身汗渍斑斑的工作服、一台不间歇运作的计算机,十余年间,徐川子走遍了浙江省杭州市富阳区的大街小巷,从企业用户到百姓人家,一次次为客户解决用电难题,是用户心目中最勤劳的"小徐师傅"。

每次安装电表时，徐川子都会把所有线路排布整齐，虽然体力不如男工，但她有耐力，不把活干漂亮不收工。在别人眼里枯燥的装表工作，在徐川子的眼里却充满了艺术美感。

没有任务时，徐川子就在配电值班室值班，冬天还好，每到夏天，室外气温高达 40 摄氏度，变压器房间温度将近 50 摄氏度。她要挂电表、接线、通电、调试、检查，一套程序下来，衣服早就湿透了，但从不抱怨。正是凭借勤奋不怕吃苦、做事认真等品质，她很快成为负责杭州市电表数据采集运维的"采集班"最年轻的班长。

2018 年底，徐川子被调到国家电网杭州供电公司滨江供电分公司，开启工作的新篇章。在这里，她主要负责公司运营监测工作。除传统意义上的数据收集以外，她还要进行研判比对，分析变化情况，了解变化原因，提供相应的针对性建议。她和同事们需要从各系统平台全方位收集数据信息，形成每周、每月、每季度的运营报告。如何发掘各项枯燥数据之间的联系和变动，成为她每天工作的重点。经过一段时间的数据统计梳理，她搭建了一套"计划管控支撑环"。这项工作的目标就是将多次停电改为一次停电，能不停电就不停电，非得停电的则减少停电时间。徐川子和同事们在项目数据分析及运营监测上花费大量精力，有效降低了城市停电频率，进一步提升电网供电的可靠性。

2021 年，徐川子又带头研发了"低碳用能数智平台"，并在杭州滨江人工智能产业园进行改造试点。只要在手机小程序上一键启动，园区内上百家企业的照明、空调等设备几乎同时响应，自动执行无人公共区域照明关闭、空调温度调节等节能措施。

经过十多年的磨炼，徐川子不仅成了技术能手里的"女性新生力量"，还完成了从徒弟到师傅、从女学生到女专家的精彩蜕变。

【思考探讨】

（1）以小组为单位，使用思维导图梳理徐川子的先进事迹和主要贡献。
（2）徐川子有哪些值得我们学习的精神品质和技术技能特长？

【榜样 9-3】陈建林：用匠心守护"太阳"的人

【事迹简介】

陈建林，高级钳工，高级实验师，1985年参加工作，合肥聚能电物理高技术开发有限公司精密总装车间主任，先后荣获"中国质量工匠""安徽工匠2021年度人物""安徽省五一劳动奖章""合肥市五一劳动奖章""合肥工匠"，以及2023年全国"最美职工"等荣誉。

参加工作以来，陈建林出色完成了全超导托卡马克核聚变实验装置、稳态强磁场实验装置、中科大同步辐射光源、高能同步辐射光源、中国散裂中子源等10余项国内外重大科学工程核心部件及系统的总装调试工作。

作为总装负责人之一，陈建林在中国科学院上海应用物理研究所质子治疗装置、合肥综合性国家科学中心质子治疗系统等面向人民生命健康的重大设备研制过程中发挥了重要作用。他先后申报国家专利14项，6项发明专利已获授权。

陈建林始终秉承"执着专注、精益求精、一丝不苟、追求卓越"的工匠精神，坚守在科学工程建设的第一线。

东方超环（Experimental Advanced Superconducting Tokamak，EAST）俗称"人造太阳"，人们更喜欢称之为"小太阳"。它是世界上第一个全超导托卡马克核聚变实验装置，也是世界上首个获得百秒级稳态高约束模式等离子体的核聚变装置。其中，为东方超环实现超高真空的核心部件内置式低温泵的守护者就是陈建林。

东方超环装置内置式低温泵的主体部件环体的加工工序繁多，稍不注意就会产生较大的累积误差，而且总体总装精度要求高，焊接前总装间隙要求不大于0.05毫米。陈建林反复斟酌真空室内空间狭小和为后续焊接预留操作空间等多种影响因素，与工艺人员在现场反复试验，一次性顺利将环体套装成单元段，总装成环后经检测完全满足设计要求。这套低温泵系统已在东方超环装置内部运行10余年，性能稳定，运行良好。

陈建林还负责纵场液氦管路系统总装工作，在工期紧张的情况下，他细化总装工艺操作步骤，编写总装操作细则，规范总装动作要领，提出了针对纵场线圈液氦冷却管道连接、第一壁热沉孔位精准定位、超导线圈STUB孔在线开孔等10余项优化建议。

2021年，东方超环迎来了新一轮全面优化升级工作，进度被一压再压，参数却是历史新高。为了满足工程进度和质量要求，陈建林带领东方超环总装团队，把家安在了"小太阳"，把万家团圆的春节留给了"小太阳"，更把一颗匠人之心送给了"小太阳"，顺利完成了内部部件、偏滤器钨铜系统、水冷系统、2.45GHz低杂波系统等关键系统及部件的总装和调试工作。2021年5月28日凌晨，东方超环物理实验实现了可重复的1.2亿度101秒等离子体运行和1.6亿度20秒等离子体运行，再次创造托卡马克实验装置运行新的世界纪录。

（来源《工人日报》）

【思考探讨】

（1）以小组为单位，使用思维导图梳理陈建林的先进事迹。

（2）陈建林有哪些值得我们学习的精神品质和技术技能特长？

【榜样 9-4】苏健："弯"无一失，高铁飞驰

【事迹简介】

多年来，全国劳动模范、中国中车唐山机车车辆有限公司管工特级技师苏健，始终致力于开展"制动管路国产化"攻关。

一列高铁有 1100 多根制动管，全长 2400 多米，每根制动管平均有 6 个弯，最多的超过 15 个弯，管材最薄只有 1 毫米。这些管路和电线共同组成了动车组的制动系统，控制动车组的安全运行。"动车组高速运行，高频共振，一旦应力集中，薄薄的管壁极易破裂，后果不堪设想。"苏健说。

在攻关中，苏健遇到的最大难题是弯管后的回弹变形，即使采用和进口管一样的弯管编程数据，角度误差都在 2 度左右，而动车组要求精度是 0.5 度。怎么办？在遍查资料、苦思冥想后，一个想法突然跳进苏健的脑海："如果有补偿参数，既能省时又能避免危险，那该多好！"在成功的那一刻，他骄傲地说："外国公司没有做到的，我们中国工人做到了。"

历时一年多，苏健及其团队对 3 个厂家的 14 种原材料管、22 种半径模具进行了 4500 多次实验，采集了 1.2 万个数据，终于编制完成《高速动车组数控弯管角度回弹补偿数据库》，补偿后的管材角度误差控制在 0.1 度以内，长度误差控制在 1 毫米以内，椭圆度控制在 0.5% 以内，远远高于国家标准。

这一技术的诞生，成功攻破了高速动车组制动管路安装质量控制难题，成为中国高铁"金名片"闪耀世界的有力支撑。回忆当时的场景，有着"数控弯管大师"美誉的苏健早已忘记了辛苦："那时我们心里都憋着一股劲，从绿皮车到高速动车，好不容易有了这么好的技术平台，决不能在我们手里干砸！"

制动管路是列车的血管和神经。在苏健看来，任何一点瑕疵都可能给列车安全带来灾难性的影响，必须要有一股较真精神。哪怕面对全球顶级的配件生产厂商，该叫板也得叫板。

在磨砺中精进，在坚守中创新，苏健立足数控弯管技术，"金点子"层出不穷：去掉制动管不必要的切割、倒角，让安装更加轻松、力矩传递更加精准；优化制动模块组装工艺，实现模块装配零调整、零误差、零损耗；引入智能控制，实现制动系统供风实验柔性化，大幅度提高实验效率……"工匠精神就是要把一件事干精干透，用耐心、恒心和毅力把产品打磨成艺术品。"苏健说。

多年来，苏健与高铁事业同行，先后主持操作技术创新118项，攻破技术难题20多项，总结绝技16项，自制高速动车组工装60台套，获国家发明专利授权3项、实用新型专利授权33项。在装配车间，哪里有问题，哪里就有他的身影；别人解决不了的问题，他总能想出办法。

面对全国劳模、中华技能大奖等耀眼的荣誉，苏健始终认为，自己是赶上了国家高铁事业发展的重大机遇。他经常对徒弟们说，"我们要多回答一下哲学三问：我是谁？我是普通工人。我从哪里来？从一线岗位中来。要去哪里？到党和国家需要的地方去，学习创新，以技能报国，为中国梦提速。"

【思考探讨】

苏健有哪些值得我们学习的精神品质和技术技能特长？

【情怀涵养】

【案例9-1】风雪严寒中铁路人最美的坚守

危难之际显本色，急难险重见担当。面对寒风暴雪，为了确保供暖供电用煤运输畅通，为了确保旅客运输安全，铁路人无惧寒风刺骨、无惧风雪冰霜，义无反顾地奋战在铁路除雪保畅通的主战场上，他们全副武装地冲进肆虐的风雪之中，与之"近身肉搏"，誓与天公战到底。

这样的极端天气，无疑给正常的铁路运输秩序带来了严峻的挑战，而每个岗位上的铁路人都在默默守护着我们的归途。他们舍小家，顾大家，为了国家铁路经济大动脉的安全畅通辛勤付出，无怨无悔。他们不讲条件，不谈辛苦，只讲安全，只顾大局，很好地展示了铁路人的良好形象。

【写与拍】

（1）请扫描二维码9-4和二维码9-5，认真阅读电子活页"风雪严寒中铁路人最美的坚守"和电子活页"致敬寒风中的每一位铁路人"。

（2）以"致敬寒风中的铁路人"为主题撰写心得体会，表达自己的真情实感，并开展主题演讲活动。

（3）将镜头对准劳动者的劳动场景，拍摄照片和视频，记录劳动者感人的瞬间。

【案例9-2】致敬！寒风中的户外劳动者

五一广场，清洁工人正在清洗地面。
公共自行车停放处，工作人员正在检查车辆。
公交站台，志愿者正在引导乘客上下车。

大街小巷，外卖员与时间赛跑。
钟楼街上，安保人员坚守岗位。
寒风中，检修人员正在检查下水道。
……

然而，他们只是众多在寒冬
依然坚守在户外岗位的劳动者之一。
他们宛如冬日暖阳，温暖每一个人。
向户外劳动者致敬！

冷，冷，冷，随着一股较强冷空气的到来，大风、低温成为最受关注的话题。

阵风 7 级，室外体感温度零下 28 摄氏度，在这样极寒的天气里，行人都裹着厚厚的羽绒服，脚步匆匆。在这样极寒的天气里，即使待在有暖气的房间里，还会感叹室内温度不达标，没觉得有多么暖和。

但是，即使在这样的极寒天气里，我们依然会看到忙碌的身影。交叉路口，交警依然在早上 7 点按时走上岗位，指挥交通，开始一天的工作。直到交通早高峰结束，他们才会短暂地休息。正因为有他们的执守，机动车礼让行人、行人过马路走斑马线等文明行为才深入人心。

凌晨 4 点，环卫工人就会用扫帚将熟睡的城市唤醒，他们的辛苦付出换来了干净整洁的路面，城市越来越美。

参加劳动实践，淬炼劳动能力 模块 9

这样的极寒天气考验着石化人的意志和责任心，不能冻坏一条管线、一个阀门，要时时监控温度表是否正常、循环水是否通畅，对设备的维护更是重中之重。工作人员每天一到工作岗位，就手里拿着测温枪，穿梭在装置中间，根本没时间待在温暖的办公室里。

户外劳动者在我们的生活中是不可缺少的，正是因为有他们的辛苦付出，才会有我们的安逸。

致敬，寒风中的户外劳动者！

【写与拍】

（1）请扫描二维码 9-6，认真阅读电子活页"致敬！寒风中的户外劳动者"。

（2）以"致敬！寒风中的户外劳动者"为主题撰写心得体会，表达自己的真情实感，并开展主题演讲活动。

（3）将镜头对准户外劳动者的劳动场景，拍摄照片和视频，记录户外劳动者感人的瞬间。

【案例 9-3】致敬劳动者——医护人员

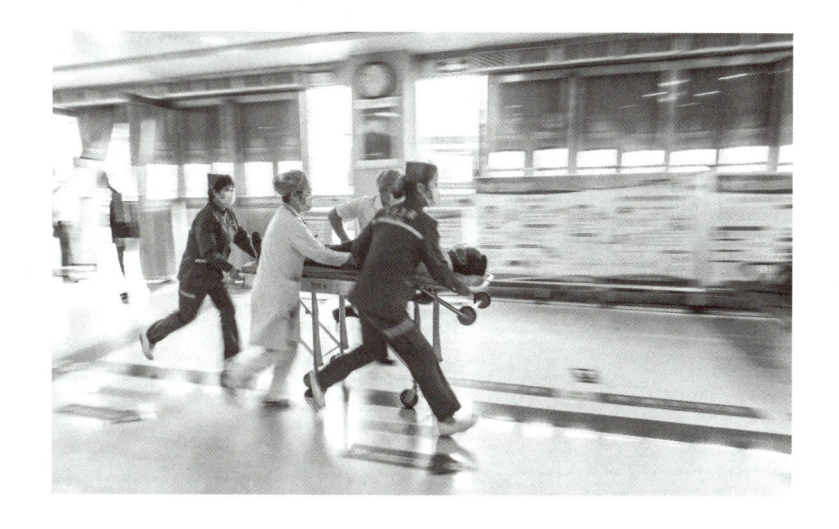

— 249 —

哪里有什么白衣天使，只不过是一群平凡的人穿上了一身载着使命的白大褂。

在人们惊慌失措时，他们挺身而出；当人们痛苦万分时，他们奋勇拼搏。

他们，就是那千千万万的白衣战士。

【说与讲】

请扫描二维码 9-7，认真浏览电子活页"致敬劳动者——医护人员"。一幅幅"醉美"的照片定格每一个动人的瞬间，说一说观看这些照片后的感想，讲一讲身边医护人员的动人故事。

【案例9-4】致敬劳动者——警察与战士

大事小情，不辞辛苦，警察为国家带来长治久安。

消防战士用智慧和毅力抵抗灾难，守护着我们的平安。

【说与讲】

请扫描二维码 9-8，认真浏览电子活页"致敬劳动者——警察与战士"。一幅幅"醉美"的照片定格每一个动人的瞬间，说一说观看这些照片后的感想，讲一讲身边警察与战士的动人故事。

【任务实战】

【任务 9-1】清洁与美化学习生活环境

为增强学生的劳动意识和环境保护意识、锻炼学生的动手能力，开展校园环境清洁与美化活动，旨在以生活劳动引导学生"会劳动"，以专业实践锻炼学生"能劳动"，以文化浸润激励学生"爱劳动"，携手创造美丽的校园环境。

【任务 9-1-1】学会使用常用清洁工具

常用的清洁工具主要有大扫帚、小扫帚、面板平拖把、面板套布平拖把等。

【训练提升】

1. 学会使用大扫帚、小扫帚

（1）握法。用一只手的大拇指按在扫帚的把端（既可用力，又可控制方向），并用其他手指把握住，另一只手则在把端下方 30~40 厘米处握住。

（2）姿势。上身向前微探，不可太弯曲，采取不易疲劳的自然姿势。

（3）清扫方式。

① 室内地面多用按扫方式。扫帚不离地面，挥动扫帚时，稍用臂力向下压，既把灰尘、垃圾扫净，又防灰尘扬起。地面灰尘多时，每扫一次，就在地面上拍一拍，以拍出粘在扫帚上的灰尘和泥土。

② 为了不踩踏垃圾，应不断向前方扫，从狭窄处向宽广处扫，从边角向中央扫。清扫室内时，原则上从里面向门口扫。

③ 清扫楼梯时，站在下一阶，将垃圾和灰尘从左右两端往中央集中，然后再往下扫，防止垃圾、灰尘从楼梯旁掉下去。

④ 随时集中垃圾、灰尘，将其扫入簸箕。

⑤ 清扫时应顺风扫。

2. 学会使用面板平拖把

将若干拖把头置于桶中，用清水或添加消毒液的水浸湿，然后拧干水分。将一个拖把头平放在地面，将拖把柄插入拖把头。如果是在公共场所，那么在拖地前应先放置一块警示牌，以防路人滑倒。

双手握住拖把杆的顶部和中部，左手在拖把杆顶部，右手在拖把杆中上部，握杆时拇指都保持在上方。

先用拖把沿着墙角直线推行，然后采用"八"字形路线，直立不弯腰，以后退方式左右移动，通过右手的手腕用力来回旋转拖把杆，将拖把的一侧始终沿着一个方向推动。45厘米宽的拖把头一般可以清洁20平方米的房间，60厘米宽的拖把头一般可以清洁30平方米的房间。一个房间（或场所）清洁完后，取下拖把头，将其放入清洁袋中，接着更换拖把头，清洁另一个房间。

3. 学会使用面板套布平拖把

（1）正确组合面板套布平拖把。将旋转拖把的面板平整地放在地面上，然后将拖把盘和拖把头对准，垂直按下去，再稳稳用脚轻轻踩下拖把盘，当听到"咔嚓"一声响的时候，即完成组装。

（2）正确使用滑套保护。在脱水的时候，单手轻握滑套以固定握把，可以有效地保护双手，起到防滑、防磨的作用。在使用时，将滑套移至把手顶端，可以避免上下滚动。

（3）正确调整角度。握把的角度可自行调整至45度、90度、180度等角度，按照卡槽方向上下轻轻调整即可。清洗布条时，直上直下移动，可以均匀洗净拖把头。在脱水时，将拖把头水平放置，把手需直立向下投入，之后轻握把手即可。

（4）正确进行干洗控制。单脚上下轻踩踏板，即可迅速脱水，安全不费力，还可去污。当然，针对干燥的不同需求，可以调整脱水时间的长短，控制布条的干湿度。

【任务9-1-2】清洁与美化室内场所

1. 熟知室内场所清洁及其主要内容

校园的室内场所一般指教室、实训室、实验室、图书馆、会议室、资料室、档案室、机房、仓库、接待室等，需要清洁美化的地方主要有天花板、墙面、床铺、黑板、门窗、玻璃、桌椅、柜子、讲台、地面等。室内场所清洁行为及要求如表9-1所示。

表9-1 室内场所清洁行为及要求

清洁行为	清洁要求
检查	进入室内，先查看是否有异常现象，如有无损坏的物品等。发现异常，应先向有关部门报告；再清洁与美化
除尘	先清扫天花板、墙面上的灰尘和蜘蛛网，再清除窗户、门面的灰尘。实验器材、桌椅等物品挪动后要复原
整理	讲台、桌面、实验台上的主要物品，如粉笔盒、粉笔擦、试验器具等擦净后，按照原位摆放整齐
清倒	清倒室内的纸篓、垃圾桶
更换	收集垃圾并更换垃圾袋
关闭	清扫结束后，环视室内，确认清扫质量，然后关窗、关电源、锁门

2. 了解室内清理顺序

从门口开始，由左至右或由右至左，依次擦拭室内的桌椅、柜子、讲台和墙壁等。抹布应拧干，擦拭物品时，应由高到低，先里后外。擦墙壁时，重点擦拭门窗、窗台等。操作时，先将湿润的涂水毛巾（干净的）装在伸缩杆顶部，沿顶部平行湿润玻璃，然后以垂直上落法湿润玻璃的其他部分。接着，用干净的抹布擦干净窗框及窗台，最后用干燥的无毛棉布擦干净玻璃四周和中间的水珠。大幅墙面、天花板等的清洁为定期清除（如每周清洁一次）。

3. 明确室内清洁质量标准

下面是室内清洁基本要求。

室内整洁干净无灰尘，纸篓和垃圾桶空空。桌面无乱涂乱画痕迹，桌椅设备摆放整齐。墙面无乱贴乱挂现象，地面没有污迹和垃圾。窗户明亮，空气清新，学生心情舒畅，学习更有效率。

【训练提升】

根据有关分工和要求完成室内指定地点的清洁工作。

【任务 9-1-3】清洁与美化宿舍

宿舍作为学生在学校的"家"，其整洁卫生程度反映的不仅是学生的日常生活习惯，还有学生的精神风貌。美化宿舍，不仅能让学生有健康舒适的休息场所和学习场所，还能让学生心情愉悦，激励其养成清洁宿舍的良好习惯。

1. 宿舍美化的主要考虑因素

（1）简单、大方。

宿舍的空间有限，所以在美化宿舍时，不必放置太多的东西。

（2）温馨、舒适。

宿舍是放松休憩的地方，在美化时，可以考虑烘托出温馨、舒适的气氛，让宿舍充满家的温暖气息。

（3）突出文化气息。

宿舍除了充当休息场所，还可以充当学习场所。所以，在布置宿舍时，应充分考虑色彩和风格，营造安静、舒适的学习环境。

2. 宿舍美化的主要技巧

（1）衣柜。

学校宿舍里的衣柜一般为直通式，没有隔断，在放置衣服时往往会浪费较大的空间。基于此种情况，可以在衣柜中多使用一些衣柜隔板，把衣柜分成若干区域。此外，还可以在衣柜内安装一些收纳挂筐，这样不仅能将收纳的物品分类，还能增加衣柜的实际可用容积。

（2）桌面。

在进行桌面美化时，一方面将不常用的物品收纳起来，另一方面将桌面有限的面积发挥出更大的使用价值。具体可参考以下两种方法：一是使用网格板，将网格板放在桌面靠墙的边上，不仅能将一些小东西整理归纳好，还能起到很好的装饰作用；二是使用桌下挂篮，桌下挂篮的空间较大，能放置很多的东西。

（3）床边。

床边挂篮和挂袋是非常实用的收纳工具，其面积较大，能放置水杯、书本、纸巾等物品，有效避免了爬上爬下取东西的麻烦。在美化室内时，尽可能采用一些创意要点，如通过一些装饰和设计风格彰显不同的文化，或者"变废为宝"，把牛奶瓶、废纸张等垃圾转变为笔筒等手工艺术品。

【训练提升】

从以下方面开始美化宿舍。

（1）优化宿舍物品布局与摆放。

在有限空间内优化宿舍物品布局与摆放，增强空间规划意识，提高定置管理能力。树立物品有序、整齐简约的意识，增强生活审美能力，受益终身。

（2）开展物品收纳活动。

从收纳开始，增强自我管理、自我约束能力，锻炼意志力，树立规则意识，促进个人的全面发展。

（3）宿舍清洁美化的检查考核。

参考表9-2所示的宿舍清洁美化的评分标准，因地制宜制定适合学校实际情况的宿舍清洁美化评分标准，然后运用该评分标准开展宿舍清洁美化的检查考核。

表9-2　宿舍清洁美化的评分标准

区域与场所/加分项与扣分项	检查项目	评分标准
地面与墙壁（共25分）	地面清洁，无杂物、无灰尘、无脚印、无积水	5分
	宿舍内不得乱拴绳，不得悬挂任何衣物、杂物	5分
	鞋柜及鞋子摆放整齐，勿凌乱	5分
	垃圾及时清理，不得存放在室内，卫生工具干净、完好无损，摆放整齐	5分
	室内墙壁洁净无涂画；玻璃明亮，无破损，无糊纸及贴物	5分
卫生间（共25分）	地面与墙面干净整洁，无异味	10分
	沐浴用品摆放规范，不乱放	5分
	垃圾桶干净整洁	5分
	厕所无污垢、无杂物	5分
阳台（共25分）	物品摆放整齐，有条理	10分
	地面整洁	5分
	角落少污垢，无积水	10分
书桌（共25分）	书桌整洁，书籍及个人生活用品摆放整齐	15分
	书桌桌底物尽其用，储物柜干净卫生，无垃圾堆放	10分
加分项（共10分）	布置美观大方，整体和谐统一，氛围积极向上	10分
扣分项（共20分）	存在损坏公物的现象	10分
	存在任何违规违纪的物品	10分

【任务9-1-4】清洁与美化室外场所

1. 熟知室外场所清洁及其主要内容

室外场所主要包括公共卫生间、校园道路、操场等地。公共卫生间、校园道路、操场等场所需要清洁的地方主要有天花板、墙面、窗户、门面、镜面、蹲位、地面、拖把池、洗手盆（台）、人行道、机动车道等。室外场所清洁行为与要求如表 9-3 所示。

表 9-3　室外场所清洁行为与要求

清 洁 行 为	清 洁 要 求
清理天花板	用长柄扫帚清扫天花板、墙面、墙角等处的蜘蛛网和灰尘
清理门窗、墙面	用湿抹布和保洁刷清洁玻璃、镜面和墙面上的污迹
清理蹲便池、小便池	先用夹子夹出便池里的烟头、纸屑等杂物，然后冲水，再倒入洁厕剂泡一会儿，再用刷子刷洗。蹲便池、小便池的内外面均应冲洗，并检查冲水是否正常，有无堵塞等情况
清理洗手盆（台）	用清洁剂和百洁布擦洗洗手盆。从左到右擦干净台面，用毛巾从上到下擦拭镜子，水龙头也要清洗干净，保持光亮
清扫道路、操场	用竹扫帚对校园道路、操场进行全面清扫。做到"六不""三净"，即不漏扫；不见积水（无法排除的积水除外）；不见树叶、纸屑、烟头；不漏收小堆垃圾；不乱倒垃圾（一律送到中转站）；不随便焚烧垃圾；路面干净、路尾干净、人行道干净
将垃圾送往中转站	进行路面清扫保洁时，将收集的垃圾及时送往中转站；严禁将垃圾倒在道路两侧绿化带里或随便乱倒；严禁焚烧垃圾
更换	收集垃圾并更换垃圾袋

2．明确室外清洁质量标准

下面是室外清洁的基本要求。

天花板面无蜘蛛，墙壁墙角无灰尘。镜面玻璃净明亮，地面台面无水迹。

厕所内外无臭味，道路平整无垃圾。道路灯杆无张贴，绿地平整无缺憾。

3．巧用清洁美化措施

在对公共卫生间、校园道路、操场等场所进行美化时，可以采取以下措施。

（1）点熏香。在公共卫生间点熏香，不仅可以去除异味，还可以在夏天消灭蚊虫。需要注意的是，熏香的有效期为六七天，故每隔一周应更换一次。

（2）放绿植。在公共卫生间门口、校园道路两旁放置绿植，可以极大地净化空气、美化环境。

（3）摆设施。操场内的运动场所，如乒乓球台、篮球场及其他运动设施，在进行布置时，一定要做到井然有序。

（4）种花草。在校园空旷地区，可以多种花草树木，但要选择无刺激性气味、少毛无刺，具有形象美、色彩美，或具有特定历史、文化内涵的品种。

【训练提升】

做好室外清洁工作。

（1）做好分工。

根据劳动课安排进行人员分组，而且明确清扫范围（明确路段或区域），合理安排清理垃圾、树叶等任务。

（2）按时清扫。

每天做到定时清扫、及时收集并运送垃圾。

【任务9-2】参加"做家常菜"劳动实践

学会烹饪家常菜肴,不仅有助于勤俭持家,还能让我们养成良好的生活习惯。常见的家常菜肴包括红烧豆腐、茄子豆角、红烧排骨、番茄炒蛋、炒五花肉、辣子鸡丁等。下面介绍三种常见家常菜肴的烹饪方法。

1. 红烧豆腐

（1）主料：豆腐、蒜苗。
（2）辅料：食用油、食盐、酱油、蒜瓣、水淀粉、豆瓣酱。
（3）做法：
① 将蒜苗洗干净，切成段，将大蒜切成蒜末，将豆腐切成小丁，将豆瓣酱剁细。
② 热锅放油，油温之后，放豆瓣酱炒香，接着放蒜末至炒香。
③ 加少量开水，调入适量酱油和盐，放豆腐烧制，轻翻，使豆腐均匀入味。
④ 等水快收干时，加青蒜苗梗部，继续烧制。
⑤ 倒入一半水淀粉，推匀；再加青蒜苗叶部；倒入另一半水淀粉，推匀。烧一会儿，关火即可。

2. 茄子豆角

（1）主料：豆角、茄子。
（2）辅料：食用油、食盐、生抽、鸡精、蒜瓣、红辣椒。
（3）做法：
① 将茄子、豆角洗净，切成约5厘米长的小块，将红辣椒、蒜切碎。
② 待锅烧热后，倒入较多食用油。
③ 倒入豆角，炒半分钟。豆角变色后，倒入茄子，快速翻炒约2分钟。
④ 等茄子稍微变软后，将其和豆角一同盛出备用。
⑤ 将锅洗净，重新下少许油烧热，倒入蒜末炒香，加入红辣椒，转中小火。
⑥ 倒入茄子和豆角，加入适量食盐、生抽、鸡精，快速翻炒即可。
注意：豆角一定要炒熟，以防中毒。

3. 红烧排骨

（1）主料：猪肋排。
（2）辅料：生姜、大葱、八角、香叶、桂皮、冰糖、食盐、生抽、料酒、蚝油、黄豆酱、白糖、鸡精、食用油、黄酒。
（3）做法：
① 将猪肋排剁成小块，洗干净后冷水下锅，加入葱段、姜片、料酒，用大火煮3分钟；煮开后撇掉浮沫，捞出排骨冲洗干净，沥干水分。
② 起锅烧油，放入焯过水的排骨，用小火煎至颜色金黄，盛出备用。在锅里留底油，加一把冰糖，用小火炒成棕色，倒入排骨翻炒均匀，裹上糖色。
③ 加入葱姜、八角、桂皮、香叶，在翻炒出香味后倒入开水，加入适量生抽，煮开后

用小火炖 40 分钟，等排骨软烂后拣出葱姜等香料扔掉。

④ 转大火收汁，倒入调好的红烧酱，用铲子不停地翻炒，防止粘锅糊底。在汤汁浓郁后即可出锅装盘。

【训练提升】

请以"节日里，为家人准备一顿营养餐"为主题开展一次做家常菜的实践活动。可以根据家人的喜好，做一顿美味营养餐（建议四菜一汤）。要求用 PPT 或短视频的形式记录做菜的过程。

【任务 9-3】参加劳动实践，淬炼劳动能力

根据所在学校提供的劳动清单和自身情况，从表 9-4 中选择合适的劳动实践项目，在"拟选用项目"处标识"√"，以达到淬炼劳动能力的目的。

表 9-4 拟选用劳动实践项目

序 号	劳动技能专项训练项目名称	拟选用项目
1	做传统豆腐	
2	瓜果蔬菜栽培	
3	农事耕种	
4	蔬菜育苗	

续表

序　号	劳动技能专项训练项目名称	拟选用项目
5	玉米育苗	
6	蔬菜种植	
7	蔬菜水培	
8	食用菌养殖	
9	花卉种植与养护	
10	园林树木栽植施工	
11	汽车空调制冷剂加注与回收	
12	换汽车轮胎	
13	影像后期制作	
14	制作电子作品	
15	金属加工	

【任务9-3-1】"做传统豆腐"劳动实践

下面是"做传统豆腐"劳动实践项目的实施方案。

1. 学习目标

（1）劳动观念。

在传统豆腐制作过程中，深刻体会古代劳动人民的智慧结晶。

（2）劳动技能。

① 了解豆制品加工特性和豆腐凝固的原理。

② 能正确、规范地选择及使用磨浆机、电子天平等仪器设备。

③ 能按照磨浆、煮浆、点卤、蹲脑、成型的工艺流程和技巧，独立制作出内酯豆腐。

2. 准备物品

（1）准备原料：黄豆2000克、清水、葡糖酸内酯等。

（2）准备工具：磨浆机、电磁炉、锅、电子天平、盆、模具、漏勺等。

3. 训练内容

（1）筛选与准备物品。

① 选择饱满的大豆，清除杂质后浸泡。

② 清洗仪器设备，如磨浆机、锅、桶、盆、纱布等。

（2）熟悉工艺，掌握要领。

① 教师讲解工艺流程与原理。

② 熟悉要领，养成规范操作、安全生产、专注投入的习惯。

（3）分组实践，独立制作。

根据场地、人数条件分组，教师引导，学生分步制作，在制作中感受制作豆腐的劳动特点，提升加工能力，磨炼劳动意志。

基本流程：浸泡→磨浆→过滤→煮浆→冷却→灌装→点浆→水浴加热→成型→封膜。

下面是制作豆腐的关键环节及操作方法。

① 煮浆：把豆浆倒入锅中，用电磁炉加热。在加热过程中不断搅拌，防止糊底，同时滤去泡沫。强化严谨细致的工作态度。

② 点卤（要点）：点卤温度为 90 摄氏度，先称取豆浆重量 0.3%的凝固剂放入盒子中，然后将煮好的豆浆和一定比例的鲜榨果蔬汁放入盒子中，搅拌均匀。

③ 保温（要点）：将罐装好的盒装豆腐放入 90 摄氏度水浴锅保温 20 分钟。取出成型的豆腐，用密封机密封。

（4）展示作品，分享经验。

① 展示作品，结合评价标准进行自评、互评。

② 结合教师点评，评选最佳作品。师生总结、交流技术经验。

（5）整理工作，总结提高。

收纳工具、清理垃圾，养成良好的劳动习惯。

【训练提升】

根据"'做传统豆腐'劳动实践项目的实施方案"，组织开展做传统豆腐劳动教育实践活动。

【任务 9-3-2】"瓜果蔬菜栽培"劳动实践

下面是"瓜果蔬菜栽培"劳动实践项目的实施方案。

1. 学习目标

（1）劳动观念。

了解瓜果蔬菜种植过程及技巧，让学生在劳动过程中树立珍爱粮食的观念，体会粮食来之不易，懂得尊重劳动、热爱劳动。

（2）劳动技能。

① 认识瓜果蔬菜的种类。

② 培养学生的动手操作能力、自理能力和耐心细致的品质。

③ 掌握一些简单的劳动技能。

（3）劳动精神。

① 培养学生爱科学、用科学的创新精神。

② 培养学生艰苦奋斗、无私奉献的精神。

（4）劳动习惯与品质。

① 通过劳动课程提高学生对劳动的兴趣，培养学生积极的劳动态度。

② 培养学生热爱劳动的好习惯。

③ 通过劳动教育，增强学生对食品安全的认知，提高学生对健康绿色食品的认识。

④ 在瓜果蔬菜育苗、栽培及管理过程中引导学生规范操作、吃苦耐劳、团队协作、诚实劳动，培养吃苦耐劳、精益求精的劳动品质。

2. 准备物品

准备育苗盘、育苗基质、蛭石、瓜果蔬菜种子、洒水壶、塑料薄膜、手套、铁锹、锄头等。

3. 实践内容

（1）课前讲解，布置任务。
① 介绍不同种类瓜果蔬菜种子特性及试种温度、湿度。
② 讲解育苗盘孔径使用规范及育苗基质铺设注意事项。
③ 瓜果蔬菜育苗操作流程。

（2）核对种植材料及工具、强度等注意事项。
① 核对种子材料、工具数量，明确时间节点。
② 强调育苗过程及注意事项，正确使用劳动工具，树立安全劳动意识。

（3）掌握方法，初探种植。
① 了解育苗及栽培过程中清耕地、除杂草、铺苗盘、拌基质、播种、盖蛭石、洒水等基本操作流程，结合种植地土壤情况及实践场地，明确相关操作标准。
② 教师正确示范不同品种的育苗方法，着重讲解易出现错误的地方。
③ 在教师指导下，学生尝试点种育苗。

（4）课程实践，育苗耕作。
① 根据课前任务要求，分组安排劳动，合理分工，让学生充分认识彼此合作的重要性。
② 按要求进行清耕地、除杂草、播种、洒水等活动。在播种过程中注意不同品种播种的深浅、育苗穴大小选择等要点，以培养学生规范劳动、安全劳动的好习惯。
③ 在劳动的过程中培养学生不怕吃苦的精神、耐心细致的品质和动手操作的能力。

（5）经验交流，评价总结。
① 分享不同种类瓜果蔬菜育苗过程中出现的问题和疑难点，交流解决方法，养成克服困难、精益求精的劳动品质。
② 结合不同小组之间的合作与工作完成情况，评选优秀小组及个人，并介绍经验。

（6）工完场清，总结提高。
按要求清理场地，整理并清洗劳动工具，培养良好的劳动习惯。对劳动进行总结，提高认识。

【训练提升】

（1）请扫描二维码9-9，阅读电子活页，熟知其他13个劳动实践项目的实施方案。
（2）根据学校的实际情况，选择可行的劳动教育实践项目，然后参考相关劳动实践项目的实施方案，组织开展对应的劳动教育实践活动。

【成果展示】

学习与借鉴国内高校搭建劳动教育平台、淬炼劳动能力等方面的优秀成果，了解或探析所在学校在参加劳动实践，淬炼劳动能力等方面的典型做法，通过多种途径总结与推广所在学校的相关经验。

【成果 9-1】金华职业技术学院实施"劳动修身计划"，搭建"5+N"劳动教育平台

【成果概要】

强化与创新劳动教育，将劳动教育全面融入职教人才培养体系，是每所职业院校的重要使命与任务。金华职业技术学院探索实施"劳动修身计划"，搭建"5+N"劳动教育平台，构建全链式劳动育人培养模式，其中"5+"为"榜样+""专业+""创业+""生活+""公益+"五大劳动教育范式，"N"为五大劳动教育范式中的实践育人场景，形成职业院校劳动教育的新路径。

（1）"榜样+"示范引领：涵养劳动精神。
（2）"专业+"技能实操：提升劳动技能。
（3）"创业+"科创竞赛：促进劳动创新。
（4）"生活+"日常劳作：养成劳动习惯。
（5）"公益+"社会服务：厚植劳动情怀。

【成果应用】

（1）请扫描二维码 9-10，认真阅读并熟知电子活页"金华职业技术学院实施'劳动修身计划'，搭建'5+N'劳动教育平台"的具体内容。
（2）探析金华职业技术学院在探索职业院校劳动教育新路径方面有哪些创新点。
（3）总结金华职业技术学院在劳动教育实施中有哪些经验值得其他院校借鉴和推广。

【成果 9-2】西南财经大学大学生劳动教育工作简报

【成果概要】

西南财经大学全面贯彻党的教育方针，将劳动教育纳入人才培养全过程，充分发挥劳动教育在树德、增智、强体、育美方面的综合育人功能，创新体制机制，注重教育实效，着力打造西财"5+4+4"新时代大学生劳动教育模式。

（1）强化劳动价值观培育，学习劳动精神。
（2）建好劳动教育金课，提升劳动素养。
（3）开设劳动技能训练营，习得劳动本领。
（4）深化"四大矩阵"实践体系，获得劳动体验。
① 积极建好"SWUFE 校园生活家"自我服务阵地。
② 持续推进志愿服务类劳动实践。

（5）筑牢劳动教育共同体，夯实支撑保障。

【成果应用】

（1）请扫描二维码 9-11，认真阅读并熟知电子活页"西南财经大学大学生劳动教育工作简报"的具体内容。

（2）探析西南财经大学的大学生劳动教育工作有哪些创新点。

（3）总结西南财经大学在劳动教育实施中有哪些经验值得其他院校借鉴和推广。

参考文献

[1] 方艳丹,韦杰梅,卢民积.劳动教育实践活动设计[M].北京:电子工业出版社,2020.
[2] 李琦,鲍鹏,刘强.劳动教育实践活动手册[M].北京:电子工业出版社,2021.
[3] 莫玲玲,杜峰,夏小惠.大学生劳动教育技能实践[M].北京:中国人民大学出版社,2022.
[4] 宗伟,周兴前.大学生劳动教育与实践[M].北京:科学出版社,2021.
[5] 丁晓昌,顾建军.新时代大学生劳动教育[M].上海:上海交通大学出版社,2021.
[6] 黄江.大学生劳动教育[M].北京:北京理工大学出版社,2021.
[7] 刘英武,邓鲜艳.大学生劳动素养教育[M].长沙:湖南大学出版社,2020.

反侵权盗版声明

电子工业出版社依法对本作品享有专有出版权。任何未经权利人书面许可，复制、销售或通过信息网络传播本作品的行为，歪曲、篡改、剽窃本作品的行为，均违反《中华人民共和国著作权法》，其行为人应承担相应的民事责任和行政责任，构成犯罪的，将被依法追究刑事责任。

为了维护市场秩序，保护权利人的合法权益，我社将依法查处和打击侵权盗版的单位和个人。欢迎社会各界人士积极举报侵权盗版行为，本社将奖励举报有功人员，并保证举报人的信息不被泄露。

举报电话：（010）88254396；（010）88258888
传　　真：（010）88254397
E-mail：　dbqq@phei.com.cn
通信地址：北京市海淀区万寿路 173 信箱
　　　　　电子工业出版社总编办公室
邮　　编：100036